福州大学 21 世纪海上丝绸之路核心区建设研究院研究成果

海上丝绸之路与中国海洋强国战略丛书

2015 年主题出版重点出版物

海上丝绸之路与中国海洋强国战略丛书

总主编／苏文菁

# 19世纪槟城华商五大姓的崛起与没落

〔马〕黄裕端／著

〔马〕陈耀宗／译

社 会 科 学 文 献 出 版 社
SOCIAL SCIENCES ACADEMIC PRESS (CHINA)

First published in English by ISEAS Publishing under the title *Penang Chinese Commerce in the 19<sup>th</sup> Century*: *The Rise and Fall of the Big Five* by Wong Yee Tuan, 2015. Translated with the kind permission of the publisher.

# "海上丝绸之路与中国海洋强国战略丛书"
## 编委会

**编委会主任**　　高　明

**编委会副主任**　　苏文菁

**编委会成员**　（按姓氏笔画排序）

丁国民　　王　涛　　甘满堂　　叶先宝　　庄　穆

刘　淼　　〔新西兰〕约翰·特纳　　苏文菁

杨宏云　　杨艳群　　〔新西兰〕李海蓉　　吴兴南

张良强　　张相君　　〔马〕陈耀宗　　林志强

周小亮　　胡舒扬　　〔新加坡〕柯木林　　骆昭东

高　明　　唐振鹏　　陶　菁　　黄清海　　黄　辉

〔马〕黄裕端　　赖正维　潘　红

**丛　书　主　编**　　苏文菁

# "海上丝绸之路与中国海洋强国战略丛书"总序

　　中国是欧亚大陆上的重要国家，也是向太平洋开放的海洋大国。长期以来，中国以灿烂的内陆农耕文化对世界文明产生了巨大的影响。近百年来，由于崛起于海洋的欧洲文明对世界秩序的强烈影响，来自黑格尔的"中国没有海洋文明""中国与海不发生关系"的论调在学术界应者甚众。这种来自西方权威的论断加上历史上农耕文化的强大，聚焦"中原"而忽略"沿海"已是中国学术界的常态。在教育体系与学科建设领域，更是形成了一个"中""外"壁垒森严、"中国"在世界之外的封闭体系。十八大提出了包括建设海洋强国在内的中华民族全面复兴的宏伟目标。2013 年以来，习总书记提出以建设"一带一路"作为实现该宏伟目标的现阶段任务的重要战略构想。国家战略的转移需要新的理论、新的知识体系与新的话语体系，对于农业文明高度发达的中国而言，建设富有中国气质的、与海洋强国相适应的新知识体系、新话语体系、新理论更是刻不容缓。

　　从地球的角度看，海洋占据了其表面的约 70.8%，而陆地面积占比不到 30%，陆域成了被海洋分割、包围的岛屿。从人类发展的角度看，突破海洋对陆域的分割、探索海洋那一边的世界、把生产生活活动延伸至海洋，是人类亘古不变的追求。而人类对海洋的探索主要经历了四个不同的阶段。

第一阶段是远古至公元 8 世纪，滨海族群主要在近海区域活动。受生产力，特别是造船能力的影响，滨海人民只能进行小范围的梯度航行，进行近海的捕捞活动。除了无潮汐与季风的地中海之外，其他滨海区域的人民尚无法进行远程的跨文化交换与贸易。目前的知识体系还不足以让我们准确了解该阶段的发展状况，但我们仍然可以从各学科的发现与研究中大致确定海洋文化较为发达的区域，它们是环中国海区域、环印度洋区域、环北冰洋区域，当然也包括环地中海区域。在这一阶段，滨海区域开始出现与其地理环境相应的航海工具与技术，这是各地滨海族群为即将到来的大规模航海储备力量的阶段。

第二阶段是 8 世纪至 15 世纪，滨海族群逐渐拓展自己的海洋活动空间。随着技术的不断发展，他们由近海走向远洋，串联起数个"海"而进入"洋"。海上交通由断断续续的"点"连接成为区域性、规模化的"路"。环中国海的"点"逐渐向西扩展，与印度洋进行连接；印度洋西部阿拉伯海区域的"点"向地中海及其周边水域渗透。由此，海上丝绸之路"水陆兼程"地与地中海地区连接在一起，形成了跨越中国海、南洋、印度洋、红海、地中海的贸易与交通的海洋通道。从中国的历史看，该阶段的起点就是唐代中叶，其中，市舶司的设立是中国政府开始对海洋贸易实施管理的代表性事件。这一阶段，是中国人与阿拉伯人共同主导亚洲海洋的时代，中国的瓷器、丝绸以及南洋的各种物产是主要的贸易产品。

第三阶段是 15 世纪至 19 世纪中叶，东西方的海洋族群在太平洋上实现了汇合。这是海上丝绸之路由欧亚板块边缘海域向全球绝大部分海域拓展的时代。在这一阶段，欧洲的海洋族群积极开拓新航线，葡萄牙人沿非洲大陆南下，绕过好望角进入印度洋；西班牙人向西跨越大西洋，踏上美洲大陆。葡萄牙人过印度洋，据马六甲城，进入季风地带，融入亚洲海洋的核心区域；西班牙人以美洲的黄金白银为后发优势，从太平洋东岸跨海而来，占据东亚海域重要的交通与贸易"点"——吕宋。"大航海"初期,葡萄牙、西班牙的海商是第一波赶赴亚洲海洋最为繁忙的贸易圈的欧洲人,紧接着是荷兰人、英国人、法国人。环中国海以及东南亚海域成为海洋贸易与交通最重要的地区。但遗憾的是,中国海洋族群的海洋活动正受到内在制度的限制。

第四阶段是 19 世纪下半叶至当代,欧洲的工业革命使得人类不再只能依靠自然的力量航海;人类依靠木质帆船和自然力航海的海洋活动也即将走到尽头;中国的海洋族群逐渐走向没落。"鸦片战争"之后,中国海关系统被英国等控制,世界上以东方物产为主要贸易物品的历史终结了,包括中国在内的广大东方区域沦为欧洲工业品的消费市场。

由上述分析,我们能够充分感受到海上丝绸之路的全球属性。在逾千年的历史过程中,海上丝绸之路唯一不变的就是"变化":航线与滨海区域港口城市在变化;交换的物产在变化;人民及政府对海洋贸易的态度在变化……但是,由海上丝绸之路带来的物产交换与文化交融的大趋势从未改变。因此,对于不同的区域、不同的时间、不同的族群而言,海上丝绸之路的故事是不同的。对于非西方国家而言,对海上丝绸之路进行研究,特别是梳理前工业时代东方文明的影响力,是一种回击欧洲文明优越论的文化策略。从中国的历史发展来看,传统海上丝绸之路是以农耕时代中国物产为中心的世界文化大交流,从其相关历史文化中可汲取支撑我们继续前行的力量。

福州大学"21 世纪海上丝绸之路核心区建设研究院"在多年研究中国海洋文化的基础上,依托中国著名的出版机构——社会科学文献出版社,策划设计了本丛书。本丛书在全球化的视野下,通过挖掘本民族海洋文化基因,探索中国与海上丝绸之路沿线国家历史、经济、文化的关联,建设具有中国气质的海洋文化理论知识体系。丛书第一批于 2015 年获批为"2015 年主题出版重点出版物"。

丛书第一批共十三本，研究从四个方面展开。

第一，以三本专著从人类新文化、新知识的角度，对海洋金融网、海底沉船进行研究，全景式地展现了人类的海洋文化发展。《海洋与人类文明的生产》从全球的角度理解人类从陆域进入海域之后的文明变化。《海洋移民、贸易与金融网络——以侨批业为中心》以2013年入选世界记忆遗产的侨批档案为中心，对中国海洋族群在海洋移民、贸易中形成的国际金融网络进行分析。如果说侨批是由跨海成功的海洋族群编织起来的"货币"与"情感"的网络的话，那么，人类在海洋上"未完成"的航行也同样留下了证物，《沉船、瓷器与海上丝绸之路》为我们整理出一条"水下"的海上丝绸之路。

第二，早在欧洲人还被大西洋阻隔的时代，亚洲的海洋族群就编织起亚洲的"海洋网络"。由中国滨海区域向东海、南海延伸的海洋通道逐步形成。从中国沿海出发，有到琉球、日本、菲律宾、印度尼西亚、中南半岛、新加坡、环苏门答腊岛区域、新西兰等的航线。中国南海由此有了"亚洲地中海"之称，成为海上丝绸之路的核心区域，而我国东南沿海的海洋族群一直是这些海洋交通网络中贸易的主体。本丛书有五本专著从不同的方面讨论了"亚洲地中海"这一世界海洋贸易核心区的不同专题。《东海海域移民与汉文化的传播——以琉球闽人三十六姓为中心》以明清近六百年的"琉球闽人三十六姓"为研究对象，"三十六姓"及其后裔在向琉球人传播中国文化与生产技术的同时，也在逐渐地琉球化，最终完全融入琉球社会，从而实现了与琉球社会的互动与融合。《从龙牙门到新加坡：东西海洋文化交汇点》、《环苏门答腊岛的海洋贸易与华商网络》和《19世纪槟城华商五大姓的崛起与没落》三本著作从不同的时间与空间来讨论印度洋、太平洋交汇海域的移民、文化与贸易。《历史影像中的新西兰华人》（中英文对照）则以图文并茂的方式呈现更加丰厚的内涵，100余幅来自新西兰的新老照片，让我们在不同历史的瞬间串连起新西兰华侨华人长达 175 年的历史。

第三，以三部专著从海洋的角度"审视"中国。《海上看中国》以 12 个专题展现以海洋为视角的"陌生"中国。在人类文明发展的进程中，传统文化、外来文化与民间亚文化一直是必不可少的资源。就中国的海洋文化知识体系建设来说，这三种资源有着不同的意义。中国的传统文化历来就有重中原、轻边疆的特点，只在唐代中叶之后，才对东南沿海区域有了关注。然而，在此期间形成了海洋个性的东南沿海人民，在明朝的海禁政策下陷入茫然、挣扎以至于反抗之中；同时，欧洲人将海洋贸易推进到中国沿海区域，无疑强化了东南沿海区域的海洋个性。明清交替之际，清廷的海禁政策更为严苛；清末，中国东南沿海的人民汇流于 17 世纪以来的全球移民浪潮之中。由此可见，对明清保守的海洋政策的反思以及批判是我们继承传统的现实需求。而《朝贡贸易与仗剑经商：全球经济视角下的明清外贸政策》与《明清海盗（海商）的兴衰：基于全球经济发展的视角》就从两个不同的层面来审视传统中华主流文化中保守的海洋政策与民间海商阶层对此的应对，从中可以看出，当时国家海洋政策的失误及其造成的严重后果；此外，在对中西海商（海盗）进行对比的同时，为中国海商翻案，指出对待海商（海盗）的态度或许是中国走向衰落而被西方超越的原因。

第四，主要是战略与对策研究。我们知道，今天的国际法源于欧洲人对海洋的经略，那么，这种国际法就有了学理上的缺陷：其仅仅是解决欧洲人纷争的法规，只是欧洲区域的经验，并不具备国际化与全球化的资质。东方国家有权力在 21 世纪努力建设国际法新命题，而中国主权货币的区域化同理。《国际法新命题：基于 21 世纪海上丝绸之路建设的背景》与《人民币区域化法律问题研究——基于海上丝绸之路建设的背景》就对此展开了研究。

从全球的视野看，海上丝绸之路是人类在突破海洋的限制后，以海洋为通道进行物产的交流、思想的碰撞、文化的融合进而产生新的文明的重要平台。我们相信，围绕海上丝绸之路，世界不同文化背景的学者都有言说的兴趣。而对中国而言，传统海上丝绸之路是以农耕时代中国物产为中心的世界文化大交流，源于汉唐乃至先秦时期，繁荣于唐宋元时期，衰落于明清时期，并终结于 1840 年。今天，"21 世纪海上丝绸之路"建设是重返世界舞台中心的中国寻找话语权的努力，在相同的文化语境之中，不同的学科与专业都有融入海洋话语时代的责任。欢迎不同领域与学科的专家继续关注我们的讨论、加入我们的航船：齐心协力、各抒其才。海洋足够辽阔，容得下多元的话语。

苏文菁

2016 年 12 月

19 世纪槟城华商五大姓的崛起与没落

此中文版译自本人于 2015 年出版的英文图书 *Penang Chinese Commerce in the 19<sup>th</sup> Century：The Rise and Fall of the Big Five*（ISEAS-Yusof Ishak Institute）。

作者谨识

2016 年 11 月 22 日

# 献给先父（四叔）

纪念他的爱、牺牲与先见之明

# 致　谢

　　本书改写自我的博士论文，其中部分内容曾发表于《亚洲文化》（*Asian Culture*）和《南方华裔研究杂志》（*Chinese Southern Diaspora Studies*）。感谢这两份期刊允许我将这些内容收录于此。

　　本书的完成得力于多位人士的指导、协助与支持。他们的贡献从许多不同的方面提高了本书质量，但这并不表示我可以免于对书中不足之处负责。首先我要向我的指导老师们——李塔娜博士（Dr. Li Tana）、诺拉·库克博士（Dr. Nola Cooke）、大卫·马尔荣誉教授（Emeritus Professor David Marr）和卡尔·特罗基教授（Professor Carl Trocki），表达由衷的感谢。身为我的指导老师，李塔娜博士在我治学过程中给了我许多宝贵的指引。她不仅花费大量时间给我提了许多对论文有很大影响的意见，而且提示我应该如何更好地论述问题。她所提出的许多独特观点，总是能够促使我更致力于加强我的论述。她热情和严谨的指导，对于我研究步调的设定大有助益。库克博士虽然是以联合导师的身份给予我指导的，但她对我的研究课题投注了极大的兴趣，并且耐心地对每一章的草稿提出了意见。她那些充满洞见的反馈和巨细靡遗的修改建议，让我的论文生色不少。若是少了她的协助，我恐怕无法写出具有可读性的学术论文。诸位导师深深影响了这部论文的进展及实际撰写工作，他们在学术上的直觉和渊博知识无疑给了我宝贵的帮助。能够获得他们的指导，我除了深感幸运，也不胜感激。

在材料收集方面，我要感谢的人士和机构可以被列成一长串的名单。如果没有这些人士和机构的帮助，我的数据和资料收集工作恐怕不会那么容易和顺利。首先，感谢香港大学允许我使用其馆藏丰富和设备齐全的图书馆。图书馆的工作人员十分友善，他们的服务让我能够投入研究并享受其中的乐趣。逗留香港期间，Ip Kwok Kwan 的友谊和帮助给我留下了美好的回忆。在新加坡，新加坡国立大学图书馆和新加坡国家图书馆允许我充分利用它们丰富的馆藏，我感激不尽。我要特别感谢 Liu Yan，她在我于新加坡国立大学做研究期间给了我很大的帮助。我也要衷心感谢吴振强教授和庄迪扬教授拨出宝贵的时间与我会面和谈话。在马来西亚，马来西亚国家档案馆、马来亚大学、吉隆坡的华社研究中心和槟城的州立图书馆给予我诸多便利，非常感谢。当然，许多人在我的研究过程中给予了我协助，我自然不敢或忘。他们为数众多，不可能将其一一列举，但其中有几个名字不得不提。黄子坚教授是我在 1998 年就已认识的好友。每当我敲他办公室的门，他从不拒我于门外。他总是在我们的谈话中慷慨分享他的看法、观点和知识，并且不断给予我知识上的刺激。另外，也要感谢邱文达和 Lim Seng Haw 帮我取得了一些非常有用的资料。

槟城的许多朋友和给我提供资料的人士也是我要感谢的对象。其中，好友陈耀威给了我最大的帮助。耀威不仅带我在乔治市里穿街走巷，而且帮我联系上五大姓氏公司。如果没有他的协助，我恐怕必须耗费更多的时间才能收集到所需要的资料。更重要的是，他除了付出时间外，还无私地提供个人收藏供我研究之用。我们之间因为对槟城历史和五大姓有着共同兴趣而建立起来的友谊，在我的学术追求过程中扮演了特殊的角色。我在堪培拉的朋友们，包括黄家达、Huang Zhi、Ng Kee Siong、迈克尔·丘奇曼（Michael Churchman）和 Lynnette Ng，给了我和我的家人很多帮助，在此谨致上衷心的谢意。

最后但并非最不重要的是，我要向给我无限支持和鼓励的父母献上最深挚的谢意。他们看到我的学术工作终于有了一点成绩，必定会感到高兴。他们所给予的全心全意和无条件的爱与支持，是我终生都无法完全回报的。我的太太佩玉由始至终对我的鼓励、理解和精神支持，给予我力量和信心，让我得以实现这项学术追求，我感激不尽，并且将永远铭记在心。在书稿修订期间，我的两个爱女语臻和语玹是我的最佳良伴，也感谢她们。

当然，书中若有任何错误或不足之处，都应当由我负责。

黄裕端

2015 年 3 月 9 日

写于槟城

# 关于人名、 公司名称与货币的说明

## 人名与公司名称

本书引用的文献以英文为主。英文原文提到的华人名字和公司名称，均以引用文献为准。由于这些华人名字和公司名称的英文拼写不完全一致，部分拼写在中文里有多种可能的对应字或词，因此难以直接根据英文拼写将其还原为中文。在此情况下，为避免错误，书中所有未能确认其中文原名者，均保留原英文拼写而不译出。

## 货币

书中使用的货币单位"元"，均指西班牙银元（Spanish Dollar），即 19 世纪海峡殖民地的标准货币。从 1903 年开始，叻元（Straits Dollar）取代西班牙银元成为海峡殖民地的标准货币，直到 1934 年为止。以下为有效至 19 世纪末的西班牙银元与其他流通货币的兑换率：

100 西班牙银元 = 210. 85 印度新铸卢比（Sicca Rupees）

100 西班牙银元 = 252. 27 荷兰盾（Dutch Guilders）

100 西班牙银元 = 26. 50 英镑（Sterling）

60 叻元 = 7 英镑

# 内容提要

如果缺少了福建五大姓家族（邱氏、谢氏、杨氏、林氏和陈氏）这一块，槟城的历史故事将是不完整的。五大姓在 19 世纪发挥的重大作用不仅使槟城发展成为区域转口贸易港和商业与金融中心，而且形塑了槟城及其周边区域的海上贸易模式和商业定位。本书跳出殖民视角，仔细检视了五大姓所建立的复杂且流动的跨国商业网络。这个商业网络综合了家族关系、会党盟誓、政治结盟和商业伙伴关系，将槟城与其周边地区（马来半岛西海岸马来邦属、暹罗西南部、缅甸南部、苏门答腊东岸和北岸）串联起来，构成一个经济上统一的地理区域，并与中国和印度保持紧密的联系。借助这纵横交错的网络，五大姓成功地在槟城及其周边区域的各关键经济领域（贸易、船运、采锡、经济作物种植、鸦片饷码承包）占据支配性的地位。本书通过对此精密网络的梳理和分析，揭示了福建五大姓商业家族在槟城及其周边区域前后约一个世纪的崛起与没落。

# Abstract

The story of Penang would be incomplete without the Big Five Hokkien families (the Khoo, the Cheah, the Yeoh, the Lim and the Tan). It was the Big Five who played a preponderant role not only in transforming Penang into a regional entrepot and a business and financial base, but also in reconfiguring maritime trading patterns and the business orientation of the region in the nineteenth century. Departing from the colonial vantage point, this book examined a web of transnational, hybrid and fluid networks of the Big Five comprising of family relationship, sworn brotherhood, political alliance and business partnerships, which linked Penang and its surrounding state (western Malay states, southwestern Siam, southern Burma, and the north and eastern coasts of Sumatra) together to form one economically unified geographical region, having inextricable links to China and India. With these intertwining networks, the Big Five succeeded in establishing their dominance in all the major enterprises (trade, shipping, cash crop planting, tin mining, opium revenue farms), which constituted the linchpin of Penang's and its region's economy. By disentangling and dissecting this intricate web of networks, this book revealed the rise and decline of the Hokkien mercantile families' nearly century-long economic ascendency in Penang and its region.

# 目　录

001 / 第一章　　**导论**

　　007 / 为何是福建五大姓？

　　016 / 研究方法与资料来源

　　018 / 本书概要

021 / 第二章　　**区域语境中的槟城与五大姓**

　　023 / 槟城的持续繁荣

　　031 / 槟城福建商人

　　034 / 船运与五大姓

　　039 / 转口贸易与五大姓

　　040 / 锡矿与五大姓

　　046 / 缅甸南部的稻米与五大姓

　　049 / 椰子和蔗糖与五大姓

　　053 / 胡椒与五大姓

　　056 / 鸦片与五大姓

　　063 / 苦力贸易：五大姓的另一个事业

　　067 / 结　语

069 / 第三章　　**五大姓的家族网络**

　　073 / 五大姓的父系亲属关系网络

　　077 / 五大姓的姻亲网络

079 / 五大姓之间的联姻

081 / 五大姓与其他家族的联姻

088 / 结　语


089 / 第四章　　**鸦片饷码竞争**

091 / 会党：义兴公司与建德堂

099 / 1867 年槟城暴乱

108 / 1878 年甲米暴乱

111 / 1879 年太平苦力暴乱

118 / 1884 年日里种植园苦力造反

120 / 五大姓的支配地位与义兴公司的没落

123 / 结　语


125 / 第五章　　**"白金"争夺战**

127 / 拉律与五大姓的锡矿利益

129 / 拉律"战争"的爆发：争夺锡矿场

132 / 陈金钟的参与

139 / 五大姓重振在拉律的利益

141 / "白金"争夺战的另一前线：普吉岛与五大姓

145 / 来自缅甸南部的"白金"：五大姓与义兴公司

148 / 结　语


151 / 第六章　　**西方商业精英及其对槟城华商的挑战**

153 / 从自由放任到控制管理

155 / 19 世纪 80 年代以前的西方商人

158 / 海峡轮船公司和海峡贸易公司

168 / 荷兰皇家邮船公司

174 / 东方船务公司：五大姓对西方船运与贸易挑战的回应

180 / 五大姓与西方公司在保险业的竞争

191 / 西方的竞争对五大姓的意义

19世纪槟城华商五大姓的崛起与没落

194 / 结　语

195 / 第七章　**区域新秩序与五大姓的没落**

　　　　197 / 锡矿业

　　　　208 / 橡胶业

　　　　219 / 五大姓饷码承包业的终结与官方垄断的兴起

　　　　225 / 土地中央化政策

　　　　227 / 许氏集团的瓦解与五大姓商业帝国的覆灭

　　　　230 / 家族纠纷

　　　　236 / 结　语

239 / 第八章　**结论**

249 / 附　录

　　　　251 / 附表 1　1843～1896 年出入槟城与新加坡的本地船

　　　　　　　　　　与横帆大船数量比较

　　　　258 / 附表 2　槟城五大姓（邱、谢、杨、林、陈）的家

　　　　　　　　　　族联姻关系

　　　　265 / 附表 3　槟城其他福建与客家大家族的联姻关系

272 / 参考文献

290 / 索　引

# Contents

001 / Chapter 1　**Introduction**

    007 / Why the Big Five Hokkien Families?

    016 / Methodology and Sources

    018 / Outline of the Book

021 / Chapter 2　**Penang and the Big Five in Regional Context**

    023 / The Continuing Prosperity of Penang

    031 / Hokkien Merchants in Penang

    034 / Shipping and the Big Five

    039 / Entrepot Trade and the Big Five

    040 / Tin and the Big Five

    046 / Rice from Southern Burma and the Big Five

    049 / Coconut and Sugar and the Big Five

    053 / Pepper and the Big Five

    056 / Opium and the Big Five

    063 / Coolie Trade: Another Arm of the Big Five

    067 / Conclusion

069 / Chapter 3　**Kith and Kin: The Big Five Familial Web**

    073 / Agnatic Kinship of the Big Five

    077 / Affinal Kinship of the Big Five

    079 / Intermarriages among the Big Five

    081 / Intermarriages between the Big Five and other Families

    088 / Conclusion

089 / Chapter 4    **Opium Farm Rivalry**

    091 / Sworn Brotherhood Hui: The Ghee Hin and Kian
           Teik Tong

    099 / The 1867 Penang Riot

    108 / The Krabi Riot of 1878

    111 / The 1879 Coolie Riot of Taiping

    118 / The 1884 Plantation Coolies Revolt of Deli

    120 / The Dominance of the Big Five and the Decline of the
           Ghee Hin

    123 / Conclusion

125 / Chapter 5    **The Contest for "White Gold"**

    127 / Larut and the Big Five's Tin Mining Interests

    129 / The Outbreak of Larut Wars: Tussles over Tin Mines

    132 / The Involvement of Tan Kim Ching

    139 / The Resurgence of the Big Five's Interests in Larut

    141 / Another Front of the "White Gold": Phuket and the
           Big Five

    145 / "White Gold" from Southern Burma: The Big Five
           and the Ghee Hin

    148 / Conclusion

151 / Chapter 6    **Western Mercantile Elite and Their Challenge to
the Big Five**

    153 / From Liberalism to Management

    155 / Western Merchants Prior to 1880s

    158 / Straits Steamship Company and Straits Trading
           Company

    168 / Royal Dutch Packet Company or Koninklijke
           Paketvaart Maatschappij (KPM)

174 / The Response of the Big Five to the Western Shipping
and Trading Challenge: The Eastern Shipping
Company

180 / Insurance Business: The Big Five versus the Westerners

191 / Implications of the Western Competition for the
Big Five

194 / Conclusion

195 / Chapter 7    **New Regional Order and the Decline of the
Big Five**

197 / The Tin Industry

208 / The Rubber Industry

219 / The End of the Big Five Revenue Farms and the Rise
of Government Monopolies

225 / Centralized Land Policy

227 / The Collapse of the Khaw Group and the Demise of
the Big Five Business Empire

230 / Family Feuds

236 / Conclusion

239 / Chapter 8    **Conclusion**

249 / Appendices

251 / Appendix 1

258 / Appendix 2

265 / Appendix 3

272 / Bibliography

290 / Index

19
世
纪
槟
城
华
商
五
大
姓
的
崛
起
与
没
落

# 表、 图、 地图与插页目录

027 / 表 2 - 1　1819～1824 年和 1835～1840 年槟城与周边地区之间的海峡
　　　　　　　土产和瓷器进出口统计

037 / 表 2 - 2　19 世纪 60～90 年代槟城福建商人所拥有的 10 大船运与贸
　　　　　　　易公司

040 / 表 2 - 3　1870～1910 年新加坡和槟城之间的锡贸易量占比

049 / 表 2 - 4　五大姓及其盟友的椰园

053 / 表 2 - 5　来自苏门答腊（亚齐和日里）的胡椒进口量及槟城的胡椒
　　　　　　　出口量

058 / 表 2 - 6　1860～1909 年槟城鸦片饷码的年租

058 / 表 2 - 7　1876～1900 年槟城总税收中鸦片饷码年租的占比

092 / 表 4 - 1　19 世纪 60～90 年代义兴公司的方言派系及其领袖

093 / 表 4 - 2　19 世纪 60～90 年代义兴公司领袖的生意

094 / 表 4 - 3　19 世纪 70～90 年代各地义兴公司分会及其领导人

095 / 表 4 - 4　19 世纪 50～60 年代的建德堂或大伯公会领导人

106 / 表 4 - 5　1855～1870 年槟城鸦片饷码的年租金及中投方

120 / 表 4 - 6　1880～1882 年霹雳主要饷码及饷码承包人

142 / 表 5 - 1　普吉岛建德堂领导人

146 / 表 5 - 2　薛山家族在莱尼亚所控制的锡矿场

159 / 表 6 - 1　新加坡福建商人的商业背景与家族关系

164 / 表 6 - 2　20 世纪 20 年代海峡轮船公司在东南亚地区的船运代理商

169 / 表 6 - 3　荷兰皇家邮船公司在苏门答腊的 4 条航线

175 / 表 6 - 4　东方船务公司董事的家族与商业背景

182 / 表 6 - 5　1886 年槟榔屿乾元保安公司合伙人

185 / 表 6 - 6　1886 年、1891 ~ 1900 年及 1905 ~ 1906 年槟榔屿乾元保安公司财务报告

186 / 表 6 - 7　1897 年槟榔屿乾元保安公司合伙人

188 / 表 6 - 8　槟榔屿乾元保安公司的海外代理商

204 / 表 7 - 1　1906 ~ 1940 年西方和华人公司在马来亚和暹罗锡矿产出中的占比

214 / 表 7 - 2　1883 ~ 1930 年苏门答腊东岸中国、爪哇和印度劳工数量

217 / 表 7 - 3　马来亚铁路/陆路/海路的货运量和成本

223 / 表 7 - 4　1900 ~ 1905 年海峡殖民地政府的支出


036 / 图 2 - 1　双桅横帆船"艾玛号"的航行路线及所载货物

078 / 图 3 - 1　槟城五大姓与其他家族的联姻关系

103 / 图 4 - 1　受 1867 年槟城暴乱影响的乔治市地区

216 / 图 7 - 1　1924 年马来亚铁路路线与橡胶园分布


044 / 插页图 1　邱漏丛（Khoo Low Chang，左立者）在槟城经营的锡矿经销与熔炼行

112 / 插页图 2　詹姆斯·休·罗爵士（Sir James Hugh Low）

115 / 插页图 3　邱天德（Khoo Thean Teik）

116 / 插页图 4　郑景贵（Chung Keng Kwee）

134 / 插页图 5　霹雳第一任参政司毕治（J. W. W. Birch）

140 / 插页图 6　陆佑（Loke Yew）

143 / 插页图 7　陈威仪（Tan Wee Ghee）


024 / 插页地图 1　19 世纪槟城及其周边地区

105 / 插页地图 2　邱公司建筑和邱天德店屋的位置

19世纪槟城华商五大姓的崛起与没落

第 一 章

# 导 论

为何是福建五大姓？

研究方法与资料来源

本书概要

笔者是土生土长于霹雳的客家小孩，小时候只从学校课本中知道槟城是法兰西斯·莱特建立的商埠。尽管槟城和霹雳相距不远，但直到 2000 年的一次旅行，笔者才对槟城有了较为深入的认识。笔者漫步在槟城商业中心乔治市的街道上，看到五座庙宇般的"公司"建筑宏伟地矗立在市中心，大为惊奇。据信在乔治市老城区，这五家公司至少拥有该地区一半的店屋和住宅。更为有趣的是，这五座建筑曾经由秘密通道相互连接，并且见证过这一曾经的英国殖民地有史以来最为激烈的暴动。后来笔者了解到，这些公司都是由一群分别来自槟城五大福建家族的富裕商人于 19 世纪创建的。令人惊讶的是，尽管创造了这样的"神话"，却从来没有人认为应当从学术的角度对他们的事迹加以探讨。这些福建商人是谁？他们在槟城中扮演了什么角色？他们有多重要？这类问题激发笔者去思考两个世纪前那些鲜为人知的福建商人与槟城的关系，并且着手研究他们的故事。

　　在现有的研究文献中，槟城的历史往往被框限在殖民范式之中，并且被从自上而下的角度加以审视。对许多学者而言，槟城崛起为商业与贸易枢纽，归功于英国人所采取的自由贸易和自由港政策，以及传奇性的法兰西斯·莱特。米尔斯（L. A. Mills）在 1925 年写道[①]：

　　　　从 1786 年至 1800 年，槟城的人口和贸易快速增长……这似乎可被归结于三个主要原因——莱特在推进此殖民地发展的

　　① L. A. Mills, *British Malaya 1824 – 1867* (Singapore: Methodist Publishing House, 1925), p. 42.

过程中所展现的惊人精力，土著对他的巨大信任，以及盛行至
1802 年的自由贸易体制。

70 多年后，孙达拉·拉惹（Sundara Raja）于 1997 年重述了米
尔斯的观点，认为莱特推动了自由贸易，使槟城成为自由港，并促
进了移民社群的成长，其贡献巨大。① 对这些学者而言，殖民因素
极为关键，而且单凭这一因素就足以解释槟城的崛起。但是，不论
这些学者是否刻意如此，他们在述说槟城的故事时，如果不是实际
排除掉了重要的地方元素，如区域贸易商及其网络，便是将这些元
素边缘化了。正好相反，笔者认为在将槟城转变为一个重要市场的
过程中，这些地方商人扮演了不可或缺的角色。有鉴于此，本书从
居高临下的殖民视角移开，转而聚焦于极其重要但备受忽略的 19
世纪初至 19 世纪 90 年代的地方经验。

槟城开埠的时间落在现代东南亚形成时期的 1740 年和 1850 年
之间，也就是安东尼·瑞德（Anthony Reid）所谓的"华人世纪"
（Chinese Century）。这个"华人世纪"见证了华人群体在东南亚的
矿业、农业和船运业中的非凡成长。② 在"华人世纪"框架中重新
评估槟城的崛起，并非为了将殖民地英国人排除在槟城或东南亚的
相关论述之外，而是为了审视殖民地政府和个别英国商人的利益，
如何在更大的区域范围内互动、交织。如同包乐史（Leonard
Blussé）所指出的，莱特于 1786 年占领槟城，是英国人首度吸纳东

---

① Sivachandralingam Sundara Raja, *Perdagangan dan Pelabuhan Bebas: Sejarah dan Perkem-bangannya* [*Free Trade and Free Ports: History and Development*] (Shah Alam: Penerbit Fa-jar Bakti, 1997), pp. 104 – 108.

② Anthony Reid, "Chinese Trade and Southeast Asian Economic Expansion in the Later Eigh-teenth and Early Nineteenth Centuries: An Overview," in Nola Cookie and Li Tana, eds., *Water Frontier: Commerce and the Chinese in the Lower Mekong Region, 1750 – 1880* (Lan-ham: Rowman & Littlefield, 2004), pp. 22 – 32. 另参见 Anthony Reid, "Introduction," in Anthony Reid, ed., *The Last Stand of Asian Authorities, 1750 – 1900* (London and New York: Macmillan Press, 1997), pp. 11 – 14。

南亚华人网络的尝试。① 这是为什么英国人要在槟城设立贸易站，并致力于网罗及利用分布在吉打、马六甲、雪兰莪、缅甸南部、暹罗南部、爪哇和苏门答腊的华商贸易关系网络。槟城的崛起，就建立在这样的网络上。

在他近年完成的博士论文中，菲利普·金（Philip King）揭露了暹罗南部对槟城建立的重要性。他指出，槟城经由陆路与暹罗南部东岸紧密相连；槟城的繁荣，便是拜那促进了泛马来半岛贸易的"陆路通道"所赐。② 这条贸易路线原本由吉打控制，但随着槟城的建立和吉打的没落，它的好处落入英国人手中。通过展示英国人、马来人、暹罗人和华人如何积极参与拉曼政体（the Rahman Polity）的锡矿业，金令人信服地论证出，半岛中央地带（Central Peninsula）在历史上是一个重要的社会政治与经济发展中心，而不是无足轻重的边陲。③ 最重要的是，金的研究确立了半岛中央地带作为一个区域分析范畴的地位。

金的兴趣在于陆地，笔者的焦点则放在海洋世界及槟城与马六甲海峡和安达曼海的重要联系上，并且往西延伸至苏门答腊，往北触及缅甸南部。槟城的水路网络伸展到其周边的沿海区域，并涵盖了农业和矿业发达的邦国。拜其面海方位所赐，19 世纪的槟城成为此区域的枢纽，而不只是一个地方性实体。通过鉴定和详述槟城各主要华人商业网络的运作情况，本书将证明槟城及其周边邦国构成了一个有机的经济整体，而槟城就是在其中繁荣起来的区域转口贸易港。这也意味着其周边地区，特别是缅甸南部、暹罗西南海岸地

① Leonard Blussé, "Chinese Century: The Eighteenth Century in the China Sea Region," *Ar-chipel* vol. Ⅲ（1999）: 127.

② Phillip King, From Periphery to Centre: Shaping the History of the Central Peninsula（Ph. D. diss., University of Wollongong, 2006）, pp. 61 – 71.

③ Phillip King, From Periphery to Centre: Shaping the History of the Central Peninsula（Ph. D. diss., University of Wollongong, 2006）, pp. 77 – 194.

区、马来半岛西部及苏门答腊北岸和东岸，在槟城崛起的过程中扮演了不可或缺的角色。在这辽阔的场域中，由五大福建家族成员组成的一个商人群体特别亮眼，而笔者在本书里特别有兴趣探究的，就是这些商人和他们的故事。

# 为何是福建五大姓？

我们在检视有关东南亚华人商业活动的文献时经常会遇到"华商网络"这组词语。许多学者将东南亚的华人在商业上的卓越表现或成就，归因于华人所建立的动态且弹性的诸多商业网络。吉原久仁夫（Yoshihara Kunio）、高伟定（Gordon S. Redding）、科特金（Joel Kotkin）、贝克曼（Michael Backman）、克拉格（Claudia Cragg）、颜清湟等认为，这些华人商业网络的动态与弹性源自一些文化特性，其中包括儒家伦理、信用、关系、节俭、勤勉和冒险精神。① 最重要的是，这些学者将这些商业网络视为现代民族国家语境下的华人实体。在数量庞大的这类文献中，"华人"往往呈现为一个同质性的群体，拥有共同的文化价值观和单一、界限分明的文化遗产，这些文化价值观和文化遗产促进了一致性商业网络的形成，并且在具体的民族国家体制内为华人商业利益服务。

---

① Yoshihara Kunio, *The Rise of Ersatz Capitalism in Southeast Asia*（Singapore：Oxford University Press，1988）；G. S. Redding, *The Spirit of Chinese Capitalism*（Berlin：Walter de Gruyter and Co.，1990）；Joel Kotkin, *Tribes：How Race, Religion, and Identity Determine Success in the New Global Economy*（New York：Random House，1993）；Michael Backman, *Overseas Chinese Business Networks in Asia*（Australia：East Asia Analytical Unit, Department of Foreign Affairs and Trade，1995）；Claudia Cragg, *The New Taipans：A Vital Source Book on the People and Business of the Pacific Rim*（London：Century Business，1995）；Yen Ching-hwang, *The Ethnic Chinese in East Asia and Southeast Asia*（Singapore：Times Academic Press，2002）.

当我们想要在东南亚历史语境中解释华人在经济上的卓越表现时，以上的文化解释模式便显得捉襟见肘，甚至是不恰当的。这是因为在像东南亚这样在历史上具有流动、跨国界及多元文化属性的场域中，文化主义视角及其狭隘的诠释方式往往不仅未能阐明，反而遮蔽且概约化了华人的族裔性质和商业网络。不过，吴小安[①]和弗洛斯特[②]倒是提供了洞见，让我们能更好地认识19世纪东南亚华商网络。吴小安摆脱了传统观念和刻板视角，将华商网络呈现为一个由家族、政治和商业交织而成的综合体，这个综合体不仅在华人经济的卓越表现上，而且在马来邦属吉打的形成中扮演了至关重要的角色。弗洛斯特以新加坡海峡华人为焦点证明，立基于帆船贸易、资本、亲属关系和寺庙的南洋网络，使新加坡发展成为一个不断扩大的转口贸易港。由此可见，华商网络与其说是借助文化特性组合而成的网络，不如说是由相互关联的制度性、组织性和家族性元素所构成的网络。

吴小安将他对华商网络的研究限定在较小的地理范围（槟城和吉打）内，弗洛斯特的研究则是以海峡华人为导向，并以新加坡为中心。为深化我们对华商网络的范围与多样性的了解，笔者尝试采取基层的观点，根据方言与地缘性（福建、广东、客家和潮州）的分野，并且在族群与政治的界限之内和之外，检视"华人"和追踪他们的商业网络。换言之，笔者的研究视域将跨越国家界限，并超越族群属性、亚族群范畴和社会经济阶级；而且，尽管理所当然是以槟城为中心，但视角不会局限在这个地理范围内。笔者的目标在于将槟城福建商业精英放置在他们所处的19世纪的历史语境中，为他们定位。为此，笔者将焦点放在当时槟城最重要的五大福建籍

19世纪槟城华商五大姓的崛起与没落

---

① Wu Xiao An, *Chinese Business in the Making of a Malay State, 1882 – 1941* (London: Routledge Curzon, 2003).

② Mark Ravinder Frost, "Emporium in Imperio: Nanyang Networks and the Straits Chinese in Singapore, 1819 – 1914," *Journal of Southeast Asian Studies* 36 (2005): 29 – 66.

商业家族，即邱氏、谢氏、杨氏、林氏和陈氏五个家族，也就是
"五大姓"（the Big Five）上。他们都来自中国福建省沿海地区。①
在中国原乡，五大姓的成员通过世世代代的联姻，彼此之间建立了
紧密的关系。② 他们经常结伙出洋从事贸易及移居海外。在槟城落
脚之后，五大姓商人各自建立的"公司"后来成为槟城及东南亚地
区规模最大的血缘宗亲组织。除了建立公司，他们也创建及控制所
有主要的福建寺庙和社团。以福建公司（Hokkien Kongsi）为例，
它是一个松散的共同组织，成立于1856年，旨在协调福建人的一
切社会福利活动。③ 这样的家族网络，赋予了五大姓家族实质的群
体认同。这些福建五大姓的成员包括最晚自18世纪以来即已在各
自区域流动，并以海洋贸易商、种植园主、矿场主等身份从事商业
活动的商人和资本家。他们的重要性和影响力或许不如新加坡的一
些华商，如在更高端、更大的平台上活动的陈金钟（Tan Kim Ch-
ing）和章芳琳（Cheang Hong Lim），但他们在南洋华商精英群体中
占据了中级的位阶，高于较为知名但只在当地活动的其他家族，如
拉廊的许氏、吉打的庄氏和宋卡的吴氏。

笔者当然不是第一个被这些重要经济参与者吸引的历史学者。
现有关于这一课题的著作包括珍妮弗·库什曼的《家与国》④、吴
小安的《一个马来邦属建立背后的华人商业，1882—1941》⑤、朱
丽蓬·蓬素帕的《槟城商业社群与贸易模式的变迁，1890—1940

---

① 邱氏、谢氏、杨氏和林氏皆来自福建省漳州府海澄县三都地区，陈氏则出自福建省同
安县。参见张少宽《十九世纪槟华五大姓初探》，《东方日报》2000年6月28日，第
A16版。

② 刘朝晖：《超越乡土社会：一个桥乡村落的历史文化与社会结构》，民族出版社，
2004。

③ Tan Kim Hong, "Organizational Structure and Development of Hokkien Kongsi, Penang," in
*The Story of Hokkien Kongsi, Penang* (Penang: Hokkien Kongsi, 2014), p. 84.

④ Jennifer Cushman, *Family and State: The Formation of a Sino-Thai Tin-Mining Dynasty 1797–1932* (Singapore: Oxford University Press, 1991).

⑤ Wu Xiao An, *Chinese Business in the Making of a Malay State, 1882–1941* (London: Routledge Curzon, 2003).

年》①、浦瓦东·颂帕瑟的《暹罗南部华人资本的发展，1868－1932
年》②、许仁强的《19世纪槟城的经济变迁与海峡华人的崛起》③，
以及杨成源、卢慧玲、邱思妮与许仁强合编的《槟城及其区域：一
个亚洲转口贸易港的故事》④。库什曼的作品聚焦于许氏家族，将他
们放在槟城与暹罗南部之关系的背景中进行检视。她针对许氏家族
为了取得经济与政治利益而采取的各种策略——与暹罗贵族、槟城
华商和澳大利亚企业家联姻及缔结政治与商业联盟——做了详细的
分析。根据从英国、泰国和澳大利亚取得的第一手资料，加上对该
家族成员的访谈、其族谱和有关海外华人的二手资料，库什曼揭示
了许氏家族于19世纪30年代～20世纪20年代在马来半岛北部和
暹罗南部作为一股经济势力的崛起与没落。

　　有别于库什曼，颂帕瑟主要根据泰国的档案资料，描述槟城福
建商人与暹罗南部诸府的微妙关系。根据他的详细描述，1868～
1932年，槟城福建商人、曼谷当权者和暹罗南部诸府的地方精英三
方之间通过帮会会籍、商业伙伴关系和恩庇关系，建立了微妙的互
相依存关系。曼谷的中央政府借助具有影响力及富裕的福建商人和
当地暹罗精英，发展暹罗南部诸府的经济，以为国家创造税收，并
维持暹罗在半岛上的主权地位。当地暹罗精英和福建商人控制着劳
动力、技术和市场，但他们需要得到中央政府的庇护，才能从锡矿
开采和饷码承包中获利。颂帕瑟的研究显示，陈氏和许氏两大商业
家族通过这种互相依存关系，得以积累资本和扩大他们在暹罗南部

①　Chuleeporn Pongsupath, The Mercantile Community of Penang and the Changing Pattern of
　　Trade, 1890－1940 (Ph. D. diss. , University of London, 1990).
②　Phuwadol Songprasert, The Development of Chinese Capital in Southern Siam, 1868－1932
　　(Ph. D. diss. , Monash University, 1986).
③　Neil Khor Jin Keong, "Economic Change and the Emergence of the Straits Chinese in Nine-
　　teenth-century Penang," Journal of the Malaysian Branch of the Royal Asiatic Society 79
　　(2006): 59－83.
④　Yeoh Seng Guan, et al. , eds. , Penang and Its Region: The Story of an Asian Entrepot (Sin-
　　gapore: NUS Press, 2009).

诸府中的影响力。

吴小安的作品探讨了 1882～1941 年槟城和吉打两地华人商业及其网络的角色与功能。他以华人大家族，特别是槟城林氏家族和吉打庄氏家族的事迹为轴，引人入胜地描述了华裔商人、吉打的统治精英、槟城的英殖民政府和暹罗政府之间复杂的互动关系。他发现，各群体在各种经济与政治关系中为了获得利益与权力，经常变动、调整彼此之间结盟或敌对的状态。吴小安借此揭示了林氏和庄氏家族主要人物的经济影响力，以及他们对马来半岛西部邦属吉打之开发的积极参与。

蓬素帕将其研究设定在与吴小安的研究大致相同的时段，探讨了两大商业群体——槟城华裔贸易商和西方贸易商的内部及彼此间的关系，以及他们内部及彼此间不断变动的贸易形态。她的作品阐明了两个主题：19 世纪晚期槟城的区域转口贸易如何形塑槟城华人的经济影响力，以及 20 世纪早期贸易形态的改变与槟城港口功能的转型（从区域转口贸易中心转变为马来亚的主要港口）。这一变动削弱了槟城华人在商界的地位，但提高了西方企业的影响力。蓬素帕以一群从事船运业、种植业、锡矿业和饷码承包的显要华裔资本家和商人为对象，说明了槟城华商群体在槟城活力十足的贸易中的角色和影响力。

许仁强以槟城的许氏、邱氏和林氏三大海峡华人家族为焦点，揭示了文化资本如何被创造和利用来缔结家族联盟，以便取得必要的资源与影响力来追求商业利益，并在殖民地社会政治结构中获得一席之地。许氏家族是海峡华人后裔，与英国人关系密切，在华人社会中扮演领导者的角色。为强化此领导者角色，同时将商业触角延伸到采锡业，许氏家族通过联姻，与在霹雳和暹罗南部控制着强大福建秘密会社并拥有大量锡矿场的邱氏家族结盟。而邱氏与许氏联姻，是为了进入海峡华人文化圈及得到英国人的庇护，借此获得商业特权，同时向更高的社会位阶流动。19 世纪 50 年代来到槟城的林氏家族认同许氏和邱氏家族在社会经济与政治上的重要地位，于是通过生意上的合伙关系和联姻，与这两大家族缔结联盟，从而在生意上取得成功，并进入槟城的殖民地文化圈。

在《槟城及其区域：一个亚洲转口贸易港的故事》中，有五篇论文触及槟城的一些华商及其网络。在其论文中，卢慧玲阐明了19世纪中期槟城华商在区域及跨区域贸易与船运业中的崛起。朱丽蓬·维仑娜（Chuleeporn Virunha）的论文检视了1890~1940年建立及控制槟城错综复杂之经济与商业结构的槟城华商，以及他们回应西方挑战的能力。钟宝贤的论文旨在关注1876~1941年的余氏家族，即创立马来亚中药制造及零售品牌余仁生（Eu Yan Sang）的家族。这篇论文追溯了这门家族生意从区区的地方性店铺，发展成为业务遍及新加坡、中国香港和中国内地的区域性企业的历程。卡尔·特罗基（Carl Trocki）的论文检视了辜上达（Koh Seang Tat）的饷码承包网络，这一网络从槟城延伸到东南亚其他地区，如暹罗、苏门答腊和西贡，甚至远至香港。吴小安有关庄氏家族的研究则揭示了19世纪70年代~20世纪60年代这个家族在槟城和吉打的社会经济与政治发展中的重要性。

虽然这五篇论文都有提到五大姓，也清楚地说明了这些福建商业家族在19世纪槟城经济发展中所扮演的突出且不可或缺的角色，但每位作者显然都有各自关注的焦点。我们无法根据他们的研究清晰地描绘出19世纪槟城的图像，因为即便将这些研究结合在一起，仍旧缺少一个核心的元素，即扮演关键角色的五大姓的活动及他们彼此间的互动。如果不将五大姓当作一个集体来思考，那么槟城的故事始终是不完整的，某些时候甚至是难以想象的。

槟城能够与多个海港、边远市场和内陆农作物或矿物产地所构成的复杂网络建立起紧密的联系，主要归功于五大姓及其亲密盟友所从事的经济活动。他们在19世纪槟城华人社会中共同形成最强大及最显赫的经济力量。如同本书将揭示的，他们不仅从事海洋贸易和船运业，而且是资本家、种植园主和矿场主或矿场融资者，其广泛的社会经济关系网络遍布以槟城为中心的区域。他们控制着所有主要的经济领域，并主导着大部分的社会经济组织，是地方社群的权力当局。最重要的是，有别于传统上关于海外华人的研究让我们信以为真的，他们的家族及商业伙伴网络实际上远远超越了福建方言网络。如同我们会在后面的章节中看到的，他们与客家、广东和潮州方言群的成员保持着密切的关系。不仅如此，马来统治者、印度齐智人（Chettiers）、暹罗精英、亚美尼亚商人、英国政府官员和私人商贾，甚至澳大利亚企业家，在不同时期与地点都曾与五大姓及其商业利益产生了紧密的关联。这些元素交织在一起，将槟城及其周边地区的经济结构和商业机制统合了起来。直到20世纪初，五大姓才渐渐地抵挡不住新确立的殖民地政治势力和西方资本日益强大的竞争。在那之前一个世纪的大部分时间里，这些势力和竞争都不曾对五大姓以槟城为中心的区域网络造成严重的威胁。

五大姓自然并不总是铁板一块而没有任何内部冲突或竞争的。更确切地说，他们更多的是作为一个利益群体而存在；将他们结合在一起的，是他们在以槟城为中心的区域中所共同追求的经济利益。作为一个利益群体，他们不论是身为马来邦属的少数族群，还是在面对英国殖民统治时，都准备为彼此间的差异做出妥协、通融和协商，以缔结有助于取得或维持商业控制权的联盟。差异，一如竞争、冲突和对立，在这五大姓中的每一个家族内部，或是在五大姓家族之间，又或是在五大姓与其他家族之间，都并非不寻常。重要的是五大姓如何处理这些问题。在他们最辉煌的数十年里，五大姓为了解决争端，巧妙地利用和操作了几种杠杆机制，包括缔结复杂的联姻关系网络，以及建立姓氏公司、结拜兄弟会和合伙关系。这些机制不仅经常有助于缓解紧张状况，而且将他们之间及他们与其他家族之间在各种生意上的合作关系正式化和建制化。此外，五大姓也持续通过出资为原乡建设寺庙、学校及其他基础设施，以及向清廷捐纳，来维持他们与中国的联系。① 如此一来，五大姓在区域商业网络的形成中扮演了动态的领导者角色，而这一区域商业网络提供了一把钥匙，让我们得以在对 19 世纪槟城的分析中，提出新的概念、框架和问题。

总而言之，五大姓让我们得以洞识那些交织成一张大网的商业网络的结构和运作方式，进而揭示槟城及其所处区域的主导性经济实况。这张大网包含一批精英家族、结拜兄弟会、姓氏公司和商业公司。那些商业公司建立在家族之间的结盟或者跨族群或亚族群的合伙关系上，控制着构成槟城及其所处区域之经济支柱的跨国、互相关联的商业活动。揭开这样的商业网络让我们得以打破传统的空间分类，将槟城及其周边地区视为一个统一的经济地理区域。

这本书得益并立基于过去 20 多年来有关东南亚华人的新研究成果，其中包括卡尔·特罗基的《鸦片与帝国》②、约翰·布彻尔与霍华德·狄克合编的《饷码制度的兴衰》③、大卫·欧恩比和玛丽·索莫斯·海德休斯合编的《反思"秘密会社"：现代华南与东南亚社会史的观点》④ 和詹姆斯·拉什的《鸦片对爪哇的影响》⑤。这些著作提供了宽广的视域让我们了解东南亚华人，并且从新的角度阐明了华人商业世界，以及在殖民地经济中极为重要和不可或缺的鸦片饷码及税收承包制度。本书的研究试图阐明 19 世纪槟城及

---

① 参见《槟城龙山堂邱公司：历史与建筑》（槟城：槟城龙山堂邱公司出版小组，2003）、《林氏敦本堂暨勉述堂：壹佰周年纪念刊》和《石塘谢氏世德堂福侯公公司章程》（新加坡：Times Academic Press，1995）。

② Carl A. Trocki, *Opium and Empire*: *Chinese Society in Colonial Singapore*, *1800 - 1910* (Ithaca: Cornell University Press, 1990).

③ John Butcher, and Howard Dick, eds., *The Rise and Fall of Revenue Farming* (New York: St. Martuin's Press, 1993).

④ David Ownby, and Mary Somers Heidhues, eds., *"Secret Societies" Reconsidered*: *Perspectives on the Social History of Early Modern South China and Southeast Asia* (New York: M. E. Sharpe, 1993).

⑤ James R. Rush, *Opium to Java*: *Revenue Farming and Chinese Enterprise in Colonial Indonesia*, *1860 - 1910* (Ithaca: Cornell University Press, 1990).

其周边沿海区域的华人资本主义与企业的三个重要面向，从而为现有关于东南亚华人的研究文献添上一笔。首先，槟城不仅是一个区域转口贸易港及资本与劳动力供应基地，而且是商业与政治精英渗透到周边邦国的跳板，覆盖面广及多面向的福建商业网络便是以槟城为中心辐射出去的。福建商业精英们靠着以槟城为基地的福建人网络，得以将资本输送到周边的内陆地区，并将这些内陆地区转变成农业与矿业生产的动力之源。在此基础上，欧洲政治精英得以扩展他们的政治影响力，巩固他们对本土政权的殖民政治控制。其次，福建商业精英们所建立的商业网络虽然是以槟城福建家族为中心，却是跨越方言、族群与阶级界限，并且延伸到槟城以外的地区的。他们的商业联盟、家族关系和会党中不仅有客家人和广东人，而且有欧洲人、暹罗人、马来人和印度人。最后，鸦片饷码、苦力中介和会党，是了解槟城经济的关键所在。福建商业精英在区域内和大英帝国殖民地中所扮演的经济与政治角色，将所有经济活动串联成一个整体，从而不仅为华人商业家族创造财富，而且提供了必要的资金让殖民势力得以在东南亚建立起现代化的政府官僚体制。

# 研究方法与资料来源

　　在这本书里，笔者采取脉络化及互动的方式，对福建五大姓进行描述与分析，将他们定性为 19 世纪～20 世纪初槟城及其周边地区转型与发展中的主导经济力量。槟城的经济以各种蓬勃的经济活动为表征，其中包括饷码承包、经济作物种植、锡矿开采、船运和贸易。就是在这样的经济环境下，五大姓建立了他们的精密复杂的社会经济组织，积极与欧洲人和本地人互动，竭尽所能地利用这些人所提供的经济机会，终于崛起成为主导性的经济活动参与者。为重塑及复原这一历史语境，笔者参考了大量的早期报纸，包括 1838～1900 年的《槟城公报与海峡纪事报》（*Pinang Gazette and Straits Chronicle*）、1867 年 10 月～1885 年 3 月的《槟城阿格斯报与广告商报》（*The Penang Argus and Mercantile Advertiser*）以及 1882 年 10 月～1885 年 3 月的《槟城时报》（*Penang Times*）。这些报纸的内容向来极少被引用，但笔者在翻阅之后发现，它们包含着极为丰富的社会、经济与政治信息。船运活动、商业交易、贸易数据和商号详情，甚至婚嫁、节庆、讣闻、暴动、法庭案件等社会方面的信息，也经常出现在它们的版面上。虽然关于政治事务的详情不多，但这些报纸也会记载一些重要的政府公告、通知和报告。将这些报纸每一期的信息和数据加以收集和整理，便有可能发现某些一致而微妙的商业运作与互动模式。为补足政治信息之不足，笔者也参考了一

些档案资料（海峡殖民地政府公报、海峡殖民地立法议会会议记
录、马来联邦议会会议记录、海峡殖民地官方原始书信和海峡殖民
地杂录及原始书信），以及多种二手资料。此外，笔者也使用了已
发表及未发表的中文资料，如族谱、寺庙记录、个人文件和宗祠会

馆纪念特刊，其中的一部分是由五大姓家族成员提供的。

# 本书概要

　　本章说明了从区域视角看待槟城的路径。循此路径，拥有广大区域商业网络的槟城福建五大姓氏商业家族（邱、谢、林、杨、陈）成为探讨的焦点。通过追踪五大姓的区域商业网络，相关研究揭示了那些塑造出槟城及其周边地区之样貌的族群互动、经济合作与竞争及政府与家族关系的新面向。

　　第二章说明槟城在整个 19 世纪是蓬勃发展的区域转口贸易港，尽管当时新加坡已经崛起。槟城的繁荣与新加坡的转口贸易息息相关，也与积极进取的福建五大姓有密切的关系。当时五大姓控制了当地多项商业活动（船运、转口贸易、采锡、饷码承包和苦力买卖），与周边地区（缅甸南部、暹罗西南部、马来半岛西部邦属、苏门答腊北部和东部）有着广泛的商业联系。

　　第三章以五大姓为中心，探讨各大家族网络。五大姓之所以能在槟城获得商业支配权，秘诀就在于家族网络。以血缘与姻亲关系为基础的这些家族网络不仅超越了国家、方言和族群的界限，而且横跨好几个世代。借助于具有弹性且环环相扣的家族网络，五大姓得以利用或依赖数量可观的亲戚来管理、保护及推进他们在区域内的商业集团。

　　第四章详细检视五大姓利润最丰厚的生意——鸦片饷码承包。五大姓不仅在会党（建德堂）的保护伞下相互联合，而且与其他会党（海山公司、和胜公司、印度人和马来人的红旗会等）结盟，以保护和追求他们在区域内鸦片饷码承包生意上的利益。为了垄断鸦片饷码，五大姓利用会党网络来动员武装势力和财政资源，以便跟他们的主要对手义兴公司竞争。

第五章检视锡矿业，即五大姓在 19 世纪所涉足的另一门有利可图的生意。当时的拉律（霹雳）、普吉岛和丹佬对锡矿贸易商和矿场主有极大的吸引力。五大姓将他们的会党网络和资本延伸到这三个地方，并成功地从当地丰富的矿藏中获利。为了控制锡矿生意，五大姓必须与义兴公司和新加坡的福建商业精英同场竞争。

第六章探讨 19、20 世纪之交西方企业对五大姓日益增强的挑战，以及五大姓如何回应西方企业日益强大的竞争。当时荷兰的皇家邮船公司（Royal Dutch Packet Company，KPM）和英国的海峡轮船公司（Straits Steamship Company）及海峡贸易公司（Straits Trading Company）正在努力扩张它们在东南亚的航运业、锡矿贸易和熔锡业中的业务。为了回应西方的竞争，五大姓成立了东方船务公司（Eastern Shipping Company）和槟榔屿乾元保安公司（Penang Khean Guan Insurance Company）。到了 19、20 世纪之交，五大姓将这两家公司与另外四家公司合并成一个大集团——许氏集团（the Khaw Group），以强化他们的商业竞争力。

第七章探究 20 世纪初区域新秩序的兴起及其对五大姓的影响。西方企业凭借庞大且无限量的资本，并采用新式管理方法与技术，成功控制了初级产品如锡和橡胶的生产与贸易。与此同时，殖民地官僚体系的扩张和限制性法律的实行，使五大姓丧失了其经济优势，包括饷码垄断权和先前可轻易取得的土地所有权。这一对五大姓不利的经济与政治秩序不仅削弱了五大姓的经济基础，而且使得他们不再能够以一个强大利益集团的形式存在下去。

第 二 章

# 区域语境中的槟城与五大姓

槟城的持续繁荣

槟城福建商人

船运与五大姓

转口贸易与五大姓

锡矿与五大姓

缅甸南部的稻米与五大姓

椰子和蔗糖与五大姓

胡椒与五大姓

鸦片与五大姓

苦力贸易：五大姓的另一个事业

结　语

大部分的早期著作认为，槟城的辉煌时期随着新加坡在1819年崛起于马来半岛南端而结束。这个新兴的英国殖民地占据着战略性位置，能够吸引来自本区域乃至全世界的商业和投资。槟城从此不再举足轻重，因为新加坡的崛起必然使槟城降格为地方性的商业中心。然而，本章将揭示，槟城在整个19世纪仍持续作为区域枢纽蓬勃发展，而且在某些方面甚至比新加坡更为重要。本章接着探讨占主导地位的福建商人群体——五大姓的活动，包括他们从船运到转口贸易、商品生产、鸦片饷码承包、苦力贸易等的多种经济活动，以及他们如何支配这些经济活动。

# 槟城的持续繁荣

英国人在 1786 年开辟槟城，主要是出于对槟城的战略性位置和商业利益的考虑。18 世纪 80 年代前期的一系列事件——80 年代初法国海上势力在印度洋积极活动并觊觎丹那沙林海岸的锡矿贸易、1782 年及 1783 年荷属东印度群岛港口禁止英国船舶入港、1784 年荷兰攻占廖内群岛——使英国人（英国东印度公司）深深意识到与之敌对的两大欧洲强权对其在东南亚的商业利益的钳制。[1]这样的迫切局势促使英国人决定在槟城建立基地。槟城坐落在吉打西边的海岸外，地处马六甲海峡的北端及马来群岛的边陲，并且与一些古老的贸易港口相邻。在它西边不远处有苏门答腊北部的亚齐，东边上下两侧则有半岛西部马来邦属吉打和霹雳。往北，有缅甸南部的仰光和丹佬，以及暹罗西南岸的普吉岛。往南，有雪兰莪和马六甲（见插页地图 1）。槟城坐落在这些港口的中间，快速地发展成为转口贸易港。即使槟城的贸易在新加坡于 1819 年开辟之初蒙受

---

① Kenneth McPherson, "Penang 1786 – 1832: A Promise Unfulfilled," in Frank Broeze, ed., *Gateways of Asia: Port Cities of Asia in the 13th – 20th Centuries* (London: Kegan Paul International, 1997), pp. 110 – 113. 另参见 Anthony Webster, *Gentlemen Capitalists: British Imperialism in South East Asia 1770 – 1890* (London, New York: Tauris Academic Studies, 1998), pp. 27 – 48 和 Dianne Lewis, *Jan Compagnie in the Straits of Malacca, 1641 – 1795* (Athens: Ohio University Center for International Studies, 1995), p. 110。从 1761 年到 1784 年被荷兰人攻占，廖内是英国人在马来群岛设立的港脚贸易中心之一。

**插页地图 1　19 世纪槟城及其周边地区**

资料来源：John Crawfurd, *History of the Indian Archipelago*：*Containing an Account of the Manners*, *Arts*, *Languages*, *Religions*, *Institutions*, *and Commerce of Its Inhabitants*, vol. 1 （Edinburgh, 1820）。

冲击而衰退，但到了19世纪20年代中叶，它很快就再度崛起成为
区域贸易的中心。①

近年有许多学者认为，随着新加坡逐渐崛起，槟城作为转口贸
易港的地位受到动摇。举例来说，邱家金曾论证槟城作为转口贸易
港的重要性快速降低，其理由是槟城的商业在1806～1819年只取
得些微增长或有所衰退，而英国人在印度与中国之间的直接贸易却
不断增长。他在《马来社会》一书中指出，缺少英国商船往返槟城
和中国，导致槟城的贸易衰退，进而降低了槟城港口的地位，因此
它的繁荣仅仅维持在开埠的第一个25年内。他接着强调，新加坡
在1819年的开埠十分重要，其战略性位置和急速的成长决定了槟
城的命运。② 肯·戈·特岗宁和查·唐·考恩也都对槟城在新加坡
开埠之后的繁荣程度没有好评，尽管他们曾尝试彰显槟城的重要
性。他们发现，槟城1821～1830年的贸易数据下滑，而且英国商
船在1813～1834年往返于印度和中国的直航增加，因此断言槟城
当时正逐渐没落。③ 根据他们的说法，同时期新加坡的贸易取得了
惊人的增长，显示新加坡实际上正逐步取代槟城。特岗宁认为④：

> 1819年之后，新加坡取代槟城成为转口贸易港，与英国的私
> 人贸易可在那里进行货物转运或更改提单；而随着鸦片需求稳定
> 增长，雇用港脚船的私商终于可以满载货物从印度直航（新加坡）。

---

① Santhiram R. Raman, *The Economic Basis for the Founding of Penang and the Development of Commerce, 1786 – 1930* (Long Essay, University of Malaya, 1969/70), pp. 29 – 30; Donald B. Freeman, *The Straits of Malacca: Gateway or Gauntlet* (Montreal: Mcgill-Queen's University Press, 2003), p. 139.

② Khoo Kay Kim, *Malay Society: Transformation & Democratisation* (Petaling Jaya: Pelanduk Publications Sdn Bhd, 1991), pp. 64 – 68.

③ K. G. Tregonning, *The British in Malaya: The First Forty Years, 1786 – 1826* (Tucson: The University of Arizona Press, 1965), p. 126; C. D. Cowan, *Early Penang & the Rise of Singapore 1805 – 1832: Documents from the Manuscript Records of the East India Company* (Singapore: Malaya Publishing House Limited, 1950), pp. 14 – 16.

④ K. G. Tregonning, *The British in Malaya: The First Forty Years, 1786 – 1826* (Tucson: The University of Arizona Press, 1965), p. 126.

考恩的看法①也同样不乐观：

> 槟城的未来在 1819 年底显得暗淡无光。年度逆差仍旧像
> 过去那样高。贸易表现并不好，虽然稍微有所改善……到 1822
> 年，新加坡的贸易值超越了槟城，并且继续以前所未有的速度
> 增长，虽然偶有小幅度的衰退，但这样的衰退通常似乎是占该
> 港口贸易总额逾 1/3 的对中国的贸易的状况变动所致。

新加坡史权威黄麟根也斩钉截铁地指出②：

> 槟城位于马六甲海峡北端，其位置远较新加坡逊色，所面
> 向的国家较少，而且作为补给站只适用于苏门答腊北部和马来
> 半岛西海岸北部诸港口。实际上，槟城在很大程度上是新加坡
> 的 "接驳" 港。

这些权威学者的共识是，新加坡的崛起不仅将槟城推向边缘，
而且剥夺了它作为转口贸易港的角色，并将它降到了附属的地位。
这种关于槟城命运的看法，在诺丁·胡欣于 2007 年出版的《马六
甲海峡的贸易与社会》③ 中依然被高举而未受质疑。实际上，这样
的看法只反映了槟城贸易与商业的一个侧面。新加坡的崛起确实导
致贸易从槟城和马六甲转移到它那里，但与此同时，因为新加坡的
贸易蓬勃发展且贸易额快速增加，贸易环境大为改善，槟城的贸易
实际上也跟着快速增长。此外，在大多数的马六甲峇峇商人都已转

---

① C. D. Cowan, *Early Penang & the Rise of Singapore 1805－1832: Documents from the Manu-script Records of the East India Company* (Singapore: Malaya Publishing House Limited, 1950), p. 11.

② Wong Lin Ken, *The Trade of Singapore, 1819－1869* (Singapore: Malaysian Branch of the Royal Asiatic Society, 1961), p. 86.

③ Nordin Hussin, *Trade and Society in the Straits of Melaka and English Penang, 1780－1830* (Copenhagen: NIAS, 2007).

往新加坡之际，槟城仍有五大姓留守着，截然有别于马六甲。① 因此，新加坡的崛起对槟城而言非但不是一个负面因素，反而有利。作为一个转口贸易港，新加坡的贸易联络网辐射到东南亚其他地区，其中最重要的就是它与槟城的直接联系。当时槟城已是一个成熟的航运枢纽，除了是来自新加坡的商品（中国商品、鸦片）转往马六甲海峡北端各地区的分发点外，还是新加坡收集海峡土产（锡、胡椒）的地点。两者互相满足彼此的需求，同时被彼此蓬勃发展的贸易刺激。在这样的环境下，槟城保持了转口贸易枢纽功能，继续为来往于槟城与苏门答腊北部、缅甸南部、暹罗西南部和马来半岛西部之间的本地贸易商提供服务。

虽然缺乏 19 世纪 20~30 年代船舶进出槟城的数据，但 1819~1824 年和 1832~1849 年的有关数据显示，槟城的海峡土产和瓷器进出口量丝毫未有减少的迹象。与上述学者所相信的正好相反，在新加坡崛起之后，大多数进出槟城的商品实际上成倍地增加了。槟城与亚齐、佩迪海岸、勃固、毛淡棉、苏门答腊东岸等区域内其他地区之间的贸易更是蓬勃发展（见表 2-1）。

**表 2-1　1819~1824 年和 1835~1840 年槟城与周边地区之间的海峡土产和瓷器进出口统计**

从亚齐和佩迪海岸进口的胡椒、槟榔和燕窝

| 年　份 | 胡椒（担） | 槟榔（担） | 燕窝（斤） |
|---|---|---|---|
| 1819-20 | 5701 | 24810 | — |
| 1820-21 | 5628 | 30890 | 50 |
| 1821-22 | 11222 | 29141 | 287 |
| 1822-23 | 4786 | 38155 | 455 |
| 1823-24 | — | — | — |

① 林孝胜：《新加坡华社与华商》，新加坡：新加坡亚洲研究学会，1995，第 16 页；C. M. Turnbull, *The Straits Settlements 1826-67: Indian Presidency to Crown Colony* (London: The Athlone Press, 1972), p. 31; Carl A. Trocki, *Singapore: Wealth, Power, and the Culture of Control* (New York: Routledge, 2006), p. 47。

从苏门答腊东岸各港口进口的胡椒（担）

| 年　份 | 日里 | 布鲁支那 | 冷吉 | 峇都巴拉 | 沙登 |
|---|---|---|---|---|---|
| 1819 | 2342 | 315 | 95 | 59 | 217 |
| 1820 | 14315 | 1757 | 2462 | 1174 | 2954 |
| 1821 | 10672 | 870 | 4965 | 578 | 180 |
| 1822 | 30444 | 9199 | 6278 | 1246 | 2926 |

从攀牙进口的锡、稻米和胡椒

| 年　份 | 锡（担） | 稻米（可央） | 胡椒（担） |
|---|---|---|---|
| 1832－33 | 4673 | 49 | 25 |
| 1833－34 | 4897 | 86 | 39 |
| 1834－35 | 8555 | 220 | 314 |

从吉打进口的锡、稻米和胡椒

| 年　份 | 锡（担） | 稻米（可央） | 胡椒（担） |
|---|---|---|---|
| 1832－33 | 618 | 28 | 50 |
| 1833－34 | 736 | 50 | 10 |
| 1834－35 | 597 | 244 | 7 |

从苏门答腊东岸的佩迪海岸和亚齐诸港口进口的货物

| 年　份 | 蜂蜡（担） | 槟榔（担） | 藤（担） |
|---|---|---|---|
| 1835－36 | 56 | 64104 | 4975 |
| 1836－37 | 64 | 81267 | 5207 |
| 1837－38 | 164 | 98406 | 6394 |

从毛淡棉进口的稻米和紫梗（Sticlac）

| 年　份 | 稻米（篮） | 紫梗（担） |
|---|---|---|
| 1837 | 60940 | 34 |
| 1838 | 34223 | 408 |
| 1839 | 55675 | 670 |
| 1840 | 29300 | 55 |

出口到勃固的槟榔

| 年　份 | 槟榔（担） |
|---|---|
| 1819－20 | 198 |
| 1820－21 | 504 |
| 1821－22 | — |
| 1822－23 | 619 |
| 1823－24 | 842 |

出口到攀牙的槟榔

| 年　份 | 槟榔（担） |
|---|---|
| 1832－33 | 1256 |
| 1833－34 | 854 |
| 1834－35 | 4660 |

出口到毛淡棉的瓷器、槟榔和糖

| 年　份 | 瓷器（担） | 槟榔（担） | 糖（担） |
|---|---|---|---|
| 1837 | 74000 | 324 | 197 |
| 1838 | 329500 | 2879 | 195 |
| 1839 | 179500 | 3285 | 547 |
| 1840 | 223250 | 1634 | 1942 |

资料来源：John Anderson, *Mission to the East Coast of Sumatra in 1823* (London: Oxford University Press, 1971), pp. 422 – 424; John Anderson, *Acheen and the Ports on the North and East Coasts of Sumatra* (London: Oxford University Press, 1971), p. 229, p. 238; *The Maulmain Chronicle 1837 – 1840*; *The Singapore Free Press and Mercantile Advertiser*, 24 December 1835, p. 3。

　　这样的贸易与船运形态在 19 世纪 40 年代之后继续作为槟城海上贸易景观的特征。事实上，这些区域贸易与船运变得非常蓬勃，以至新加坡在这方面也难以跟槟城竞争。举例来说，1843－44 年，总共有 744 艘本地船和 60 艘横帆大船从亚齐、日里、毛淡棉、攀牙和马来半岛西岸进入槟城；离开槟城前往上述地区的本地船和横帆大船数量则分别为 994 艘和 61 艘（见附表 1）。与槟城相比，从新加坡往返上述地区的本地船数量少 200～300 艘，横帆大船数量少 13～14 艘。在接下来的年份里，从槟城往返上述地区的本地船和横帆大船数量经历了较为显著的增长。1846～1853 年，往返于槟城与苏门答腊、毛淡棉、攀牙和马来半岛西岸的本地船和横帆大船都超过 1000 艘。相比起来，往返于新加坡与上述地区的本地船和横帆大船流量依然不大，从来不超过 900 艘。19 世纪 60 年代～90 年代中期，虽然往返于新加坡与那些地区的船舶数量有所增加，但槟城依然保持其作为霹雳、吉打、暹罗西海岸和缅甸的转口贸易中心之地位。直到 19 世纪 90 年代，从新加坡往返苏门答腊的船运流量才超越从槟城往返苏门答腊的船运流量。

如此庞大的贸易量显然需要大量的船舶，包括横帆大船和本地船，将槟城及其周边区域联系起来。然而，尽管涉及大量的船舶，对它们的管制却令人惊讶地有限。这些船舶大部分由槟城一批数量极少的福建商业家族所拥有和经营。下一节将检视福建商人在这繁荣的区域转口贸易中所扮演的角色。

# 槟城福建商人

　　在以槟城为中心的经济区域，福建商人是华商群体中不可或缺的组成部分。他们是操闽南语的福建人（或称闽南人）的后代，最晚在 15 世纪即已和东南亚居民建立起长远而紧密的贸易关系。随着时间的推移，许多福建人在马六甲、吉打、巴达维亚、马尼拉、西贡等东南亚港口城市定居下来，形成一个商贸群体。[①] 在 17 世纪和 18 世纪，这些福建商人在航海事业中崛起成为无可争议的佼佼者。[②]

　　在东南亚，福建商人从一个港口到另一个港口经商，成为该区域内活跃的移民。在槟城早期移民当中，部分个人和家族就是来自这一不断迁徙的福建社群，他们构成了岛上的商人与资本家群体。他们当中包括槟城未来一些最重要的家族。1786 年，吉打瓜拉姆达

---

① Wang Gung Wu, "Merchant Without Empire: The Hokkien Sojourning Communities," in James D. Tracy, ed., *The Rise of Merchant Empires: Long-Distance Trade in The Early Modern World, 1350 – 1750* (New York: Cambridge University Press, 1990), pp. 408 – 411; Yen Ching-hwang, *Community and Politics: The Chinese in Colonial Singapore* (Singapore: Time Academic Press, 1995), pp. 72 – 73; Li Tana, "The Water Frontier: An Introduction," in Nola Cooke and Li Tana, eds., *Water Frontier: Commerce and the Chinese in Lower Mekong Region, 1750 – 1880* (Lanham: Rowman & Littlefield, 2004), pp. 5 – 6; James Chin Kong, Merchants and Other Sojourners: The Hokkiens Overseas, 1570 – 1760 (Ph. D. diss., University of Hong Kong, 1998), pp. 24 – 31, pp. 169 – 200.

② Ng Chin Keong, *Trade and Society: the Amoy Network on the China Coast 1683 – 1735* (Singapore: Singapore University Press, 1983), p. 1.

的商人兼华人甲必丹辜礼欢（Koh Lay Huan）带着亲友，从吉打迁至槟城。[1] 娶泰国地方头目之女为妻的种植园主兼商人林乙金（Lim It Kim）可能是在19世纪初，从暹罗南部迁到槟城的。[2] 曾从事捕鱼及贸易的谢掩（Cheah Yeam 或 Cheah Eam）最初落脚于吉打峇眼达南，后来移居槟城。[3] 邱清临（Khoo Cheng Lim）最初在马六甲的胡椒园当劳工，后来成为一名杂货商，然后于19世纪30年代迁居槟城，并娶辜礼欢孙女辜轻烟（Koh Qin Yean）为妻。[4] 贸易商兼矿场主陈玉淡（Tan Gaik Tam）的财富建立在普吉岛的采矿事业上，却以槟城为家族基地。[5] 许泗章（Khaw Soo Cheang）原本在明古鲁以贸易起家，后于19世纪20年代离开苏门答腊，前往槟城。[6]

人们普遍认为，东南亚华人都是从中国南来的，并且都是白手起家的。但上述人物都是从邻邦而不是从中国直接来到槟城的，而且迁移至槟城前都已是卓然有成的贸易商人。许泗章就是一个很好的例子。根据许氏家族和丹隆亲王（Prince Damrong）的记录，许泗章从中国来到槟城，并在槟城白手起家。据丹隆亲王记录，许泗章最初是一名劳工；而据许氏家族成员描述，许泗章最初以推车贩卖水果和蔬菜为生。[7] 这两份相似的记录似乎让包括库什曼在内的学者们相信了许泗章白手起家的故事。然而，许泗章初抵槟城时并

① Wong Choon San, *A Gallery of Chinese Kapitans* (Singapore：Ministry of Culture, 1963), p. 13.

② Wu Xiao An, *Chinese Business in the Making of a Malay State, 1882 – 1941* (London：Routledge Curzon, 2003), p. 40.

③ 《世界谢氏宗亲第五届恳亲大会纪念特刊》，槟城：北马谢氏宗祠和槟城谢氏福侯公公司，1989，第88页。

④ Yeap Joo Kim, *The Patriarch* (Singapore, 1976), pp. 9 – 10；Wong Choon San, *A Gallery of Chinese Kapitans* (Singapore：Ministry of Culture, 1963), p. 14.

⑤ 张少宽编著《槟榔屿福建公冢暨家冢碑铭集》，新加坡：新加坡亚洲研究学会，1997。

⑥ *Pinang Gazette and Straits Chronicle*, 28 July, p. 4.

⑦ Jennifer Cushman, *Family and State：The Formation of a Sino-Thai Tin-Mining Dynasty 1797 – 1932* (Singapore：Oxford University Press, 1991), p. 10.

19世纪槟城华商五大姓的崛起与没落

非一文不名：他其实已经是一名拥有一些商业业务和关系的成功商人。1816年，许泗章离开厦门前往明古鲁。明古鲁位于苏门答腊西岸，1685～1824年为英国人所控制，许泗章就在那里落脚并从事贸易。在英国人基于1824年《英荷条约》以明古鲁与荷兰人交换马六甲之后，许泗章在英属印度孟加拉省文官威廉·托马斯·刘易斯（William Thomas Lewis）和槟城参政司的劝说下，从明古鲁迁移到槟城。[①] 许泗章一到槟城就与 Bian Hong 号合伙，并且以攀牙为主要经营地区，与西海岸的暹罗省份进行贸易。通过槟城与攀牙之间的贸易，许泗章接触到暹罗的商业与政治圈，此后他在该商业与政治圈内部人士的协助下于暹罗西南海岸地区建立了自己的商业帝国。

这些福建商贸人士凭着本身已掌握的地方资料和健全的商业背景，成为槟城华人社会的核心群体。他们或是五大姓（邱、谢、林、杨、陈）的主要成员，或是与这些家族有紧密关系的人士。他们不仅有能力单独从事各种经济活动，而且集体构成了槟城及其周边地区的首要经济力量。究竟五大姓为何能够在区域内崛起？本章接下来将综述他们为数众多的商业利益，作为对此问题的回答。我们先从船运开始。

---

① *Pinang Gazette and Straits Chronicle*, 28 July 1882, p. 4.

# 船运与五大姓

　　我们在前文已经看到，19 世纪 50 ~ 60 年代，大量本地船舶在槟城与周边区域港口之间往返着。福建商人从事航海活动已有数世纪之久，说船运是他们的生命线并非夸大其词。福建商人在从其他地方迁徙到槟城时，也一并带来了他们的帆船。1830 年以前，槟城的福建商人主要利用中国帆船来运载他们所从事的海上贸易的货物。举例来说，李獭（Lee Toah 或 Che Toah）和林嵩泮（Lim Siong Pan 或 Che Siong/Seong）至少拥有两艘中国帆船，其中"南兴号"（Lam Hin）在 19 世纪 10 年代往返于槟城和苏门答腊西岸①；另一艘中国帆船的排水量为 225 吨，是在攀牙建造的，在19 世纪 20 年代于攀牙、槟城和苏门答腊西岸之间运输稻米、燕窝、锡、布匹和鸦片②。1830 年以后，中国帆船逐渐被更能保障海上航行安全的横帆大船取代。19 世纪 50 ~ 60 年代，福建商人购买和营运的双桅纵帆船、双桅横帆船和三桅帆船的数量日益增加。我们难以精确指出福建商人所拥有的大小船舶的数量，然而从两家本地报纸——《槟城公报与海峡纪事报》和《槟城阿格斯报与广告商报》——所刊载的航海情报来推测，我们可以信心十足地

---

　　①　Lee Kam Hing, *The Sultanate of Aceh: Relations with the British 1760 – 1824* (New York: Oxford University Press, 1995), p. 244, p. 257.

　　②　*Prince of Wales Island Gazette*, 25 May 1825, p. 2.

说，福建商人拥有和营运的双桅纵帆船和横帆船的数量十分可观。举例而言，在1869年，《槟城阿格斯报与广告商报》刊登了一份记录有81艘船（包括三桅帆船、双桅横帆船和双桅纵帆船）的名单，其中41艘为华人所有，而这些华人又多半是来自福建五大姓的商人。邱氏、林氏和谢氏所控制的船舶数量最多。从船队规模来看，在19世纪中期蓬勃发展的槟城船运业中，来自福建五大姓的商人显然是佼佼者。

迁移到槟城确实让五大家族的生意更为出色，特别是在作为槟城经济支柱的船运与贸易方面。以邱明山（Khoo Beng San）为例，他的明公司（Beng & Co.）在19世纪20~30年代拥有的两艘大船——排水量为350吨的三桅帆船"安洁丽卡号"（Angelica）和排水量为189吨的双桅横帆船"卡萨多尔号"（Cassador）——负责运载海峡土产如锡、藤、鱼鳔、鱼翅、燕窝和香料到澳门，并从那里将中国商品如茶叶、黄铜器、油纸伞、瓷器和烟草运回槟城。[①] 1838年，Lim Thong的排水量为191吨的双桅横帆船"萨基号"（Sakee）固定往返于槟城、亚齐、马六甲和新加坡。[②] 它运输到亚齐的货物包括欧洲布匹、印度棉布和中国商品。在回程上，它主要运载胡椒，这些胡椒随后被转运到新加坡、印度或中国。在19世纪40~50年代，邱心菊（Khoo Sim Keok）和谢昭盼（Cheah Chow Phan）共同拥有的三桅帆船"阿德莱德号"（Adelaide）从槟城运载锡、稻米和槟榔到中国，然后把中国商品运到槟城和缅甸南部[③]；邱天德（Khoo Thean Teik）拥有一艘双桅横帆船，名为"艾玛号"（Emma），它于19世纪50~60年代航行于槟城、毛淡棉、亚齐、

① *Pinang Gazette and Straits Chronicle*, 23 February 1838, p. 3; 7 July 1838, p. 3; 2 February 1839, p. 4; 9 February 1839, p. 3.

② *Pinang Gazette and Straits Chronicle*, 7 April 1838, p. 4; 28 April 1838, p. 3; 7 July 1838, p. 3; 24 January 1863, p. 4.

③ *Pinang Gazette and Straits Chronicle*, 23 February 1856, p. 4; 22 March 1856, p. 4; 21 June 1856, p. 4.

竹古巴（Takuapa）和新加坡之间。① 它将这些地方的各种货物运到槟城，然后分销到周边地区。例如，竹古巴的锡和毛淡棉的稻米被运到新加坡，然后从新加坡将毛瑟枪和中国商品运回槟城，再转卖到亚齐和毛淡棉（见图 2 - 1）。

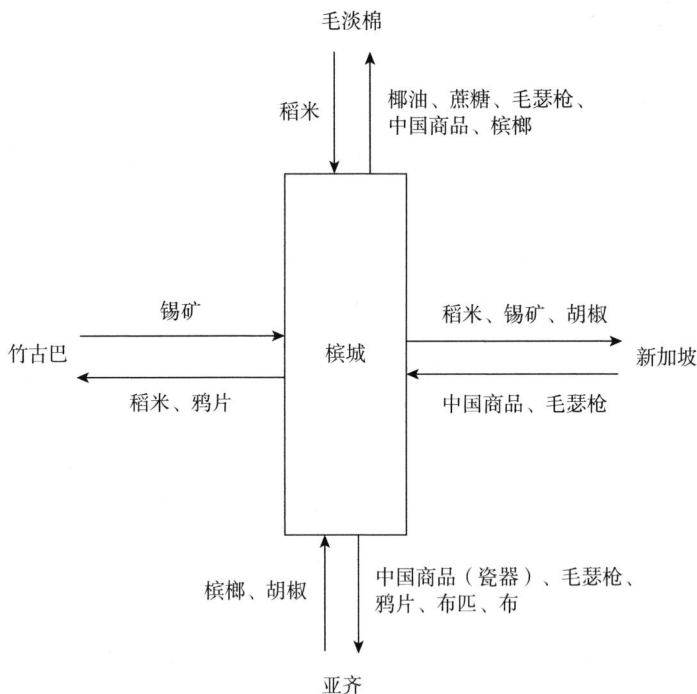

**图 2 - 1　双桅横帆船"艾玛号"的航行路线及所载货物**

资料来源：整理自 *Pinang Gazette and Straits Chronicle*, 30 April 1844, p. 3；20 April 1850, p. 4；29 June 1850, p. 4；17 January 1852, p. 4；14 February 1852, p. 3；17 July 1852, p. 3。

五大姓后来与其他福建家族的商人联手，创办了几家大型船运及贸易企业。19 世纪 60~90 年代，他们在槟城至少控制着 10 家船运与贸易公司（见表 2 - 2）。

① *Pinang Gazette and Straits Chronicle*, 29 November 1856, p. 4.

表 2 - 2　19 世纪 60 ~ 90 年代槟城福建商人所拥有的
10 大船运与贸易公司

| 公司名称 | 合伙人 |
|---|---|
| Kay Thye & Co. | Khoo Lek、Khoo Fwa Lam、Khoo Gek Hoo、Khoo Sek Gim、Khoo Kek Hai、Khoo Lim Taing、Khoo Chaing Kian、Khoo Chaing Tee、Khoo Bean Hio、Khoo Bean Tin、Khoo Bean Kheng、Koh Siang Tai、Koh Hay Neo、Lim Nee Neoh、Ang Poh Beng |
| Ban Chin Hong & Co. | Ong Boon Kheng、Ong Loon Tek、Ong Beng Tek、Ong Sin Tek |
| 崇茂号（Chong Moh & Co.） | Khoo Hooah Tooi、Yeoh Cheng Kung、Cheah Chee Teong、Tan Swee Keat、Lim Teck Poh、Chuah Yu Kay、Lee Phee Yeow、Lee Phee Choon、Lee Un Hooi、Lee Kow Tooi、Goh Khuan Leang |
| 孟兄弟公司（Beng Brothers） | Quah Beng Ky、Quah Beng Kung、Quah Beng Hoe、Quah Beng Kee |
| 高源号（Koe Guan） | Khaw Sim Kong、Khaw Sim Khim、Khaw Sim Tek |
| 福茂公司（Hock Moh & Co.） | Lim Eow Hong、Lee Haay Thye、Lee Teng See |
| 福昌公司（Hock Chong & Co.） | Lim Chong Seow、Lim Chong Thae、Lee Teng See |
| 邱允恭（Khoo Oon Keong） | Khoo Oon Keong |
| 宁绰公司（Leng Cheak & Co.） | Lim Leng Cheak、Lim Pee Cheak、Lim Eow Hong、Lim Eow Thoon |
| Kong Hok Keok | Cheah Tek Soon & Chuah Yu Khay |

资料来源：*Pinang Gazette and Straits Chronicle*，16 December 1879，p. 5；30 December 1879，p. 3；6 April 1886，p. 3；28 June 1889，p. 6；14 February 1890，p. 6；1 October 1891，p. 7；*The Penang Directory for the year 1874* including that of Deli，pp. 32 - 33；*The Penang Almanack and Directory for 1876*，pp. 30 - 33。

　　以崇茂号为例，这家公司由五大姓与李氏、蔡氏和吴氏家族在 19 世纪 60 年代联合创立，最初营运 4 ~ 5 艘双桅横帆船和三桅帆船，后来开始购入蒸汽轮船。到 1890 年，崇茂号已崛起成为槟城规模最大的船运及进口商[1]，所拥有的 8 艘蒸汽轮船经常往返于槟

---

[1]　*Pinang Gazette and Straits Chronicle*，29 October 1892，p. 5.

城、新加坡、普吉、仰光、日里、亚齐、霹雳、吉打、加尔各答和中国。它将苦力、中国商品、海峡土产和欧洲及印度商品输入和输出槟城。它以槟城为基地，处理区域内的大宗转口贸易。在这时期，来自五大姓的商人总共拥有至少 30 艘蒸汽轮船。他们凭着如此庞大的船队，成功地在马六甲海峡、印度洋东部和中国南海建立了交叉运输与航行的模式，并控制了区域内主要的海上航道。

　　由此可见，福建商人的船运公司不仅从事短程和中程船运，而且涉足长程贸易。槟城福建商船的运输路线和航行模式交织成一个广泛的网络，将槟城与其周边沿海地区及中国和印度联系起来。在槟城被整合到更大的海运与贸易世界以维持其作为区域转口贸易港的地位的过程中，五大姓的跨国、跨区域海运与贸易模式扮演了至关重要的角色。

19世纪槟城华商五大姓的崛起与没落

# 转口贸易与五大姓

　　海峡土产、欧洲商品、印度和中国货物的贸易是槟城福建商人利润最丰厚的生意之一,在他们积累财富的过程中扮演了重要的角色。他们采取交叉航行及运输各种不同货物的经营方式,并非没有任何经济理据。他们的商业运作其实完全建立在成本优势的基础上。因为福建商人的海船会航行到不同的地方,所以他们能够在一处以低价取得可贸易的商品,然后将其运到另一处以高价出售;而通过运输与贸易各种货物,他们可从多种而不只是一种商品中获利。为了确保受欢迎及有利可图的商品能够被低价供应,许多福建商人也积极参与农业和矿业的融资与经营。这部分内容在下文将被讨论。

　　我们可通过检视一系列输入和输出槟城的贸易商品——锡、稻米、椰子、蔗糖、胡椒和鸦片——来说明,让五大姓获利的商业交易如何运作。由于主要的进出口商品是由五大姓经手的,所以他们控制了区域内和区域间的贸易。这些商品在区域和国际市场上都具有重大的经济价值,因此五大姓通过在区域内和国际上交易这些商品获取了巨额的利润。事实上我们可以毫不夸张地说,五大姓的财富和槟城的繁荣乃是这些值钱商品直接造就的。

# 锡矿与五大姓

想要了解五大姓在锡矿业方面的重要性，我们必须对 1870 ~ 1910 年槟城和新加坡的锡矿进出口有概括性的认识。

如表 2 - 3 所示，槟城的锡进口量总是大于新加坡，出口量与新加坡势均力敌。槟城的锡进口量大，主要是因为从 19 世纪 60 年

表 2 - 3    1870 ~ 1910 年新加坡和槟城之间的锡贸易量占比

单位：%

| 年份 | 锡进口 | | 锡出口 | |
|------|--------|--------|--------|--------|
|      | 新加坡 | 槟城 | 新加坡 | 槟城 |
| 1870 | 6. 15 | 73. 70 | 47. 23 | 52. 77 |
| 1875 | 6. 15 | 71. 18 | 40. 89 | 59. 11 |
| 1880 | 4. 24 | 71. 72 | 54. 60 | 45. 40 |
| 1885 | 15. 31 | 69. 79 | 33. 16 | 66. 84 |
| 1890 | 29. 13 | 69. 89 | 59. 82 | 40. 18 |
| 1895 | 31. 57 | 68. 43 | 62. 00 | 38. 00 |
| 1900 | 19. 68 | 80. 32 | 56. 76 | 43. 24 |
| 1905 | 39. 55 | 60. 45 | 48. 00 | 52. 00 |
| 1910 | 30. 72 | 69. 28 | 45. 93 | 54. 07 |

资料来源：Chiang Hai Ding, *A History of Straits Settlements Foreign Trade 1870 - 1915* (Singapore: National Museum, 1978), p. 188。

代后期开始，霹雳和普吉的锡产量逐渐增加。从 1868 年到 19 世纪 90 年代后期，大量锡矿从这两个邻邦流入槟城。另外，自 1850 年以后，新加坡的锡进口量大致上停滞不前，主要是因为作为其主要锡矿供应地的彭亨的锡矿场由于种种原因，备受海峡殖民地资本家们的忽视。[①] 作为替代，新加坡从 19 世纪 60 年代开始从槟城进口锡矿。至 1890 年，从槟城出口到新加坡的锡矿的价值占槟城商品贸易总值的 34.3%，新加坡因此成为槟城锡矿的最大主顾。[②] 换言之，新加坡进口槟城的锡矿后再转出口。锡矿资源丰富的霹雳和普吉让槟城转变为锡出口大港，其锡出口量在 19 世纪 60~90 年代超越了新加坡。

五大姓的大商人和资本家是活跃的锡矿生产与贸易中最有活力的一股力量。在普吉、董里和攀牙，采锡活动已进行了好几个世纪。来自陈氏家族的成功商人陈玉淡（Tan Gaik Tam）或陈淡（Tan Tam）在 18 世纪晚期迁徙到槟城，然后在 19 世纪 20 年代初将其商业触角延伸到普吉。[③] 在泰国税务官奈圉（Naiyit）的协助下，陈淡和他的合伙人雍添寿（Yong Ching Siew）扩大了事业，于 1828 年创办合兴号（Hup Hin Kongsi）从事锡矿的开采与贸易。[④] 19 世纪 50~60 年代，陈淡的锡矿开采与贸易事业达到高峰。他总共拥有 320 公顷的锡矿地，并取得普吉锡矿出口专有权。[⑤] 除了陈氏家族，杨氏、林氏、谢氏和王氏等大家族也在普吉锡矿业拥有庞

---

[①] Wong Lin Ken, *The Malayan Tin Industry to 1914* (Tucson: The University of Arizona Press, 1965), p. 31.

[②] Chuleeporn Pongsupath, The Mercantile Community of Penang and the Changing Pattern of Trade, 1890 – 1940 (Ph. D. diss., University of London, 1990), p. 60.

[③] Wong Lin Ken, *The Malayan Tin Industry to 1914* (Tucson: The University of Arizona Press, 1965), p. 29.

[④] 王重阳:《泰国普吉省华人拓荒史》,《南洋文摘》1965 年第 6 卷第 5 期, 第 30 页。

[⑤] G. A. C. Beattie, A Forgotten Tan Family of Penang and Phuket (Paper Represented at the Shared Histories Conference, Penang, 2003), p. 3.

大的利益。杨氏家族拥有 5 家采矿公司，聘用的苦力约有 700 人。[1]
在五大姓广泛涉足采锡活动的情况下，19 世纪 80 年代普吉的年均
锡矿产量高达 5000 吨（8 万 4000 担），远高于早前的 500 吨。[2]

霹雳是另一个为槟城供应丰富锡产的地方。五大姓为了开发那
里的丰富矿藏，与当地具有影响力的马来酋长雅·依布拉欣（Che
Ngah Ibrahim）和客籍矿家、势力庞大的客籍帮会海山公司的领袖
郑景贵（Chung Keng Kwee）合作。郑景贵手下控制有 1 万 5000 名
苦力和拉律区的大部分锡矿场，而五大姓及其盟友则为其开采活动
提供资金支持。[3] 在一个案例中，邱天德和辜上达（Koh Seang Tat）
为郑景贵和 Tan Yit Hoon 提供了价值 6 万元的货物、现金和火药，
供他们从事开采活动，以及采取暴力行动对抗他们的大对手义兴公
司，一个由广东人主导的会党。[4] 作为回报，郑景贵和 Tan Yit Hoon
必须将他们矿场所生产锡矿的 70% 付给两位债主。[5]

五大姓及特定暹罗人（就普吉岛的案例而言）的资本投资，在
暹罗和马来邦属采锡业的发展中扮演了最为重要的角色，特别是在
19 世纪 80 年代以前更是如此。参与采锡业务的贸易公司 Chop Chip
Hock 由来自邱氏、陈氏、谢氏和林氏家族的商人共同拥有。至 19
世纪 90 年代后期，他们为通扣（普吉岛）、董里、甲米和土瓦的矿

① Phuwadol Songprasert, The Development of Chinese Capital in Southern Siam, 1868 – 1932 (Ph. D. diss., Monash University, 1986), pp. 109 – 110.

② Phuwadol Songprasert, The Development of Chinese Capital in Southern Siam, 1868 – 1932 (Ph. D. diss., Monash University, 1986), p. 90; Walter Hamilton, The East India Gazetteer: Containing Particular Descriptions of Hindostan, and the Adjacent Countries, India beyond the Ganges, and the Eastern Archipelago, Together with Sketches of Their Various Inhabitants (London: J. Murray, 1815), pp. 458 – 459.

③ Khoo Kay Kim, The Western Malay States 1850 – 1873: The Effects of Commercial Development on Malay Politics (Kuala Lumpur: Oxford University Press, 1972), p. 209; Wong Choon San, A Gallery of Chinese Kapitans (Singapore: Ministry of Culture, 1963), p. 77, p. 78, p. 104.

④ Cases Heard and Determined in Her Majesty's Supreme Court of the Straits Settlements, vol. 4 (Somerset: Legal Library Publishing Services, 1885/90), pp. 136 – 140.

⑤ Cases Heard and Determined in Her Majesty's Supreme Court of the Straits Settlements, vol. 4 (Somerset: Legal Library Publishing Services, 1885/90), pp. 136 – 140.

场主和贸易商提供了 13 万 5000 元的贷款。普吉总督威集颂堪
（Phraya Wichitsongkhram）也是一名积极的融资者。他管理的供普
吉采锡活动使用的政府资金每年多达 16 万铢（9 万 6000 元）。① 在
采锡活动的融资上，英国和亚美尼亚的资金也不可或缺。约翰·德
拉布尔确认，英国人的投资主要集中在 19 世纪 60~70 年代，但他
们间接资助采矿活动的数额十分可观。② 例如，槟城富裕英国商人
韦伯船长（Captain Weber）即曾借出 4 万元供 Lim Teo Jong 在普吉
开矿。③ 槟城的亚美尼亚兄弟迈克·阿拉顿·安东尼（Michael Arra-
toon Anthony）和约瑟夫·马努克·安东尼（Joseph Manook Anthony）
是槟城谢氏家族的亲密采矿伙伴。他们在 19 世纪 60~90 年代成为
霹雳数家采矿公司的合伙人。④ 随着英国人和亚美尼亚人的参与，
五大姓投资在采矿活动的资金不再纯粹来自暹罗人或华人，而是出
自不同国籍的人士。

　　在那些矿区开采的锡矿由停泊在港口或沿河溯游而上的轮船或
帆船运载到槟城。邱忠波（Khoo Teong Poh）以两艘蒸汽轮船——
"贝特西号"（Betsy）和"佩特拉尔号"（Petrel）——运载普吉的
锡矿，另一艘轮船"河内号"（Hanoi）则将锡矿运出霹雳；谢增煜
向来是包租斯里"砂捞越号"（Sri Sarawak）蒸汽轮船到霹雳运载
锡矿的。⑤ 大部分锡矿通过锡矿经销公司（多半为五大姓控制）
（见插页图 1）及其伙伴公司售卖到英国、美国、新加坡、加尔各答、

①　Phuwadol Songprasert, The Development of Chinese Capital in Southern Siam, 1868 – 1932
　　(Ph. D. diss. , Monash University, 1986), p. 92.
②　John H. Drabble, *An Economic History of Malaysia, 1800 – 1990: The Transition to Modern
　　Economic Growth* (New York, Canberra: St. Martin's Press in Association with the Australian
　　National University, 2000), p. 55.
③　Phuwadol Songprasert, The Development of Chinese Capital in Southern Siam, 1868 – 1932
　　(Ph. D. diss. , Monash University, 1986), p. 134.
④　*Pinang Gazette and Straits Chronicle*, 28 February 1879, p. 3. 另参见 *The Penang Almanack
　　and Directory for 1876*, p. 31; Nadia H. Wright, *Respected Citizens: The History of Armenians
　　in Singapore and Malaysia* (Australia: Amassia Publishing, 2003), p. 156。
⑤　*Pinang Gazette and Straits Chronicle*, 14 & 17 January 1879, p. 4; 2 July 1886, p. 5.

**插页图 1　邱漏丛（Khoo Low Chang，左立者）在槟城经营的锡矿经销与熔炼行**

资料来源：Emil Helfferich, *Behn Meyer & Co. and Arnold Meyer：A Company History*, vol. Ⅱ（Hamburg：Hans Christians, 1981），p. 74。

中国香港和厦门。例如，1860～1869年，槟城出口了约35万担锡矿，其中卖到英国和美国的各为10万7000担。[①] 五大姓在锡矿业中极为积极的参与让槟城成为东南亚最重要的锡矿贸易港口。

第二章 区域语境中的槟城与五大姓

---

① "Penang Market Report," in *The Penang Argus and Mercantile Advertiser*, 16 March 1870, p. 3.

# 缅甸南部的稻米与五大姓

　　19 世纪 50 年代～20 世纪初经常出现在槟城进出口货物清单上的稻米均来自缅甸南部。槟城种植的稻米从来不曾足以供应其不断增长的人口。最靠近槟城的马来邦属吉打是槟城主要的稻米供应地。1838～1839 年，当政治动乱导致供应给槟城的吉打稻米出现短缺时，槟城福建商人便转向土瓦和毛淡棉，以每可央 26～30 卢比（13～15 元）的价格大量进口稻米。① 这些稻米接着被以每可央 40～48 元的价格出售，该价格比吉打稻米的售价高。单单在 1839 年，分别有约 700 可央和 560 可央的稻米从土瓦和毛淡棉被运到槟城。② 19 世纪 60 年代，槟城的主要稻米供应来源开始转到仰光。伊洛瓦底江－锡当河三角洲在 1852 年受英国殖民统治之后，其广袤平坦的平原地区成为兴盛的稻米生产地。下缅甸的稻米种植面积扩大了三倍，从 1855 年的 40 万 2000 公顷增加到 1880 年的 125 万

①　*The Maulmain Chronicle*, 9 January 1839, p. 1. 另参见 E. A. Blundell, "Letter dated 9 December 1839," in *Selected Correspondence of Letters Issued From and Received in the Office of the Commissioner Tenasserim Division for the Years 1825 – 26 to 1842 – 43*（Rangoon：Superintendent, Govt, Printing and Stationary, Burma, 1928), p. 182。稻米也可通过物物交换的方式取得，而华人跟缅甸人进行物物交换，多半是为了换取稻米。1 可央（Coyan）相当于 1334. 7 公斤。

②　*The Maulmain Chronicle*, January-December 1839（从缅甸输入槟城的稻米总额是根据其每周出口清单的记录整理而成的）。

5000公顷。[1] 槟城最晚在 1855 年开始通过仰光从下缅甸进口稻米。1868～1890 年，其进口量从 9 万 3929 担增加到 253 万 8129 担[2]，增加了 26.22 倍。就这点而言，缅甸无疑是 19 世纪下半叶槟城最大的稻米供应地。

输入槟城的稻米多半会被出口。前五大出口目的地分别是马六甲、新加坡、半岛西岸马来邦属、苏门答腊和暹罗西岸地区。周边地区显然是从槟城出口的缅甸稻米的主要市场。这些地区对稻米产生巨大的需求，主要是因为有大量苦力涌进，其数量前所未有。1879～1890 年，有 54 万 9084 名中国苦力进入槟城，其中大部分接着被分配到霹雳、日里和普吉岛，以满足劳力密集的锡矿场和烟草种植园的运作需求。有趣的是，虽然普吉岛和董里是暹罗西南岸两大稻米市场，并且位于缅甸和槟城之间的海路上，但缅甸的稻米总是先被运到槟城，才被转运到普吉岛和董里的。

北苏门答腊是缅甸南部稻米的另一个好市场。当荷兰人在 19 世纪 70 年代中期封锁苏门答腊海岸时，从槟城出口的上等仰光稻米可卖到每可央 100 多元，虽然在槟城其市场价格介于 90 元和 92 元。[3] 林氏家族中的著名商人林宁绰在 1879 年 12 月呈给槟城英殖民政府的请愿书中投诉道，由于荷兰人的封锁行动，他无法将价值 3000 元的稻米输入苏门答腊北岸，这导致他损失了 1 万元的利润。[4] 五大姓与来自李氏家族的商人合伙创办了崇茂号，并凭着这个槟城最大的船运与贸易公司，控制了槟城 2/3 的稻米进口量。[5] 尽管缅甸的稻米生意主要由印度商人控制，而且主要往别的方向输出，但五大姓仍然能够获得一部分缅甸稻米，并将这些稻米运到暹

---

[1] Ian Brown, *A Colonial Economy in Crisis: Burma's Rice Cultivators and the World Depression of the 1930s* (Oxon: RoutledgeCurzon, 2005), p. 2.

[2] *Straits Settlements Blue Book* for the year 1868 and 1890.

[3] Eric Tagliacozzo, *Secret Trades, Porous Borders: Smuggling and States along a Southeast Asian Frontier, 1865 - 1915* (New Haven: Yale University Press, 2005), p. 329.

[4] *Penang Chamber of Commerce* 1879, pp. 12 - 13.

[5] *Pinang Gazette and Straits Chronicle*, 29 October 1892, p. 5.

罗西南省份、北苏门答腊、中国和新加坡。

这些槟城福建商人虽然未在缅甸南部拥有任何稻田，但他们仍然有办法与当地的印度、英国、缅甸、中国福建或广东籍商人成为生意伙伴，并且通过这些稻米经纪商或融资者与稻米种植者建立直接的联系，确保能够以低价获得稻米供应。以槟城成功贸易商 Khoo Jeow 为例，他在 1869 年迁徙到仰光，以扩展其事业。他与一名广东籍商人合伙，承包鸦片饷码长达 21 年。[1] 后来他与当地福建籍米商及融资者 Khoo Kin 合伙成立了新裕兴号（Sin Joo Hin & Co.），开始从事稻米贸易及米较（碾米）生意，从而赚取了更多的财富。[2] 事实上，米较生意可说是五大姓的稻米贸易网络中重要的一环，因为他们必须将收购自稻农的稻谷碾成大米，然后储藏在仓库里待出口。许多槟城福建商人成功在缅甸稻米贸易及米较生意中占有一席之地，Khoo Jeow 只是其中之一。

19世纪槟城华商五大姓的崛起与没落

[1] Arnold Wright H. A. Cartwright, and Oliver T. Breakspear, eds. , *Twentieth Century Impressions of Burma*: *Its History*, *People*, *Commerce*, *Industries*, *and Resources* (London: Lloyd's Greater Britain Pub. Co. , 1910), p. 317.

[2] *The Burma Gazette*, 26 January 1889, p. 73.

# 椰子和蔗糖与五大姓

有别于稻米，五大家族经手的椰油和蔗糖皆产自自家的种植园。詹姆斯·罗等指出，槟城在 19 世纪 30 年代种有 5 万棵椰树（椰树种植面积为 6000 ~ 7000 英亩）。[①] 到了 1874 年，槟城的椰园面积增加到 1 万 7000 英亩[②]，其中多半为五大姓及其盟友所有。表 2 - 4 展示了槟城的一部分椰园业主。

表 2 - 4　五大姓及其盟友的椰园

| 业主姓名 | 椰园名称 |
| --- | --- |
| 邱天德（Khoo Thean Teik） | 垄尾（200 英亩） |
| 邱昭脩（Khoo Chow Sew） | 丹绒道光（130 英亩） |
| 林光华（Lim Kong Wah）、邱石泉（Khoo Sek Chuan） | Yew Hua |
| Khoo Eu Bee | Eu Bee |
| 谢增煜（Cheah Chen Eok） | 占梅岗 |
| Tan Kay Beng、Chew Koe Lip | Kean Ann（200 英亩） |

① James Low, *The British Settlement of Penang*（Singapore：Oxford University Press, 1972），p. 44, p. 49；T. J. Newbold, *Political and Statistical Account of the British Settlements in the Straits of Malacca*（Singapore：Oxford University Press, 1971），p. 69, p. 103.

② *The Penang Directory for the year 1874* including that of Deli, pp. 45 - 46；Khoo Kay Kim, *The Western Malay States 1850 - 1873：The Effects of Commercial Development on Malay Politics*（Kuala Lumpur：Oxford University Press, 1972），p. 93.

| 业主姓名 | 椰园名称 |
|---|---|
| 胡宗宁 （Oh Chong Leng） | 苏格兰（400 英亩） |
| 辜登春 （Koh Teng Choon） | 浮罗勿洞（600 英亩）<br>登春（400 英亩） |
| 胡泰兴 （Foo Tye Sin） | 关打贺（130 英亩）<br>Ansondale（315 英亩） |
| 辜上达 （Koh Sin/Seang Tat） | 亚依淡（225 英亩）<br>爱丁堡（400 英亩） |
| 辜登元 （Koh Teng Gwan） | 浮罗山背（200 英亩）<br>峇都兰樟（60 英亩） |
| 叶合吉 （Yap Hap Keat） | （50 英亩） |

资料来源: *The Penang Directory for the year 1874 including that of Deli*, pp. 45 - 46; *The Penang Almanack and Directory for 1876*, p. 41; 张少宽《槟榔屿华人史话》, 吉隆坡: 燧人氏事业有限公司, 2002, 第 246~247 页。

除槟城以外，五大姓也在吉打和威省拥有大量的椰园。除了椰园，油较（椰油提炼厂）也多半由五大姓经营，其中包括北马最大油较之一的开恒美油较（Khie Heng Bee Mill）。[1] 开恒美在一个工作日 12 个小时内可生产 100 担椰油。[2] 毛淡棉、攀牙、丹那沙林海岸、马六甲和新加坡对椰油的高度需求，是大规模种植椰树的主要推动力。1844～1853 年，槟城出口到攀牙的椰油约有 4352 担，到毛淡棉的约有 1300 担，到新加坡和马六甲的则约有 3048 担。[3] 就整颗椰子的出口而言，槟城在 1848～1850 年出口了 8 万 8600 颗到

[1] Arnold Wright and H. A. Cartwright, eds., *Twentieth Century Impressions of British Malaya: its History, People, Commerce, Industries, and Resources* (London: Lloyd's Greater Britain Publishing Company, Ltd., 1908), pp. 824 - 828.

[2] Arnold Wright and H. A. Cartwright, eds., *Twentieth Century Impressions of British Malaya: Its History, People, Commerce, Industries, and Resources* (London: Lloyd's Greater Britain Publishing Company, Ltd., 1908), p. 824.

[3] 整理自 *Tabular Statements of the Commerce and Shipping of Prince of Wales Island, Singapore and Malacca* for the official year 1844 - 45, 1845 - 46, 1847 - 48, 1848 - 49, 1849 - 50, and 1852 - 53 (Calcutta: Military Orphan Press, various years)。

勃固，13 万 3100 颗到阿拉干，28 万 7958 颗到毛淡棉。① 詹姆斯·罗指出，椰子为槟城的椰树种植者带来了丰厚的报酬。据他估计，100 奥隆（Orlong，1 奥隆约相当于 1.32 英亩）的椰园每年可生产 40 万颗椰子，并带来 4000~8000 元的收入。② 据此，以邱天德的 264 英亩椰园为例，他每年可从中赚取 8000~1 万 6000元。凭着所拥有的大量椰园，五大姓垄断了对槟城周边地区的椰油和椰子供应。

蔗糖是另一种利润丰厚的农作物。甘蔗园主要集中在威省，其面积从 19 世纪 30 年代的 900 英亩，增加到 1860 年的 1 万英亩。③虽然五大姓投资甘蔗园的金额不详，但一部分五大姓商人显然是依靠经营蔗糖发家致富的。例如，1835 年发起成立邱公司的人士之一的邱月照（Khoo Guek Chio），在威省的武吉淡汶和峇都交湾拥有一些甘蔗园，也兼营制糖④；成功商人谢掩（Cheah Eam）是 1820 年成立的谢公司的发起人之一，与吉打苏丹友好，也在威省拥有甘蔗园⑤；Lee Ghe Ang 在威省拥有 1304 英亩的广袤土地，其中的甘蔗园到 1861 年广达 500 英亩⑥。据詹姆斯·罗估计，在 19 世纪 30 年代中期，在扣除所有开销之后，100 奥隆或约 132 英亩的甘蔗园每年可带来约 3770 元的利润。⑦ 因此，Lee Ghe Ang 单靠他的甘蔗园，

---

① 整理自 *Tabular Statements of the Commerce and Shipping of Prince of Wales Island*, *Singapore and Malacca* for the official year 1848 – 49, 1849 – 50, and 1852 – 53（Calcutta: Military Orphan Press, various years）。

② James Low, *The British Settlement of Penang*（Singapore: Oxford University Press, 1972），p. 47.

③ Khoo Kay Kim, *The Western Malay States 1850 – 1873: The Effects of Commercial Development on Malay Politics*（Kuala Lumpur: Oxford University Press, 1972），p. 93.

④ *The Penang Argus and Mercantile Advertiser*, 27 February 1868, p. 2.

⑤ 根据谢公司主席谢仁忠在 2004 年 7 月口头提供的信息知。

⑥ 这些数据整理自 *Tabular Statement of the Commerce and Shipping of Prince of Wales' Island*, *Singapore and Malacca* for the official year of 1844 – 1853。

⑦ James Low, *The British Settlement of Penang*（Singapore: Oxford University Press, 1972），pp. 56 – 57.

每年即可取得大约 1 万 4000 元的收入。19 世纪 60～80 年代，随着槟城的蔗糖出口因中国香港和英国的需求提高①而激增，他所获的利润也随着猛增。

---

① 1868 年，中国香港和英国分别从槟城进口 2450 担和 5 万 2101 担蔗糖，见 *Straits Settlements Blue Book* for the year 1868，p. 410。而在 1884 年，槟城出口到中国香港和英国的蔗糖分别为 8 万 4176 担和 14 万 6441 担，见 *Straits Settlements Blue Book* for the year 1884，p. 143。

# 胡椒与五大姓

　　当我们检视槟城转口贸易中的主要经济作物清单时，胡椒是不可能被遗漏的一项。胡椒是苏门答腊输向槟城的货物中最有价值者，对槟城港口的繁荣有重要的贡献，也在五大姓商业精英累积财富的过程中扮演了重要的角色。从 19 世纪早期开始，亚齐和日里是出口胡椒到槟城的主要地点。[①] 1849 ~ 1850 年，槟城从这两个地方进口了 4 万 6199 担胡椒。这个数目大约相当于同时期槟城胡椒出口量的 80% 。由此可见，槟城是亚齐和日里胡椒的主要转运站，其进口的胡椒大部分会被出口到邻邦（新加坡、阿拉干和仰光）或印度、英国和美洲（见表 2 - 5）。

表 2 - 5　来自苏门答腊（亚齐和日里）的胡椒
进口量及槟城的胡椒出口量

单位：担

| 年　　份 | 来自苏门答腊的进口量 | 槟城的出口量 |
| --- | --- | --- |
| 1844 - 45 | 39539 | 35650 |
| 1845 - 46 | 39403 | 39978 |

---

①　Anthony Reid, *The Contest for North Sumatra: Atjeh, the Netherlands and Britain 1858 - 1898* (London: Oxford University Press, 1969), pp. 14 - 15; William Patrick Cummings, *Cultural Interaction in a Sumatra State: Deli, 1814 - 1872* (Master thesis, University of Hawaii, 1994), pp. 98 - 99.

| 年　份 | 来自苏门答腊的进口量 | 槟城的出口量 |
|---|---|---|
| 1847 – 48 | 36204 | 37536 |
| 1848 – 49 | 24709 | 25773 |
| 1849 – 50 | 46191 | 56519 |
| 1852 – 53 | 30384 | 25108 |

资料来源：*Tabular Statements of the Commerce and Shipping of Prince of Wales Island*，*Singapore and Malacca* for the official year 1844 – 45，1845 – 46，1847 – 48，1848 – 49，1849 – 50，and 1952 – 53 （Calcutta：Military Orphan Press，various years）。

　　19 世纪 70 ~ 90 年代，苏门答腊继续作为槟城进口的胡椒的主要来源地，平均每年出口 12 万 ~ 14 万担胡椒到槟城。尽管槟城与苏门答腊隔着马六甲海峡相望，槟城五大姓的商人仍然成为亚齐、日里和槟城胡椒贸易的关键环节。他们不仅控制胡椒的运输与买卖，而且深入地参与了胡椒的生产。单单在 1852 年，至少有 15 艘由这些福建商人所拥有的横帆大船①前往亚齐西岸和日里将大量的胡椒运回槟城。来自林氏家族的大商人有 8 艘大船在亚齐和槟城之间运载胡椒。例如，在 1863 年，林紫雾（Lim Chee Boo）的排水量为 227 吨的双桅横帆船"水手希望号"（Mariner's Hope）和排水量为 162 吨的双桅横帆船"英雄号"（Hero）总共将 1 万 3200 担胡椒从亚齐西岸运到槟城。② 另一个例子是关于邱氏家族的 Khoo Kong Mah 的，他曾获得德国公司的资金援助，与总部设在新加坡的万成号（Ban Seng & Co.）合伙，并且在 19 世纪 70 年代通过旗下数艘中国帆船从亚齐运载胡椒到槟城。③ 有别于暹罗尖竹汶或苏门答腊邦加和廖内的胡椒种植者以华人为主的情况，亚齐和日里的胡椒种植者都是当地的亚齐人和峇达人。槟城福建商人通过提供资金给苏

19 世纪槟城华商五大姓的崛起与没落

---

① 槟城福建商人所拥有的船舶数量整理自不同期数的 *Pinang Gazette and Straits Chronicle of 1852*。

② *Pinang Gazette and Straits Chronicle*，23 May 1863，p. 5；26 December 1863，p. 5.

③ *Straits Echo*，1 January 1904，p. 12.

丹、港主或贵族，与跟当地胡椒种植者关系良好的亚齐或峇达酋长结盟。身为峇达酋长盟友的日里苏丹因为与槟城福建商人有这样的关系，有能力预先支付峇达人高达 3 万~4 万元的资金，让他们种植和收割胡椒。[1] 作为回报，峇达农民所生产的胡椒必须以每担 3~5 元的固定价格出售。[2] 由于这样的安排，槟城福建商人得以确保以低价格获得亚齐和日里的胡椒供应，并以黑胡椒每担 4~12 元和白胡椒每担 7~24 元的高价在槟城市场出售胡椒。[3] 如此一来，来自五大姓的福建商人垄断了亚齐和日里的胡椒市场，并将这些胡椒运载到槟城以较高的价格出售。他们通过利润丰厚的胡椒贸易，赚取了大量的财富。

邱天保是这些福建商人当中最著名者之一。他积极从事胡椒贸易，在 19 世纪 60 年代活跃于亚齐西部沿海地区。他与邱启赞（Khoo Kay Chan）、林百年（Lim Pet Lean）和 Lim Tit 合组公司，经营 7 艘轮船。[4] 他在亚齐西海岸的米拉务（Meulaboh）定居数年，结识了丹农（Tenom）君主东姑·伊玛目·慕达（Teuku Imam Muda）和著名亚齐商人东姑·益德（Teuku Yit），并且贷款给前者用于种植胡椒。此外，他将女儿嫁给以槟城为基地、具有阿拉伯血统的亚齐富商赛·莫哈默·阿拉达斯（Syed Mohemed Al-Atas）。通过这些关系，邱天保取得了欧洲人难以打破的胡椒贸易垄断权。1883 年，德国贸易公司卡茨兄弟有限公司（Katz Brothers Ltd.）尝试开出更高的价格向东姑·伊玛目·慕达购买胡椒，但遭到后者拒绝。最后，这家德国公司被迫与邱天保合资，才得以买到胡椒。

---

① *The Penang Argus and Mercantile Advertiser*, 31 October 1867, p. 6. 另参见 CO273/3, The Chairman of the Chamber of Commerce Prince of Wales Island to the Resident Councilor of Prince of Wales Island, 19 July 1859. 事实上，地方酋长提供给当地胡椒种植者的资金多半来自槟城的福建商人和资本家。例如，Khoo Boey、Khoo Cheah、Khoo Seck Chuan、Lim Cheng Kar 和 Cheah Yeah 就经常贷款给苏门答腊东岸的亚齐和马来统治者。

② *The Penang Argus and Mercantile Advertiser*, 31 October 1867, p. 6.

③ *Pinang Gazette and Straits Chronicle*, 30 March 1839, p. 4；17 August 1844, p. 4.

④ "Report on Nisero Incident," in Foreign Office Files (FO422), p. 61.

# 鸦片与五大姓

从 19 世纪初开始，鸦片即是五大姓商人的船运与贸易货物中的主要项目之一。槟城既是英国人储藏自印度输入的鸦片的地方，也是将鸦片分销到中国及周边地区的输出中心。从印度输入鸦片到槟城的主要是英国商人，但将这些印度鸦片分销到周边地区的业务，主要由来自五大姓的福建商人控制。1844～1850 年，每年有 2314 箱鸦片从加尔各答和孟买输入槟城，其中约 2112 箱被转出口到亚齐、毛淡棉、攀牙、吉打和日里。[①] 这些鸦片的主要消费者是当地的酋长和劳工。[②] 虽然在 19 世纪上半叶，槟城周边地区的鸦片市场相对来说规模不大，但对福建商人而言，贩卖鸦片还是有利可图的。[③]

从 19 世纪 60 年代开始，随着周边地区锡矿业和种植园的苦力日益增加，鸦片生意的经济价值也日益提高。为了巩固对鸦片生意的控制，五大姓积极竞投鸦片饷码承包权。饷码承包是一种财政机制，政府通过此机制将部分税收主权拍卖给私人公司。就鸦片饷码

---

[①] 以上数据整理自 *Tabular Statements of the Commerce and Shipping of Prince of Wales Island*, *Singapore and Malacca* for the official year 1844 – 45, 1845 – 46, 1847 – 48, 1848 – 49, and 1849 – 50（Calcutta: Military Orphan Press, various years）。

[②] Carl A. Trocki, *Opium and Empire: Chinese Society in Colonial Singapore*, *1800 – 1910*（Ithaca: Cornell University Press, 1990）, p. 55.

[③] 例如，五大姓商人邱昭脩（Khoo Sew）运了 9 箱印度瓦拉纳西鸦片到亚齐，每箱鸦片在槟城标价 550 元，在亚齐却可卖到 1200 元，让他总共获利 5850 元。参见 *Pinang Gazette and Straits Chronicle*, 18 August 1855, p. 5。

而言，承包它的私人公司支付给政府一笔租金，即可在特定时期内拥有分销和贩卖鸦片的专权。① 鸦片饷码往往被拍卖给出价最高者。鸦片对本地社会地位较高者来说是一种奢侈品；但对成千上万辛苦工作的苦力而言，特别是在内陆地区，鸦片却是必需品。由于消费者众多，鸦片分销和贩卖变成一种利润丰厚的大宗商品生意。取得鸦片分销和贩卖的专权，意味着获得处置鸦片这一值钱商品的专属权利，借此可轻易控制苦力和获得大量的现金流，从而创造庞大的资本。② 五大姓掌握了大量的资本和苦力，就能够开发更大的锡矿场或种植园，并雇用更多苦力，而这些苦力反过来又会消费更多的鸦片和生活必需品，如此不断循环。因此，控制鸦片的欲望无疑是一连串经济运作背后的主要驱动力量。正因为如此，鸦片饷码承包权的竞争是区域内最激烈的商业竞争。五大姓经常联合组成集团（"辛迪加"），以确保成功投得槟城及其周边地区的鸦片饷码。

通过组织集团，五大姓联合颜氏、许氏、王氏、辜氏、李氏等福建大家族，以及来自客家和广东家族的商人，集合成了更庞大的资本，在19世纪下半叶大部分时期及20世纪前十年里，牢牢控制了槟城的鸦片饷码。英国人在槟城实施鸦片饷码承包制始于1791年，而自19世纪60年代以降，承包槟城鸦片饷码成为五大姓商业帝国中获利最高、资本最密集的业务。表2-6中的数据反映了1860~1909年槟城鸦片饷码的年租逐年提高，承包商获利之丰厚由此可见一斑。更重要的是，在槟城政府的年度税收当中，有将近一半来自鸦片饷码的年租（见表2-7）。

---

① Howard Dick, "A Fresh Approach to Southeast Asian History," in John Butcher and Howard Dick, eds., *The Rise and Fall of Revenue Farming: Business Elites and the Emergence of the Modern State in Southeast Asia* (New York: St. Martin Press, 1993), p. 1.

② Carl A. Trocki, "Opium and the Beginnings of the Chinese Capitalism in Southeast Asia," *Journal of Southeast Asian Studies* 33 (2002): 297. 另参见 Howard Dick, "A Fresh Approach to Southeast Asian History," in John Butcher and Howard Dick, eds., *The Rise and Fall of Revenue Farming: Business Elites and the Emergence of the Modern State in Southeast Asia* (New York: St. Martin Press, 1993), pp. 9-11.

表 2 - 6　1860 ~ 1909 年槟城鸦片饷码的年租

单位：元

| 期限（年份） | 年　　租 |
|---|---|
| 1860 ~ 1862 | 72120 |
| 1862 ~ 1865 | 78000 |
| 1865 ~ 1867 | 78600 |
| 1867 ~ 1868 | 94200 |
| 1868 ~ 1870 | 90000 |
| 1871 ~ 1873 | 137610 |
| 1874 ~ 1876 | 230350 |
| 1877 ~ 1879 | 257590 |
| 1880 ~ 1882 | 440640 |
| 1883 ~ 1885 | 480000 |
| 1886 ~ 1888 | 600000 |
| 1889 ~ 1891 | 743923 |
| 1892 ~ 1894 | 852000 |
| 1895 ~ 1897 | 600000 |
| 1898 ~ 1900 | 720000 |
| 1901 ~ 1903 | 1140000 |
| 1904 ~ 1906 | 2124000 |
| 1907 ~ 1909 | 1620000 |

资料来源：Lena Cheng U. Wen, "British Opium Policy in the Straits Settlements 1867 - 1910," Academic Exercise, University of Malaya, Singapore, 1960, pp. 80 - 84; *Straits Settlements Legislative Council Proceedings*, 21 April 1869。

表 2 - 7　1876 ~ 1900 年槟城总税收中鸦片饷码年租的占比

单位：元，%

| 年　　份 | 鸦片饷码租金 | 总税收 | 百分比 |
|---|---|---|---|
| 1876 | 230350 | 486424 | 47.4 |
| 1877 | 257590 | 616392 | 41.8 |
| 1880 | 440640 | 902876 | 48.8 |

| 年　　份 | 鸦片饷码租金 | 总税收 | 百分比 |
|---|---|---|---|
| 1883 | 480000 | 982595 | 48.9 |
| 1886 | 600000 | 1216688 | 49.3 |
| 1889 | 743923 | 1643714 | 45.3 |
| 1892 | 852000 | 1304230 | 65.3 |
| 1895 | 600000 | 1418511 | 42.3 |
| 1900 | 720000 | 1736214 | 41.5 |

资料来源：Robert L. Jarman, *Annual Reports of the Straits Settlements* (Slough：Archive Editors Ltd., 1998)，vol. 2 1868 - 1883，p. 58，p. 183，p. 215，p. 260，p. 289，pp. 413 - 414，p. 463，p. 585；vol. 3 1884 - 1891，p. 54，p. 97，p. 206，p. 263，p. 341，p. 512，p. 539，p. 615；vol. 4 1892 - 1900，p. 7，p. 83，p. 153，p. 215，p. 265，p. 321，p. 383，p. 467，p. 545。

　　槟城鸦片饷码是五大姓从印度取得鸦片供应以售卖给广大本地华裔苦力的重要基础。最重要的是，它提供了一个机制，让五大姓得以累积资本，并将其投资之手伸展到周边甚至更远的地区，以取得当地的鸦片饷码垄断权。1880~1897年，五大姓与霹雳客籍甲必丹郑景贵结盟，在17年内投资超过280万元，以控制上霹雳至下霹雳所有的鸦片饷码。[1] 在吉打，林氏家族顶尖商人林宁绰联合槟城的商业伙伴和吉打的广东籍甲必丹，在1886~1891年的六年之内，成功在吉打最重要的华人市镇居林（Kulim）控制着最有利可图的鸦片饷码。[2] 在19世纪90年代中期，五大姓以林氏家族的林克全为首，联合几个著名客家商人组成槟城鸦片集团，与跟吉打苏丹关系密切的吉打福建商人家族庄氏结盟，注资约140万元，取得了1895~1909年共15年的吉打所有鸦片饷码的承包权。[3] 1899年，

---

[1] *Pinang Gazette and Straits Chronicle*, 31 October 1879, p. 4；10 October 1891, p. 5；30 October 1894, p. 3. 这个数额只是1880~1891年的总和，其他年份的数额不详。

[2] Wu Xiao An, *Chinese Business in the Making of a Malay State, 1882 - 1941* (London：Routledge Curzon, 2003), pp. 43 - 44.

[3] Wu Xiao An, *Chinese Business in the Making of a Malay State, 1882 - 1941* (London：Routledge Curzon, 2003), pp. 87 - 89.

槟城鸦片集团又与仰光广东籍商人 Puck Choong 结盟，投资 48 万卢比（24 万元）取得为期三年的仰光鸦片饷码承包权。①

五大姓也通过与当地的暹罗统治者建立密切关系，数十年来成功在暹罗南部省份取得大部分的鸦片饷码承包权。例如，陈氏家族的陈淡、陈大川（Tan Chuan）和陈威仪（Tan Kae Yee），与普吉总督威集颂堪（任期为 1853～1878 年）合作，垄断了普吉岛上的鸦片批发与零售业务。② 槟城谢公司③领导人之一的谢伯夷（Cheah Peck Yee）在 1861 年或 1862 年前往甲米府从事贸易，后于 1866 年获洛坤府总督委托管理甲米所有的税收饷码。④ 在沙敦府，一直到 1890 年，所有饷码都控制在为沙敦王提供贷款的富商 Khoo Bun Kiad 手里。⑤

转向苏门答腊，早在荷兰人于 1858～1865 年将其势力延伸至此之前，五大姓已经在其东岸建立起饷码承包事业。特别是在亚沙汉，进出口税的征收，以及鸦片和赌博饷码，都被承包给了槟城商人、五大姓亲密盟友王文庆（Ong Boon Keng）。⑥ 王文庆是邱启赞（Khoo Kay Chan）的生意伙伴，两人在槟城的公司名为 Ching Hong。⑦ 他在 19 世纪 50～70 年代主掌槟城鸦片饷码局，邱天德、李都（Lee Toh）、Lee Kee 和王文营（Ong Boon Eng）是其合伙人。⑧

19 世纪槟城华商五大姓的崛起与没落

---

① *Pinang Gazette and Straits Chronicle*, 22 March 1899, p. 5.

② Phuwadol Songprasert, The Development of Chinese Capital in Southern Siam, 1868 – 1932 (Ph. D. diss., Monash University, 1986), p. 117.

③ 谢公司是一批谢氏商人联合创立的宗族公司。

④ *Pinang Gazette and Straits Chronicle*, 9 & 16 August 1879, pp. 3 – 4；Phuwadol Songprasert, The Development of Chinese Capital in Southern Siam, 1868 – 1932 (Ph. D. diss., Monash University, 1986), p. 62.

⑤ Phuwadol Songprasert, The Development of Chinese Capital in Southern Siam, 1868 – 1932 (Ph. D. diss., Monash University, 1986), pp. 63 – 64.

⑥ Anthony Reid, *An Indonesian Frontier*: *Acehnese & Other Histories of Sumatra* (Singapore: Singapore University Press, 2005), p. 196.

⑦ *The Penang Argus and Mercantile Advertiser*, 16 September 1871, p. 3.

⑧ *The Penang Argus and Mercantile Advertiser*, 22 February 1872, pp. 2 – 3.

在 19 世纪 80～90 年代，五大姓也控制了日里的鸦片饷码。① 到了 19、20 世纪之交，五大姓主要成员与棉兰客籍华社领袖如华人雷珍兰（Lieutenant）张煜南（Chang Yu Nan 或 Tjong Jong Hian）和华人甲必丹张鸿南（Chang Hung Nan 或 Tjong A Fee）合作，于 1908～1910 年取得了整个苏门答腊东岸的鸦片饷码垄断权。②

五大姓的鸦片饷码事业并非仅限于槟城及其周边地区，而是扩大至新加坡和柔佛，甚至横跨中国南海延伸到北婆罗洲（沙巴）、砂拉越和香港。他们以槟城鸦片饷码集团（Penang Opium-farming Syndicate）之名，先后在辜上达（1879 年）、周兴荣（Chiu Sin Yong，1883 年）、颜五美（Gan Ngoh Bee，1895 年）、邱汉阳（Khoo Hun Yeang，1901 年）、许如初（Khow Joo Choe，1907 年）的领导下，控制新加坡和柔佛鸦片饷码长达 21 年。③ 与此同时，槟城鸦片饷码集团也进军香港，分别在 1880～1882 年和 1889～1891 年两度投得香港鸦片饷码。④ 1901 年，在邱汉阳的领导下，槟城鸦片饷码集团转进北婆罗洲和砂拉越，在 1901～1906 年控制了当地的鸦片饷码。⑤ 从五大姓及其盟友广泛涉足鸦片饷码承包的情况来看，雄心

---

① 1889～1891 年，Khoo Oon Keong 与 Lim Toh Seang、Ong Kim Ho Neoh 及 Cheah Geok Keat Neoh 控制着日里 Ban Ho Lee 的鸦片饷码。参见 *Pinang Gazette and Straits Chronicle*，1 May 1893，p. 2；17 September 1895，p. 2。

② Dirk A. Buiskool，*The Chinese Commercial Elite of Medan*，*1890 – 1942*（Paper Represented at the Shared Histories Conference，Penang，2003），p. 3.

③ Cheng U. Wen Lena，"British Opium Policy in the Straits Settlements 1867 – 1910，" Academic Exercise，University of Malaya，Singapore，1960，pp. 85 – 86

④ Carl Trocki，"The Internationalization of Chinese Revenue Farming Networks，" in *Water Frontier*：*Commerce and the Chinese in Lower Mekong Region*，*1750 – 1880*（Lanham：Rowman & Littlefield，2004），p. 169. 另参见 Elizabeth Sinn，"Preparing Opium for America：Hong Kong and Cultural Consumption in the Chinese Diaspora，" *Journal of Chinese Overseas* 1（2005）：30 和 *The Penang Herald*，5th July 1888，p. 2。在前一个承包期中，槟城的辜上达、王文德和新加坡的李庆炎（Lee Keng Yeam）共投资 88 万 5600 元。后来，辜上达之子辜祯善（Koh Cheng Sian）领导槟城鸦片饷码集团取得香港鸦片饷码。他们都获得了槟城五大姓的资金支持。

⑤ *The Singapore & Straits Directory 1904*，p. 37，p. 394。邱汉阳的饷码承包公司名为万振利（Ban Chin Lee & Co.），总部设在北婆罗洲首府山打根。在砂拉越，其饷码承包公司名为振福美（Chop Chin Hok Bee）。

勃勃的五大姓显然不满足于控制一两个地区的鸦片饷码，而是有意通过对一系列地区的鸦片饷码的垄断，更快且更大量地累积资本。以 1895 年成立的 Ban Hong Bee 集团为例，它成功夺得 1895～1897 年的槟城鸦片饷码，并从中获利 70 万元。另一个集团 Ban Cheng Bee 从对新加坡鸦片饷码的三年垄断中赚取了 190 万元。[①]

① *Straits Echo*, 3 November 1911, p. 942, p. 945.

# 苦力贸易: 五大姓的另一个事业

由于采锡业是一项劳力密集型经济活动，普吉岛和霹雳需要数量庞大的苦力。到 19 世纪 80 年代，普吉岛有 5 万名苦力。[1] 因为普吉岛的锡矿场多半为陈氏、杨氏、林氏和王氏家族所有，所以至少 2/3 的苦力是由这几个家族雇用的。随着 1848 年在吉辇包（Klian Pauh）发现大量的锡矿，大量的中国苦力即刻涌进霹雳拉律地区。[2] 到了 1862 年，拉律的华人人口达到 2 万 ~ 2 万 5000 人；在接下来的十年里，该地区华人人口增加到 3 万 ~ 4 万人。[3] 经济作物种植也增加了对苦力的需求。到 1860 年，威省的种植园总共约雇用了 8000 名苦力；到 1894 年，霹雳的种植园苦力约有 7500 名。[4] 不过，最大规模苦力人口所在地是苏门答腊东岸的烟草种植园。到 1890

---

[1]　Phuwadol Songprasert, The Development of Chinese Capital in Southern Siam, 1868 – 1932 (Ph. D. diss. , Monash University, 1986), p. 90; Ian Brown, The Elite and the Economy in Siam c. 1890 – 1920 (New York: Oxford University Press, 1988), p. 96.

[2]　Khoo Kay Kim, The Western Malay States 1850 – 1873: The Effects of Commercial Development on Malay Politics (Kuala Lumpur: Oxford University Press, 1972), p. 69; Wong Lin Ken, The Malayan Tin Industry to 1914 (Tucson: The University of Arizona Press, 1965), p. 26.

[3]　Wong Lin Ken, The Malayan Tin Industry to 1914 (Tucson: The University of Arizona Press, 1965), p. 27.

[4]　Victor Purcell, The Chinese in Malaya (London: Oxford University, 1948), p. x; Lim Teck Ghee, Origins of a Colonial Economy: Land and Agriculture in Perak 1874 – 1897 (Penang: Federal Publications, 1976), p. 104.

年，苏门答腊东岸的中国苦力人数达到了 5 万 3806 人。①

区域内出现数量如此庞大的苦力显然意味着，在工业化的西方世界对原产品的需求日益殷切的情况下，经济作物种植和锡矿开采活动正前所未有地大幅度扩张。到了 19 世纪 60 年代，以出口为导向的农业和矿业活动暴增，导致各地面临苦力短缺问题。在此情况下，苦力贸易不仅成为劳动力供应的主要渠道，而且是一门非常有利可图的生意。五大姓商业精英在槟城与香港、汕头和厦门之间建立起紧密的网络，将苦力的来源、运输与分配串联起来，使槟城成为主要的中国苦力转运站，并且垄断了马六甲海峡北端的苦力贸易。

槟城的苦力间（苦力站或苦力收容所）、香港、汕头和厦门的苦力行（苦力招募所），以及一支苦力运输船队——这三者是以槟城为中心的苦力贸易网络中不可或缺的组成。有趣的是，这一切都被控制在一小批五大姓商人及其盟友的手中。例如，Khoo Joo Chian 是苦力间经营者兼苦力经纪，在槟城经营万德兴号（Chop Ban Tek Heng）苦力间，又在汕头设立成发号（Chop Seng Huat）和福记号（Chop Hok Khi）来招募苦力。② 要将苦力从汕头运输到槟城，他可以在汕头请其经营蒸汽轮船的族人邱忠波、船运代理公司 Lim Yam Seng & Co. 和抽佣代理公司福昌洋行（Hock Cheong Yeung Hong）来处理相关事宜。③ 规模最大的苦力间为邱天德所有，他实际上垄断了负债苦力的分配。④ 他所拥有的槟城最大

① Anthony Reid, *An Indonesian Frontier*: *Acehnese & Other Histories of Sumatra*（Singapore：Singapore University Press, 2005），p. 223.

② *Pinang Gazette and Straits Chronicle*, 7 November 1890, p. 6. 另参见 CO 275/41, Evidence taken before the Labour Commission of 1890, p. 7。

③ *The Hong Kong Directory and Hong List for the Far East for 1891*（Hong Kong：Robert Fraser-Smith, 1891），p. 276；*The Chronicle and Directory for China*, *Japan*, *& the Philippines*（Hong Kong：Hong Kong Daily Press Office, 1884），p. 346.

④ Anthony Reid, *An Indonesian Frontier*: *Acehnese & Other Histories of Sumatra*（Singapore：Singapore University Press, 2005），p. 203.

19世纪槟城华商五大姓的崛起与没落

苦力间坤和号（Chop Khun Ho）接收了由厦门福昌栈（Hock Cheong Chan）和汕头德义行（Tek Ge Hong）招募，并由其族人邱忠波船运过来的苦力。① 1879～1890 年，输入槟城的苦力共有 54 万 9084 名，其中绝大部分被转运到周边地区。在这些从槟城转运出去的苦力当中，约 80% 由霹雳、日里和普吉岛接收。有鉴于苦力贸易网络是由五大姓及其盟友控制的，我们可以毫不夸张地说，数量庞大的苦力是在他们负责之下被输入及输出槟城的。

苦力的买卖实际上无异于其他商品的买卖。苦力作为可供买卖的"商品"，往往是在价格较高的地方被卖掉。虽然苦力都是以每人 17～20 元从中国招募而来的，但并非所有苦力都以相同的价格被出售。② 市场需求和方言背景是决定价格的主要因素。例如，在19 世纪 60～70 年代，日里、吉打和威省的种植业者愿意以 70～80 元/人购买潮州苦力，但只愿意付 40～50 元/人购买客家苦力。③ 在19 世纪 80 年代，随着种植业对劳工的需求日益增加，公认为是最佳种植园劳工的潮州苦力身价大涨，价格攀升到 125～140 元/人，而客家苦力的价格则介于 70 元/人和 80 元/人。④ 在日里，由于烟草种植园在 19 世纪 80 年代迅速扩张，苦力价格高涨的情况更是明显。为了获得最大的利润，槟城的苦力经纪用尽各种手段，包括强行绑架，尽可能将潮州和客家苦力运到日里。

这种趁机牟利的做法导致霹雳和威省出现苦力严重短缺的问

---

① "Reports of Protector of Chinese for 1879 and 1881," in *Straits Settlements Legislative Council Proceedings*, 1880 & 1882, p. 92, p. 175; "Report of Committee Appointed to Consider and Take Evidence upon the Condition of Chinese Labourers in the Colony," in *Straits Settlements Legislative Council Proceedings*, 1876, p. 10; *The Chronicle and Directory for China, Japan, & the Philippines* (Hong Kong: Hong Kong Daily Press Office, 1884), p. 352.

② Chai Hon-Chan, *The Development of British Malaya 1896 – 1909* (London: Oxford University Press, 1964), p. 109; *Pinang Gazette and Straits Chronicle*, 7 November 1890, p. 6.

③ *Pinang Gazette and Straits Chronicle*, 7 November 1890, p. 6.

④ *Pinang Gazette and Straits Chronicle*, 11 July 1890, p. 4; 7 November 1890, p. 6. 另参见 Anthony Reid, *An Indonesian Frontier: Acehnese and Other Histories of Sumatra* (Singapore: Singapore University Press, 2005), p. 217。

题。1887 年，由于苏门答腊荷兰人种植园的竞争造成霹雳锡矿场苦力短缺，霹雳主要矿场主建议在英国人和华人当局联合监督下，直接从汕头和香港输入苦力。[①] 接着在 1890 年，威省的一些著名种植业者也要求英殖民地当局设法解决苦力短缺的问题。例如，种植甘蔗的潮州种植家许武安（Khaw Boo Aun，非五大姓利益集团成员），就曾促请海峡殖民地政府在槟城和汕头设立官方苦力间。[②] 许武安希望借此绕过五大姓对苦力供应的垄断，从其他渠道获得苦力。不过，由于苦力事业的风险很大，又或者因为缺乏关系网络，英殖民地政府从来不曾设立苦力间。五大姓通过对苦力供应、运输和分配的有效控制，成功垄断了区域内的苦力贸易，直到 20 世纪初。

① Wong Lin Ken, *The Malayan Tin Industry to 1914* (Tucson: The University of Arizona Press, 1965), p. 68.

② *Pinang Gazette and Straits Chronicle*, 11 July 1890, p. 4; 29 July 1890, p. 5.

# 结　语

　　来自五大姓的福建商人在槟城华商社群中形成一个显著的群体，在以槟城为中心的区域经济中扮演着十分重要的角色。他们拥有多重的经济利益，其势力远远超出槟城的范围。五大姓对槟城及其周边地区的区域船运与转口贸易的深入参与，不仅从根本上推进了他们的资本积累，而且塑造了槟城作为19世纪区域转口贸易中心的角色。此外，五大姓也涉足商业性农业、采矿业、苦力贸易和鸦片饷码承包，以取得更大的利益和累积更多的资本。五大姓的这些经济活动帮助槟城发展成为既是贸易中心，又是资本和劳动力供应的区域中心。在槟城及其周边地区，他们与在经济上有所成就且在政治上具有影响力的其他方言或族裔群体的精英缔结策略联盟，成功控制了所有主要的经济领域。这让五大姓得以建立强大的经济基础，并且控制一系列在运作上具有连带性的产业。他们的种植园和锡矿场雇用苦力来生产可供出口的原产品，这些原产品通过他们所拥有的船舶被运到市场上出售，而与此同时，那些生产原产品的苦力所消费的鸦片、大米和中国货品的供应，又是由五大姓成员的公司所控制的。如此一来，经济运作的各项投入和产出，几乎都必须经过五大姓之手。

　　本章至此展示了五大姓在区域经济中所取得的优势，并且讨论了一些让他们获得成功的商业策略。然而他们的成功之道不只有这些。如下一章所示，五大姓覆盖面广的商业联盟关系，是与一张具有弹性且环环相扣的家族网络交织在一起的。那么，五大姓是如何建构这张家族网络以保障彼此的经济利益的呢？下一章尝试对围绕着五大姓的精密复杂的家族网络做一番梳理。

19世纪槟城华商五大姓的崛起与没落

第 三 章

# 五大姓的家族网络

五大姓的父系亲属关系网络

五大姓的姻亲网络

五大姓之间的联姻

五大姓与其他家族的联姻

结　语

五大姓能够在槟城及其周边地区取得支配性的地位，秘诀在于五大姓家族之间以及五大姓与其他大家族之间所建立的多重联盟关系。传统上人们认为华人家族网络都不会超出自家范围，但是就五大姓而言，跨越方言与族裔界限的结盟在他们的生意伙伴关系中扮演着重要的角色。五大姓虽然处于区域内流动且多元的社会经济环境中，却能建立起这些联盟关系，并且在经济上取得支配性的地位。本章旨在探讨这样的情况如何及为何会出现。

　　以血缘为基础的同宗族亲关系①和通过策略联姻建立的姻亲关系交织而成的五大姓家族网络，不仅使五大姓紧密结合，而且将五大姓与其他福建和客家大家族连接起来。此外，槟城、吉打、霹雳和苏门答腊北部的马来家族，以及暹罗南部的暹罗家族和缅甸南部的华人家族，也被纳入这张联姻网络。广大且纵横交错的亲属关系网络显然成为各商业家族缔结跨家族、跨族裔联盟及伙伴关系的重要基础，让他们能够在大有可为但也具有潜在敌意和不安全的环境中，与殖民强权和本土势力竞争。通过这一亲属关系网络，五大姓得以在槟城及其周边地区建立起他们的事业。

　　在槟城，通常被称为"公司"（Kongsi）的宗亲组织是指以血缘和地缘为基础，带有自治性质的共同利益组织。② 五大姓都成立

---

① 指一群人通过可追溯的由一个共同祖先传下来的血脉而建立的关系。

② Yen Ching-hwang, *A Social History of the Chinese in Singapore and Malaya 1800 – 1911* (Singapore：Oxford University Press, 1986)，p. 75. 另参见《槟城龙山堂邱公司：历史与建筑》，槟城：槟城龙山堂邱公司出版小组，2003，第14页。

了自己的“公司”，即邱公司、谢公司、杨公司、林公司和陈公司。① 其中，最早的是同时在 1810 年成立的谢公司和陈公司，接着是在 1834 年成立的杨公司、在 1835 年成立的邱公司和在 1863 年成立的林公司。② 五大姓通过成立这样的组织，分别建立起血缘联系，进而形成庞大的父系血缘亲属群体。这种宗族组织并非槟城五大姓的发明，而是延续自他们的中国福建原乡所实行的宗族制度。最晚自宋朝以降，这种宗族制度在福建社会深具影响力，并且在明清时期成为推动经济发展的关键因素。如同吴振强（Ng Chin Keong）在评论闽南宗族制度时所指出的③：

> 在 16 世纪和 17 世纪的动荡年代，宗族组织与海上贸易有着密切的关系。大宗族有能力组织航海活动及提供人力和资本。而贸易所得的庞大盈利又反过来巩固了宗族的势力。

槟城的五大姓公司也有别于西婆罗洲和柔佛的公司。西婆罗洲的兰芳公司（Lan Fang Kongsi）是为了采金而成立的组织④，柔佛义兴公司的成立则是为了种植甘蜜和胡椒。⑤ 五大姓公司的成立原本也是旨在从事船运和海上贸易，后来才增添了为宗族成员提供教育、福利及宗教和司法服务的功能。

① Yen Ching-hwang, *Community and Politics: The Chinese in Colonial Singapore* (Singapore: Time Academic Press, 1995), pp. 81 – 86.

② Tan Kim Hong, "Organizational Structure and Development of Hokkien Kongsi, Penang," in *The Story of Hokkien Kongsi, Penang* (Penang: Hokkien Kongsi, 2014), p. 50, p. 57, p. 66, p. 79. 另参见陈耀威发表于 2005 年马来西亚雪兰莪州举行的东南亚福建学研讨会论文《殖民城市的血缘聚落：槟城五大姓公司》的第 12 页。

③ Ng Chin Keong, *Trade and Society: The Amoy Network on the China Coast 1683 – 1735* (Singapore: Singapore University Press, 1983), p. 216.

④ Wang Tai Peng, *The Origins of Chinese Kongsi* (Kuala Lumpur: Pelanduk Publications, 1994).

⑤ Carl A. Trocki, *The Prince of Pirates: The Temenggongs and the Development of Johor and Singapore 1784 – 1885* (Singapore: Singapore University Press, 1979), p. 6.

# 五大姓的父系亲属关系网络

　　家族内的父系亲属是方便又可靠的人力资源库,五大姓商人可依靠他们的儿子、亲兄弟、堂表兄弟、叔伯等亲属,来管理和发展他们的海上贸易事业,以及鸦片饷码承包、经济作物种植、锡矿开采等业务。例如,商人、地主兼邱公司发起人之一的邱月照有9个儿子。[1] 这9个儿子多半是他生意上的好帮手,其中以三儿子邱天德最为出色。邱天德后来继承父业,并在19世纪60~80年代重用弟弟邱天保(Khoo Thean Poh)和邱天来(Khoo Thean Lye),以及儿子邱汉江(Khoo Hun Kung)、邱汉津(Khoo Hun Chin)和邱汉阳(Khoo Hun Yeang),让他们协助管理他在槟城、威省、吉打和霹雳的鸦片饷码、当铺、椰园和甘蔗园、锡矿贸易、杂货买卖等生意。[2] 在19世纪90年代,邱汉阳继承父业,并将商业触角从槟城伸展到新加坡和婆罗洲(沙巴、砂拉越)。例如,在砂拉越,邱汉阳涉足建筑业和饷码承包。他是振福美(Messrs. Chin Hock Bee)的大股东,这家公司在1899~1909年承包了鸦片、酒和赌博饷码。[3] 1902年,邱汉阳派儿子邱守仁(Khoo Siew Jin)前往砂拉越

---

① 《新江邱曾氏族谱》第21卷,第12页。
② *The Penang Argus and Merchantile Advertisers*, 4 August 1870, pp. 3 – 4; 10 November 1870, p. 4.
③ *The Singapore & Straits Directory 1904*, p. 394.

负责打理鸦片、酒和赌博饷码。1904～1906 年，他也授权亲戚邱仙旦（Khoo Sian Tan）管理他在砂拉越承包的饷码。[①] 邱仙旦是一名具有影响力的商人，与砂拉越第三任白人拉惹查尔斯·维纳·布洛克爵士（Sir Charles Vyner Brooke）关系密切。[②] 邱氏家族另一名显要人物邱忠波在 19 世纪 40～90 年代以承包饷码和经营船运闻名东方，他将儿子邱银曹（Khoo Ghin Choe）、邱马力（Khoo Mak Lek）和邱丕顺（Khoo Phee Soon）及弟弟邱忠瓶（Khoo Teong Pan）列为其船运公司的合伙人。这家公司后来成为万兴轮船公司（Bun Hin & Co.），并在新加坡、槟城、普加岛、香港和厦门设有分行。[③]

现在让我们转向五大姓当中的谢氏家族。谢金锭（Cheah Kim Ting 或 Cheah Teah）在 18 世纪 80 年代移居槟城并创办永发号（Eng Huat & Co.），既经营胡椒和布匹贸易，也在亚齐投资种植业。[④] 19 世纪 60 年代，其长子谢文贤（Cheah Boon Hean）加入霹雳拉律的 Hock Leong & Co.，涉足采矿业和种植业。[⑤] 谢文贤后来又扩大了生意范围，不仅涉足建筑业，而且在太平开设了一家中药店。谢文贤有 6 个儿子，在经营生意的过程中至少有 3 个儿子是他的得力助手。其幼子名为谢昌霖（Cheah Cheang Lim）。在 20 世纪初年，谢昌霖与其父亲的生意伙伴密切合作，并且扩大了事业版图，投入了更大的资金于霹雳的采锡业和橡胶种植业。[⑥] 他的哥哥

① Lee Kam Hing & Chow Mun Seong, *Biographical Dictionary of the Chinese in Malaysia* (Kuala Lumpur: Pelanduk Publications, 1997), p. 68.
② 陈达：《浪迹十年》，上海：商务印书馆，1946，第 93 页。
③ *Pinang Gazette and Straits Chronicle*, 1 October 1891, p. 3. 另参见 *The Chronicle and Directory for China, Japan, & the Philippines* (Hong Kong: Hong Kong Daily Press Office, 1884), p. 599.
④ 《世界谢氏宗亲第五届恳亲大会纪念特刊》，槟城：北马谢氏宗祠和槟城谢氏福侯公公司，1989，第 89 页。
⑤ 《世界谢氏宗亲第五届恳亲大会纪念特刊》，槟城：北马谢氏宗祠和槟城谢氏福侯公公司，1989，第 90 页。
⑥ 《世界谢氏宗亲第五届恳亲大会纪念特刊》，槟城：北马谢氏宗祠和槟城谢氏福侯公公司，1989，第 90 页。另参见 Lee Kam Hing and Chow Mun Seong, *Biographical Dictionary of the Chinese in Malaysia* (Kuala Lumpur: Pelanduk Publications, 1997), pp. 12 - 13.

19世纪槟城华商五大姓的崛起与没落

谢昌禧（Cheah Cheang Hee）和独生子谢锦铃（Cheah Ghim Leng）都是他的生意伙伴兼得力助手。杨氏家族也是相同的情况。杨碧达（Yeoh Paik Tatt）、杨碧吉（Yeoh Paik Keat）昆仲与宗亲 Yeoh Tay Thor 合组长利公司（Tiang Lee & Co.），买卖海峡土产（稻米、胡椒、木薯）和洋货（五金、面粉、葡萄酒、啤酒），并且在威省拥有橡胶园和椰园。①

转向林氏家族，前文提到的林宁绰（Lim Leng Cheak）是最重要的福建富商之一，其生意涵盖极广，从饷码到种植园都在他的经营范围内。他让哥哥林丕绰（Lim Phee Cheak）及儿子林耀煌（Lim Eow Hong）和林耀椿（Lim Eow Thoon）来管理他们的家族生意。长子林耀煌在于 20 世纪初继承父业之后扩大了生意版图，与宗亲林克全（Lim Kek Chuan）、林妈栽（Lim Mah Chye）、林士志（Lim Soo Chee）和林成辉（Lim Seng Hooi）合伙，于 1907～1909 年联合经营槟城烟酒饷码、东方船务公司、点石斋印刷所（Criterion Press）和大东方保险（Great Eastern Insurance）。② 林妈栽是另一名林氏巨商，他和几个兄弟联合创办了振发公司（Chin Huat & Co.），在槟城和毛淡棉从事稻米贸易。③ 林妈栽后来将业务多元化，以振源公司（Chin Guan & Co.）之名从事锡矿贸易，并且在槟城、吉打、霹雳、雪兰莪、森美兰、沙敦和玻璃市经营饷码承包。④

最后，陈氏家族也是相同的情况。陈清淡是普吉岛的华人甲必

---

① Lee Kam Hing & Chow Mun Seong, *Biographical Dictionary of the Chinese in Malaysia* (Kuala Lumpur: Pelanduk Publications, 1997), pp. 193 - 194.

② Wu Xiao An, *Chinese Business in the Making of a Malay State, 1882 - 1941* (London: Routledge Curzon, 2003), p. 108; Lee Kam Hing & Chow Mun Seong, *Biographical Dictionary of the Chinese in Malaysia* (Kuala Lumpur: Pelanduk Publications, 1997), p. 108.

③ Lee Kam Hing & Chow Mun Seong, *Biographical Dictionary of the Chinese in Malaysia* (Kuala Lumpur: Pelanduk Publications, 1997), p. 114. 另参见 *Straits Echo*, 24 August 1927, p. 684。

④ 其长子林振源（Lim Chin Guan）后来继承家业。参见 Lee Kam Hing & Chow Mun Seong, *Biographical Dictionary of the Chinese in Malaysia* (Kuala Lumpur: Pelanduk Publications, 1997), p. 107。

丹，在 19 世纪 50 ~ 60 年代，他的亲戚陈威仪（Tan Neo Yee）和陈开运（Tan Ky Wan），以及儿子陈莲枝（Tan Lean Kee）和陈莲丛（Tan Lean Chung），都是他在普吉和他笼（Thalang）经营锡矿开采与贸易的得力助手。[①] 陈清淡逝世之后，长子陈莲枝继承家业。陈莲枝与亲戚、兄弟和儿子紧密合作，将事业版图从采锡和贸易扩展到船运、饷码承包和典当。[②] 19 世纪 60 年代，陈氏家族另一名商人兼船运业者陈合水（Tan Hup Swee）有 2 个儿子——陈锦庆（Tan Kim Kheng）和陈锦隆（Tan Kim Leong）协助他打理锦昌号（Chop Kim Chang，又名 Kim Keng Leong & Co.）。锦昌号除了买卖五金材料（钢筋和铁条）外，也代理数条船运航线，特别是仰光首富林振宗（Lim Chin Tsong）所拥有的双安轮船航线（Seang Line）。这条航线主要从新加坡、香港、汕头和厦门经由槟城将中国货物和苦力运载到缅甸。[③]

从这样的用人与合伙模式来看，父系亲属显然是很好用的人力资源，同时又可为各大姓氏精英提供现成且即时可用的人才网络，让他们可以提拔可靠的帮手或伙伴，以为其事业服务。当时的殖民地和本土邦属存在着各种结构性不足，包括统治精英在保障和促进华人商业利益方面的态度显得暧昧，法律保障充满不确定性，父系亲属关系网络无疑是五大姓商人可借以弥补这些结构性不足的可靠关系网络之一。

---

① 王重阳：《泰国普吉省华人拓荒史》，《南洋文摘》1965 年第 6 卷第 5 期，第 31 页；张少宽：《槟榔屿华人史话》，吉隆坡：燧人氏事业有限公司，2002，第 34 ~ 36 页。

② G. A. C. Beattie, A Forgotten Tan Family of Penang and Phuket (Paper Represented at the Shared Histories Conference, Penang, 2003), p. 6.

③ Walter Feldwick, *Present Day Impressions of the Far East and Prominent & Progressive Chinese at Home and Abroad*: *The History*, *People*, *Commerce*, *Industries and Resources of China*, *Hong Kong*, *Indo-China*, *Malaya and Netherlands India* (London: Globe Encyclopedia, 1917), pp. 867 – 868.

# 五大姓的姻亲网络

　　五大姓的亲属关系网络并非只局限在父系血缘关系和宗族内部。首先，五大姓各家族之间存在着广泛的联姻关系。其次，五大姓的联姻范围也从槟城延伸到马来邦属（吉打、霹雳、马六甲）、北苏门答腊（亚齐、日里、亚沙汉、棉兰）、暹罗西南部（普吉岛、拉廊、董里）和缅甸南部（仰光）。于是，五大姓通过多重的联姻关系不仅在彼此之间，而且与区域内的其他显要家族建立了紧密的联系。他们通过跨家族、跨族群的婚姻联合起来，形成一个复杂的联姻关系网络（见图 3－1）。

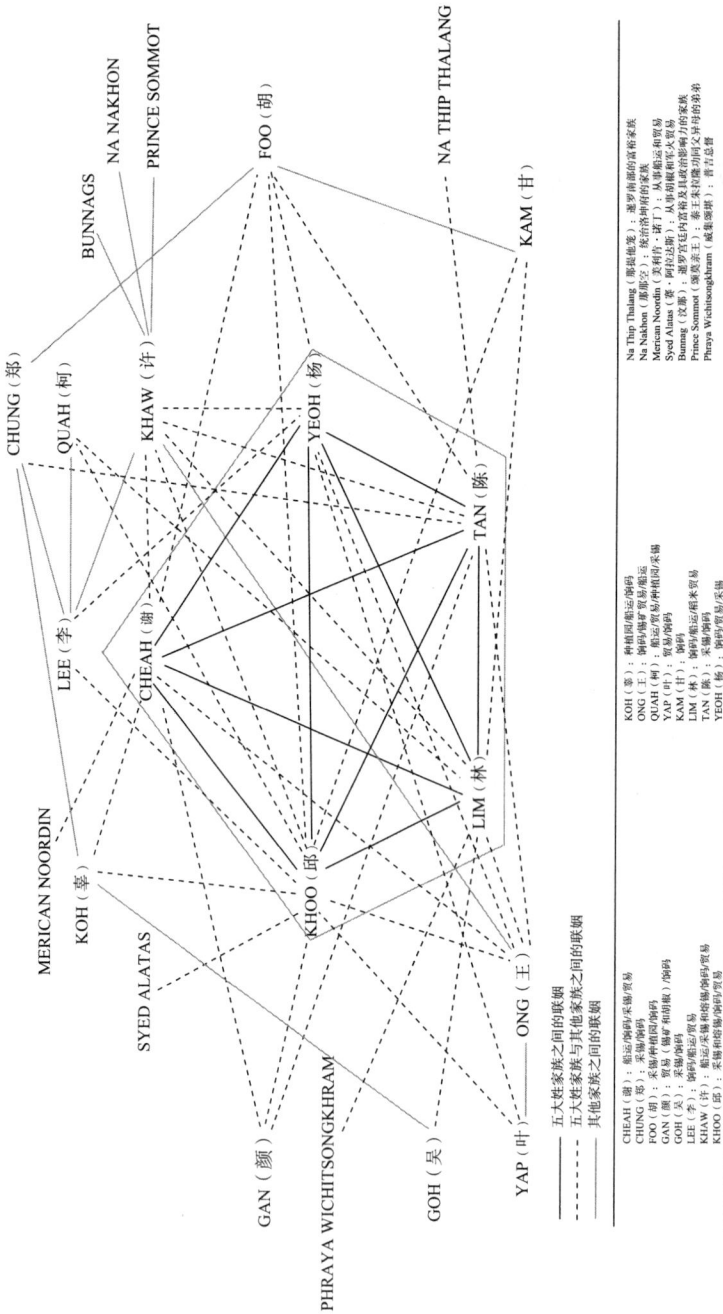

**图 3-1 槟城五大姓与其他家族的联姻关系**

资料来源：附表2和附表3。

# 五大姓之间的联姻

我们很难确切指出五大姓之间的联姻始于何时。虽然某些家族的族谱显示五大姓早在中国明朝时期就已开始联姻[1]，但单就他们在落脚槟城之后的情况而言，可以肯定的是，他们之间的联姻关系很早就开始了，而且是有意为之的。邱氏家族中的主要成员及大商人邱石泉（Khoo Sek Chuan）、邱明山（Khoo Beng San）、邱心美（Khoo Sim Bee）、邱昭脩（Khoo Chow Siew）和邱万盛（Khoo Ban Seng）的妻子，都来自五大姓的其他四个家族，即谢氏、陈氏、林氏和杨氏。邱氏家族主要成员的女性亲属也有嫁入其他四个家族的。例如，邱石泉的二女儿邱绣巾（Khoo Siew Kun）和四女儿邱绣顺（Khoo Siew Soon）嫁给了重要的锡矿和胡椒商人杨清德（Yeoh Cheng Tek）。杨清德是杨公司的领导人之一，他的三个女儿也嫁入邱氏家族，另有一个女儿嫁入林氏家族。[2]

林氏家族方面，经营饷码和锡矿贸易的林公司信理员林妈栽娶 Cheah Eok 的女儿谢玉记（Cheah Geok Kee）为妻。[3] 他的长子林振源娶杨公司信理员杨章才（Yeoh Cheang Chye）的女儿 Yeoh Saw

---

① 邱氏与其他四大姓氏始于明朝的联姻的有关资料见《新江邱曾氏族谱》第 6 卷。

② 张少宽编著《槟榔屿福建公冢暨家冢家碑铭集》，新加坡：新加坡亚洲研究学会，1997，第 187 ~ 188 页。

③ Lee Kam Hing & Chow Mun Seong, *Biographical Dictionary of the Chinese in Malaysia* (Kuala Lumpur: Pelanduk Publications, 1997), p. 114.

Heang 为妻。① 长利公司大股东、槟城市政委员林有道（Lim Eu Toh）的母亲来自陈氏家族，他本身先后娶的两个妻子都来自邱氏家族。林有道的第一任妻子邱顺娘（Khoo Soon Neoh）是邱天保的二女儿；邱天保是邱公司董事、建德堂领袖，也是一名大商人和饷码承包商，其生意从槟城延伸到吉打、亚齐、普吉岛和新加坡。② 在第一任妻子逝世后，林有道另娶仰光一名商人的长女 Khoo Kuat Siew 为妻。

---

① Lee Kam Hing & Chow Mun Seong, *Biographical Dictionary of the Chinese in Malaysia* (Kuala Lumpur: Pelanduk Publications, 1997), p. 107.

② Lee Kam Hing & Chow Mun Seong, *Biographical Dictionary of the Chinese in Malaysia* (Kuala Lumpur: Pelanduk Publications, 1997), p. 109.

# 五大姓与其他家族的联姻

如前文所说，五大姓的关系网络也延伸到槟城及其周边地区的其他福建和客籍大家族。五大姓与另外八个福建家族（辜氏、许氏、李氏、颜氏、王氏、胡氏、叶氏、甘氏）的姻亲关系，表现为这些家族的子女经常互相嫁娶。邱清临（Khoo Cheng Lim）是邱公司主要捐款人兼发起人之一的邱悦成（Khoo Wat Seng）的长子，他的妻子是辜雨水（Koh Kee Jin）次女、辜礼欢孙女辜轻烟。① 邱氏家族的邱心娘（Khoo Sim Neoh）嫁给了辜国彩（Koh Kok Chye）长子、辜礼欢孙子辜登春。② 邱月山（Khoo Guat San）的儿子邱明福（Khoo Being Hock）所娶的许瑞意（Khaw Swee Ee），是拉廊总督许心广（Khaw Sim Kong）的女儿。③ 林士志是经营饷码承包和锡矿贸易的林克全的长子，娶暹罗朗萱王（Raja of Luan Suan）许心泉（Khaw Sim Chua）的孙女为妻，而许心泉的妻子则是来自杨氏家族的杨秀市（Yeoh Siew Chee）。④

① Wong Choon San, *A Gallery of Chinese Kapitans*（Singapore：Ministry of Culture, 1963），p. 14. 另参见张少宽编著的《槟榔屿福建公冢暨家冢碑铭集》（新加坡：新加坡亚洲研究学会，1997）。

② *Pinang Gazette and Straits Chronicle*, 29 May 1888, p. 5. 这对夫妇膝下有 5 个儿子，其中辜上达（Koh Seang Tat）和辜上德（Koh Seang Tek）日后成为槟城闻人。

③ *Pinang Gazette and Straits Chronicle*, 15 November 1894, p. 2.

④ Lee Kam Hing & Chow Mun Seong, *Biographical Dictionary of the Chinese in Malaysia*（Kuala Lumpur：Pelanduk Publications, 1997），p. 109.

谢增煜是从事饷码承包的富商，也是备受尊敬的社群领袖，他的长女谢白雪（Cheah Phaik Suet）和次女谢琴雪（Cheah Kim Suet）分别嫁给颜金水（Gan Kim Swee）的长子颜东阳（Gan Tong Eang）和次子颜庆阳（Gan Keng Eang）。① 颜金水是经营饷码和从事贸易的著名商人，他的家族成员，包括兄弟、侄儿和外甥，在加尔各答、仰光和西贡积极从事甘蜜、稻米、锡矿等海峡土产的贸易。商人兼地主谢有义（Cheah Eu Ghee）的女儿谢如丝（Cheah Joo Si）嫁给从事锡矿贸易的富商王元清（Ong Guan Cheng）的长子王汉鼎（Ong Hun Teng）。② 谢氏家族的另一个女儿谢纯璧（Cheah Sun Phek）嫁给船运大亨兼甘蔗园大园主李丕耀（Lee Phee Yeow）③；船运代理兼进出口商陈合水的妻子甘捷娘（Kam Kian Neo）是槟城富商甘四教（Kam Su Kau）的二女儿④。邱石泉是从事船运和金融的富商，他的妻子叶匡美（Yeap Kheng Bee）是叶源成（Yeap Guan Seng）的长女，也是著名福建社群领袖、饷码承包商叶合吉（Yeap Hup Keat）的妹妹。⑤

与五大姓联姻的客籍家族包括永定的胡氏和增城的郑氏。⑥ 著名种植家兼商界领袖胡泰兴（Foo Tye Sin）的一个妻子是林氏家族的林石美（Lim Cheok Bee），他的两个女儿分别嫁给谢氏家族的谢

---

① *Pinang Gazette and Straits Chronicle*, 27 April 1893, p. 2. 另参见《泉州谱牒华侨史料与研究》（上册），北京：中国华侨出版社，1998，第369页。

② 张少宽编著《槟榔屿福建公冢暨家冢碑铭集》，新加坡：新加坡亚洲研究学会，1997，第18、220页。

③ 张少宽编著《槟榔屿福建公冢暨家冢碑铭集》，新加坡：新加坡亚洲研究学会，1997，第60页。

④ 《颍川堂陈公司：神主簿》，1969，第7页。另参见《槟榔屿福建公冢暨家冢碑铭集》，新加坡：新加坡亚洲研究学会，1997，第85页。

⑤ 张少宽编著《槟榔屿福建公冢暨家冢碑铭集》，新加坡：新加坡亚洲研究学会，1997，第39、200~203页。另参见 MISC 1420/92。叶合吉担任福建公冢理事13年，拥有10间砖造店屋和38奥隆（约50英亩）椰园。他在1892年前后身负重债，最终宣告破产，所有物业被舍丹巴兰·齐智（P. A. L. S. V. Shedambaram Chetty）和霹雳政府拍卖。

⑥ 永定客家人来自福建省汀州府，也被视为福建客家人；增城客家人则来自广东省增城县。

增煜和陈氏家族的陈谦福（Tan Kheam Hock），后者是一位饷码承包商、苦力经纪和市政委员，1889 年移居新加坡。① "锡矿大王"胡子春在玻璃市、霹雳、雪兰莪和普吉岛拥有大量锡矿场，他的姑母 Foo Kang Nyong 嫁给谢氏家族的谢文贤②，二女儿嫁给杨章才的五子 Yeoh Boon Tean③。大矿产家兼霹雳华人甲必丹郑景贵的一个妻子陈玉荫娘（Tan Gaik Im Neoh）④ 来自陈氏家族，是普吉岛和胜公司领袖陈锦灶（Tan Kim Jao 或 Tan Jao）的女儿。郑景贵四子郑大平（Chung Thye Phin）所娶的两个妻子分别来自邱氏和陈氏家族。⑤

五大姓除了与其他福建和客籍家族缔结姻亲关系，也与暹罗、亚齐等地其他族群的权贵家族联姻。邱氏家族的邱天保是胡椒商兼饷码承包商，也是建德堂或大伯公会的"二哥"，他与亚齐的阿拉伯裔商人、穆斯林秘密会社红旗会领袖赛·莫哈默·阿拉达斯是姻亲。娶邱天保女儿为妻的赛·莫哈默·阿拉达斯与亚齐有密切的贸易往来，曾在 19 世纪 70 年代从英属印度经由槟城偷运武器到亚齐，以协助亚齐人抵抗荷兰人的侵犯。⑥

谢氏家族 Cheah Tek Swee 的女儿下嫁的对象，是槟城著名的吉

---

① Lee Kam Hing & Chow Mun Seong, *Biographical Dictionary of the Chinese in Malaysia* (Kuala Lumpur: Pelanduk Publications, 1997), p. 44, p. 159. 19 世纪初至中叶，陈谦福的父亲 Tan Teng Pong 在槟城是一名成功商人，与 Cheah Eu Beng 和 Chew Chu In 在土库街经营一家店铺。

② 《槟州华人大会堂庆祝成立一百周年新厦落成开幕纪念特刊》，槟城：槟州华人大会堂，1983，第 173 页。

③ *Straits Echo*，3 June 1904, p. 12.

④ 陈耀威：《慎之家塾：室内可移动文物普查》，槟城：陈耀威文史建筑研究室，2004，第 22 页。另参见 Straits Echi, 3 December 1919, p. 2011。

⑤ 《南洋名人集传》（第 1 集第 2 卷），第 18 页。郑大平另外还有五个妻子，分别名为 Lee Sau Yeng、Chan Kwai Chee、Oh Jit Kwai、Wong Yoon Hoe 和 Ho Foon Kaee。见 Jeffrey Seow, "Chung Thye Phin," in Loh Wei Leng, et al. , eds. , *Biographical Dictionary of Mercantile Personalities of Penang* (Penang and Kuala Lumpur: Think City and MBRAS, 2013), p. 130。

⑥ Khoo Su Nin, *Streets of George Town Penang: An Illustration Guide to Penang's City Streets & Historic Attractions* (Penang: Janus Print & Resources, 1993), p. 35.

宁（Kling）或美利肯（Merican）富商兼业主尼纳·美利肯·诺丁（Nina Merican Noordin）的独生子。① 尼纳·美利肯·诺丁是莫哈默·美利肯·诺丁（Mohamed Merican Noordin）的次子。莫哈默·美利肯·诺丁约于1820年开始在槟城从事贸易②，到1830年已建立起庞大的贸易事业，崛起成为槟城最有影响力的商人之一。他的公司是槟城最大的轮船托运客户，托运的目的地分布极广，包括吉大港、阿拉干、日里、亚齐、孟买、加尔各答和新加坡。③ 此外，他也拥有大量的住宅和店屋，并且在威省拥有一座大种植园，名为诺丁园（Noordin Estate）。④ 除了纵横商界，他也是著名的社会与政治人物，多次被委任为市政委员和太平局绅。⑤ 1870年，其二儿子尼纳·美利肯·诺丁及其几个兄弟共同继承家业。尼纳·美利肯·诺丁和长兄瓦布·美利肯·诺丁（Vapoo Merican Noordin）不仅活跃于贸易与船运领域，而且深入参与了秘密会社红旗会的活动。讽刺的是，他们都在1876年被委任为特别陪审官。⑥

---

① *Pinang Gazette and Straits Chronicle*, 6 October 1892, p. 2. 吉宁人或美利肯人又称注辇人（Chulians），属于来自印度科罗曼德海岸的马拉卡亚（Marakayar）族群，主要从事航海活动。见 Ragayah Eusoff, *The Merican Clan: A Story of Courage and Destiny* (Singapore: Times Books International, 1997), pp. 29 - 30。

② Helen Fujimoto, *The South Indian Muslim Community and the Evolution of the Jawi Peranakan in Penang up to 1948* (Tokyo: Institute for the Study of Languages and Cultures of Asia and Africa, 1988), p. 59. 美利肯人属于印度穆斯林社群中的马拉卡亚族群，他们也是最早在槟城定居的移民群体之一。

③ Helen Fujimoto, *The South Indian Muslim Community and the Evolution of the Jawi Peranakan in Penang up to 1948* (Tokyo: Institute for the Study of Languages and Cultures of Asia and Africa, 1988), p. 60.

④ Arnold Wright and H. A. Cartwright, eds., *Twentieth Century Impressions of British Malaya: Its History, People, Commerce, Industries, and Resources* (London: Lloyd's Greater Britain Publishing Company, Ltd., 1908), p. 752.

⑤ Helen Fujimoto, *The South Indian Muslim Community and the Evolution of the Jawi Peranakan in Penang up to 1948* (Tokyo: Institute for the Study of Languages and Cultures of Asia and Africa, 1988), p. 205.

⑥ Helen Fujimoto, *The South Indian Muslim Community and the Evolution of the Jawi Peranakan in Penang up to 1948* (Tokyo: Institute for the Study of Languages and Cultures of Asia and Africa, 1988), pp. 204 - 205.

谢氏家族的谢德泰（Cheah Tek Thye）和谢德顺（Cheah Tek Soon）也经由外甥许如利（Khaw Joo Ley）与柯卜·汶那（Klub Bunnag）的婚姻（Cushman，1991：138），与曼谷统治阶层建立了姻亲关系。柯卜·汶那的父亲挽·汶那（Won Bunnag）曾于1869～1888年担任暹罗南部省份部长（Minister of the South）一职。[1]汶那家族在暹罗政坛上十分显赫，自19世纪20年代开始主宰暹罗朝政，控制有最重要的三个部门中的两个，即掌管南部省份的部门（Krom Kalahom）和掌管外贸与外交事务的部门（Krom Phrakhlang），并且管理饷码事务和治理暹罗湾周边省份。[2]此外，1832～1874年当中约有30年，土地部（Krom Na）由汶那家族的姻亲掌管着。[3]许如利除了与汶那家族，也与暹罗王室建立有姻亲关系。他的一个孙女嫁给颂莫亲王（Prince Sommot）之子蒙·昭·维汶·萨瓦翁（Mom Chao Vibul Sawatwong）。[4]谢德泰和谢德顺的另一个外甥许如义（Khaw Joo Ghee）和妻舅许心美（Khaw Sim Bee）的妻子，都来自那那空（Na Nakhon）家族在暹罗南部西海岸的分支。在暹罗西南海岸的竹古巴、竹古通、攀牙和甲米，那那空家族主宰了当地的政治与税收。[5]许如义的妻子蓬（Prem）是竹古通总督玻利素洛哈普密他拉铁菩提（Phra Borisutlohaphumintharathibodi）之女，许心美的妻子暖（Nuan）则是竹古巴总督色那努集（Phraya Senanuchit）之女。[6]林氏家族的林红柿（Lim Ang Kee）则

[1]　Jennifer Cushman, *Family and State: The Formation of a Sino-Thai Tin-Mining Dynasty 1797 – 1932* (Singapore: Oxford University Press, 1991), p. 25.

[2]　David K. Wyatt, *Studies in Thai History* (Chiang Mai: Silkworm Books, 1994), pp. 128 – 129.

[3]　David K. Wyatt, *Studies in Thai History* (Chiang Mai: Silkworm Books, 1994), p. 130.

[4]　*Straits Echo*, 11 August 1910.

[5]　Jennifer Cushman, *Family and State: The Formation of a Sino-Thai Tin-Mining Dynasty 1797 – 1932* (Singapore: Oxford University Press, 1991), p. 23.

[6]　Jennifer Cushman, *Family and State: The Formation of a Sino-Thai Tin-Mining Dynasty 1797 – 1932* (Singapore: Oxford University Press, 1991), p. 23.

把女儿 Lim Meh Beow 嫁给普吉总督威集颂堪的儿子。①

　　五大姓广泛又交叉的联姻模式透露了几个有趣的现象。首先，五大姓除了彼此联姻，也与其他福建大家族联姻，而且那些家族所在之地不仅限于槟城，而且包括仰光、普吉、拉廊、吉打、霹雳和日里。那些福建家族资本雄厚且地位显赫，在殖民地或本土地区把持着大量的商业利益和具有一定程度的政治影响力。辜氏和许氏家族就是其中最好的例子。不过，五大姓的联姻对象不仅仅限于福建家族。实际上，他们所建构的是一个跨方言、跨族群的联姻网络。通过这一网络，五大姓与客籍的胡氏和郑氏家族，暹罗的汶那、那那空和那提他笼（Na Thip Thalang）家族，美利肯裔的诺丁家族，以及亚齐的赛·阿拉达斯家族，都建立起密切的关系，而这些家族都在各自地区的商业和社会及政治领域具有强大的势力和影响力。例如，郑氏家族的郑景贵是海山公司的"大哥"，在拉律掌控有数量最多的苦力，并且在霹雳的锡矿开采和饷码承包上占据首要地位。又如美利肯·诺丁家族的尼纳和瓦布是红旗会的领袖，与亚齐和加尔各答有着密切的商业和家族联系。

　　其次，五大姓与其他福建家族和客籍家族之间的姻亲关系是经常更新的，往往相继好几个世代。这样的姻亲关系在杨氏、林氏、陈氏、邱氏、谢氏、许氏、辜氏和郑氏之间尤其显著。例如，杨氏家族的杨清德娶两个邱氏姐妹为妻，他的三个姐妹都嫁入邱氏家族，而到了下一代，杨清德长子和次女的结婚对象也都是邱氏；许心钦（Khaw Sim Khim）娶林氏女为妻，他的儿子许如琢（Khaw Joo Tok）也娶林氏女为妻，两个孙女又都嫁入林氏家族；辜国彩的妻子是谢桃娘（Cheah Thoe Neoh），他的两个曾孙辜立亭（Koh Lip Teng）和辜祯善（Koh Cheng Sian）也娶谢氏女为妻；陈莲枝的两个女儿和一个孙女都嫁入郑氏家族。大家族之间世代互相联姻的现

① *Pinang Gazette and Straits Chronicle*, 14 May 1895, p. 2.

象十分普遍，这几个例子只是其中的一小部分。这样的联姻模式肯定不纯粹是富裕家族婚姻习俗的反映。

这带出了笔者的第三个论点：五大姓与其他家族的联姻是经过审慎及策略性考量的，而非出于偶然或巧合。五大姓的联姻对象大多数是在槟城或其周边地区的政治上有影响力和经济上有成就的家族。凭借与其他大家族的姻亲关系，五大姓不仅获得社会地位，而且将潜在的竞争对手转变为盟友。换句话说，联姻在两个或两个以上的家族之间促成动态和包容性的经济关系。如此一来，五大姓得以延伸家族间的企业连带关系，达到扩张和垄断的目的。槟城鸦片饷码集团就是一个很好的例子。通过联姻和生意伙伴关系，五大姓与其姻亲们组成一个集团，控制槟城鸦片饷码长达数十年。在这坚实的基础上，五大姓又于 19 世纪晚期的不同年份里，在吉打、霹雳、柔佛、廖内、马六甲、新加坡、曼谷、仰光和香港取得鸦片饷码承包权。而令人惊讶的是，旨在缔结商业联盟而有意为之的这些婚姻关系，几乎都是稳定的。尽管其中也有过冲突，但是这些冲突都微不足道。

福建五大姓的家族网络显然包含两层关系，即父系亲属关系和姻亲关系。这两层亲属关系作为现成又可靠的资源备受五大姓商业精英仰赖，是他们获取资本和人力及建立生意伙伴关系的重要渠道。有鉴于此，家族关系网络无疑是五大姓家族的商业网络中不可或缺及不可分割的组成部分。五大姓善加利用这广大的家族关系网络，将他们本身内部、其他方言群体和其他族群中有权有势的精英集合成庞大的利益集团，以促进他们在槟城及其周边地区的事业。不过，应当注意的一点是，尽管有这一广大而紧密的家族网络为靠山，五大姓并非无懈可击。五大姓的个别家族及其他家族的商业精英阶层最终被卷入无从解决的利益冲突之中，结果导致这个利益集团在 19、20 世纪之交分崩离析。本书将在第七章探讨五大姓之间的利益冲突。

# 结　语

　　五大姓在家族网络辅助之下所建立的商业联盟在面对竞争对手时占尽优势。以血缘和姻亲关系为基础的五大姓家族网络跨越了国家、方言和族群的界限，并且相继好几代。这样的家族网络确实有助于促进五大姓之间大规模的社会和经济合作，特别是在扩大可靠的本地及区域合作对象方面，以及为了共同利益而更集中且有效地动员与输送资本、人力与武装资源方面，这样的家族网络更是助益良多。更重要的是，五大姓能够延续此家族网络超过一个世代，从而使其财富与权力更趋稳固。换句话说，涵盖面极广的家族网络构成微妙且不成文的"基础设施"，五大姓在此基础上形成一个整体性的区域贸易网络，并且在 19 世纪大部分时期成为以槟城为中心的区域经济的一大驱动力量。19 世纪中期，鸦片饷码崛起成为五大姓诸多经济活动的核心。随着鸦片消费与生产模式得到发展与持续，鸦片饷码成为最有效的资本积累工具。因此，到了 19 世纪下半叶，鸦片饷码承包成为竞争最激烈的一门生意。关系密切的五大姓如何防堵竞争，维持其对鸦片饷码承包权的控制呢？下一章将针对此问题加以探讨和解答。

第 四 章

# 鸦片饷码竞争

会党：义兴公司与建德堂

1867 年槟城暴乱

1878 年甲米暴乱

1879 年太平苦力暴乱

1884 年日里种植园苦力造反

五大姓的支配地位与义兴公司的没落

结　语

19 世纪 60 ~ 80 年代，以槟城为中心的区域不仅呈现商业蓬勃的景象，而且出现了日益激烈的商业竞争。在区域商业与政治精英群体的各种商业竞争当中，鸦片饷码的竞争最为激烈。五大姓最大的竞争对手，是广东、潮州和客家（以惠州客家为主）的商业精英所控制的义兴公司。此外，五大姓所面对的挑战也来自暹罗地方首领，以及企图打破他们垄断鸦片饷码之局面的英殖民地官员。本章旨在探讨这方面的竞争。首先介绍围绕在义兴公司周围的广东、潮州和客家商业精英，其次探讨义兴公司、暹罗人、英国人和新加坡福建商业精英对五大姓的鸦片和锡矿事业的挑战，最后检视五大姓在面对这些挑战时所采取的策略，揭示五大姓如何应对这些挑战并取得区域鸦片饷码的霸权。

# 会党：义兴公司与建德堂

在 19 世纪的槟城及其周边地区，西方文献通常称为秘密会社的会党是华人社会不可分割的组成部分。特罗基曾将会党定义为用以进行社会控制的有组织的代理机构，以及经济进步的途径。[1] 如同法兰西斯·莱特在 1794 年 1 月致孟加拉总督的信函中所指出的，槟城华人"使用一种其他人都听不懂的语言，以最秘密的方式结党连群，对抗政府的管制"[2]。莱特的说法表明，槟城在 18 世纪 90 年代就存在着会党或所谓的秘密会社。义兴公司成立于 1790 年前后，很可能是槟城第一个及势力最庞大的会党。[3] 当时义兴公司由一群有影响力的福建和广东商人共同掌控。

然而到了 19 世纪初，随着福建帮在饷码承包事业中崛起成为支配性势力，并且在船运与贸易业中扮演着积极的角色，其中的主要家族凭着日益壮大的经济实力，在会党中掌握了较大的权力。这可能引起了广东帮的巨大不安，担心他们的势力会遭到并吞。姑且不论原因为何，到了 1844 年，以五大姓家族成员为主的部分福建

---

[1] Carl A. Trocki, "The Rise and Fall of the Ngee Heng Kongsi in Singapore," in David Ownby and Mary Somers Heidhues, eds., "*Secret Societies*" *Reconsidered: Perspectives on the Social History of Early Modern South and Southeast Asia* ( New York: M. E. Sharpe, 1993 ), p. 91.

[2] Victor Purcell, *The Chinese in Malaya* ( London: Oxford University, 1948 ), p. 40.

[3] Wong Lin Ken, "The Revenue Farms of Prince of Wales Island 1805 – 1830," *Journal of the South Seas Society* 19 ( 1964/65 ): 120；张少宽：《槟榔屿华人史话》，吉隆坡：燧人氏事业有限公司，2002，第 232 页。

人及其盟友退出了义兴公司，转而成立了自己的会党，即建德堂（Kian Teik Tong），而建德堂有一个更为一般人熟悉的别名——大伯公会（Toa Peh Kong）。[1] 他们之所以另起炉灶，很可能是因为义兴公司内部发生了权力斗争或内讧。随着他们的离开，义兴公司被广东新宁人、潮州人和惠州客家人牢牢掌控。[2] 其中，李国英/李遇贤（Lee Coyin 或 Lee Gou Yen）、何义寿（Ho Ghi Siew）和陈亚炎（Chin Ah Yam）是广东帮领袖，苏亚昌（Soo Ah Chiang）是惠州客家帮领袖，许武安是潮州帮领袖。显然，义兴的领导层乃是由四个不同方言群体的头面人物所组成的（见表4-1）。

表4-1 19世纪60~90年代义兴公司的方言派系及其领袖

| 广东 | 福建 | 潮州 | 客家（惠州） |
|---|---|---|---|
| 李国英/李遇贤<br>Lee Coyin / Lee Gou Yen | 胡维期/胡围棋<br>Oh Wee Kee | 许武安<br>Khaw Boo Aun | 苏亚昌/苏亚松<br>Soo Ah Cheong* |
| 何义寿<br>Ho Ghi Siew | | | |
| 陈亚炎<br>Chin Ah Yam | | | |
| 梅耀广<br>Boey Yoo Kong | | | |
| 黄进聪<br>Wong Ah Chong | | | |

\* 据陈剑虹考证，他的原名应该是苏正祥，并且可能是广东新宁人，参见陈剑虹《走近义兴公司》，槟城：陈剑虹，2015，第140~141页。

资料来源：Mervyn Llwellyn Wynne, *Triad and Tabut: A Survey of the Origin and Diffusion of Chinese and Mohamedan Secret Societies in the Malay Peninsula 1800 - 1935* (Singapore: Government Printing Office, 1941), p.268；陈剑虹《走近义兴公司》，槟城：陈剑虹，2015，第116~117、124~125页；Wong Choon San, *A Gallery of Chinese Kapitans* (Singapore: Ministry of Culture, 1963), pp.70 - 77, pp.81 - 83。

---

① Khoo Kay Kim, *The Western Malay States 1850 - 1873: The Effects of Commercial Development on Malay Politics* (Kuala Lumpur: Oxford University Press, 1972), p.112. 另参见张少宽《槟榔屿华人史话》，吉隆坡：燧人民事业有限公司，2002，第239页。
② 仍有一帮福建人留在义兴公司，其领袖为胡维期/胡围棋。

义兴公司领袖都是槟城、威省或霹雳有地位及富裕的大商人和业主。以 1859~1865 年的义兴公司"大哥"李国英为例，他在槟城漆木街（Bishop Street）开设有一家金饰珠宝铺。1859 年至 19 世纪 80 年代的"二哥"胡维期（Oh Wee Kee）在广东街（Penang Street）67 号开设有胡维期公司（Oh Wee Kee & Co.），经营糕饼、肉类和日常用品生意。何义寿是 1865~1873 年的"大哥"，经营面包店、糕饼店、苏打水制造和旅店，如位于广东街的维多利亚与亚伯特旅店（Victoria & Albert），并且拥有两艘蒸汽轮船，即往返于槟城、仰光与印度卡来卡（Karaikal）的"荷里路德号"（Holyrood）和往返于槟城与亚齐的"柏斯号"（Perse）。继何义寿之后于 1873~1899 年担任义兴公司"大哥"一职的陈亚炎在槟城拥有一家建筑公司。许武安在 19 世纪 60 年代是义兴公司的"先生"（仪式主持人），他是成功的甘蔗种植人和商人，在威省和霹雳拥有广大的甘蔗园，并且有两艘蒸汽轮船往返于槟城、霹雳和苏门答腊冷吉，即"拉惹号"（Rajah）和"美丽槟城号"（Fair Penang）（见表 4-2）。

表 4-2  19 世纪 60~90 年代义兴公司领袖的生意

| 领袖姓名 | 公司名称及地址 | 生意类型 |
| --- | --- | --- |
| 李国英<br>（Lee Coyin） | 不详<br>（槟城漆木街） | 珠宝店和打金店 |
| 胡维期<br>（Oh Wee Kee） | 胡维期公司<br>Oh Wee Kee & Co.<br>（槟城广东街 67 号） | 糕饼店、肉店和日常用品店 |
| 何义寿<br>（Ho Ghi Siew） | Victoria & Albert<br>（槟城广东街）<br>Son Tuk Seng Bakery<br>（槟城牛干冬） | 旅店<br>面包店、糕饼店、苏打水制造<br>船运（"荷里路德号"和"柏斯号"蒸汽轮船） |

续表

| 领袖姓名 | 公司名称及地址 | 生意类型 |
|---|---|---|
| 陈亚炎<br>（Chin Ah Yam） | 不详 | 建筑 |
| 许武安<br>（Khaw Boo Aun） | 高兴号（Chop Kau Heng）<br>高发号（Chop Kau Huat）<br>丰裕行 | 种植甘蔗<br>蔗糖厂<br>糖坊<br>船运（"拉惹号"和"美丽槟城号"蒸汽轮船） |

资料来源：*The Penang Almanack and Directory for* 1876, p. 34；*The Penang Argus and Mercantile Advertiser*, 15 April 1869, p. 4；*Pinang Gazette and Straits Chronicle*, 7 January 1879, p. 5 及 24 January and 14 May 1879, p. 4, p. 6；Lee Kam Hing & Chow Mun Seong, *Biographical Dictionary of the Chinese in Malaysia* (Kuala Lumpur: Pelanduk Publications, 1997), p. 25, p. 57。

义兴公司的总会设在槟城，并有分会设于缅甸南部、暹罗西南部、马来半岛西海岸和苏门答腊东岸。如同槟城总会的情况，各地分会也都由当地的商业精英掌控。例如，广东新宁人李乃喜（Lee Nie Hee）于 19 世纪 70~90 年代担任仰光分会的"大哥"，他在仰光经营玉石买卖和承包饷码。福建人薛山（Sit San）在缅甸丹佬最南端的麻力温拥有庞大的生意，涵盖燕窝买卖、鸦片饷码和锡矿开采，他在 19 世纪 60~90 年代担任义兴公司麻力温分会的"大哥"。义兴公司吉打居林分会"大哥"赵亚爵（Chiu Ah Cheoh）是广东新宁人，本身为木匠，积极从事饷码承包；19 世纪 20~70 年代义兴公司普吉岛分会"大哥"陈大川（Tan Chuan）是福建籍的锡矿场主（见表 4-3）。

表 4-3　19 世纪 70~90 年代各地义兴公司分会及其领导人

| 领导人 | 分会所在地 | 职　业 |
|---|---|---|
| 李乃喜（Lee Nie Hee）<br>广东新宁人 | 仰光 | 玉商、饷码承包商 |
| 薛山（Sit San）<br>福建人 | 麻力温 | 燕窝商、鸦片饷码承包商、锡矿场主 |

| 领导人 | 分会所在地 | 职　　业 |
|---|---|---|
| 赵亚爵（Chiu Ah Cheoh）<br>广东新宁人 | 吉打 | 木匠、饷码承包商 |
| 陈大川（Tan Chuan）<br>福建人 | 普吉岛 | 锡矿场主 |

资料来源：方雄普《朱波散记——缅甸华人社会掠影》，香港：南岛出版社，2000，第268页；Arnold Wright, H. A. Cartwright and Oliver Breakspear, *Twentieth Century Impressions of Burma: Its History, People, Commerce, Industries and Resources* (London: Lloyd's Greater Britain Pub. Co., 1910), p. 326；W. T. Hall, "Report on Tin Mining in Perak and in Burma," *Supplement to the Burma Gazette* 23 (1889): 414 – 415；Wong Choon San, *A Gallery of Chinese Kapitans* (Singapore: Ministry of Culture, 1963), pp. 56 – 57；王重阳《泰国普吉省华人拓荒史》，《南洋文摘》1965 年第 6 卷第 5 期，第 36 页。

　　凭着已有的经济实力和在会党中的地位，义兴公司领袖得以通过会党的庞大网络，将资金投入区域内利润较高的饷码承包生意。而义兴公司领袖涉足饷码承包，无可避免地须与五大姓家族直接竞争。于是，在暹罗南部、马来半岛西海岸和苏门答腊东岸各邦属，义兴公司成为五大姓在饷码承包生意上的最大竞争对手。

　　前面已经指出，建德堂或大伯公会是与五大姓关系密切的会党。它是五大姓成员借以取得或保障他们本身的经济利益的一项工具。自1844年成立以来，建德堂的领导权一直是由五大姓商业精英所掌控的（见表 4 - 4）。

**表 4 - 4　19 世纪 50 ~ 60 年代的建德堂或大伯公会领导人**

| 职　　务 | 姓　　名 |
|---|---|
| 大哥 | 邱天德 Khoo Thean Teik |
| 二哥 | 邱天保 Khoo Thean Poh/Khoo Poh |
| 三哥 | 梁允墩 Neoh Oo Teoh |
| 先生 | 林明珂 Lim Beng Kwa |

| 职　务 | 姓　名 | |
|---|---|---|
| 书记 | 邱妈便 Khoo Mah Pean | |
| 理事 | Lim Hwa Chum | Yeoh Whey Siew |
| | Lim Toa Sew | Yeoh Yeong |
| | Lim Kim Sae | Yeoh Hong Hin |
| | Lim Pick Tek | Yeoh Pang |
| | Lim Gin Yeh | Chong Leh |
| | Lim Chong Lay | Tan Hong Cheam |
| | Cheah Oon Hoot | Lee Seng Toh |
| | Cheah Phuan | Lee Boon Thean |
| | Cheah Kong Soo | Lee Mah Yeok |
| | Cheah Pick Siew | Lee Pean Peh |
| | Cheah Chew Huan | Ong Boon Keng |
| | Khoo Cheng Seng | Ong Boon Teik |
| | Teoh Hong | Neoh Lam Yeong |
| | Teoh Ching Yen | Neoh Hong Toon |
| | Chew Kow | Neoh Kom Pang |
| | Yeoh Teo | Neoh Chow Chong |

资料来源：整理自 Mervyn Llwellyn Wynne, *Triad and Tabut*: *A Survey of the Origins and Diffusion of Chinese and Mohammedan Secret Societies in the Malay Peninsular 1800 – 1935* (Singapore: Government Printing Office, 1941), p. 252, p. 258; Wilfred L. Blythe, *The Impact of Chinese Secret Societies in Malaya*: *A Historical Study* (London: Oxford University Press, 1969), p. 138, p. 142; 张少宽《槟榔屿华人史话》，吉隆坡：燧人氏事业有限公司，2002，第 43、48、244 页；张少宽《槟榔屿福建公冢暨冢冢碑铭集》，新加坡：新加坡亚洲研究学会，1997，第 185 页；Khoo Kay Kim, *The Western Malay States 1850 – 1873*: *The Effects of Commercial Development on Malay Politics* (London: Oxford University Press, 1972), p. 205, p. 222; Report of the Commissioners Appointed under *Act XXI of 1867* to Enquire into the Penang Riots; *Together with Proceedings of the Committee, Minutes of Evidence and Appendix* (Penang: Ludwig Theodore Demello, 1868), p. 6, p. 31。

由于五大姓牢牢掌控着建德堂，他们得以在经营本身生意的同时，也连带经营建德堂。这就是为什么建德堂的分支散布极广，在暹罗西南海岸的沙敦、董里、甲米和普吉岛，缅甸南部的毛淡棉、丹佬、土瓦、勃固和仰光，苏门答腊北部及东岸的亚齐、日里、冷吉和亚沙汉，以及马来半岛西海岸的马来邦属吉打和霹雳，都有。① 这些分支由五大姓的亲密盟友所控制，而他们都是当地的成功商人和社群领袖。例如，仰光建德堂的理事陈雷（Tan Lwee）从事船运和米较生意，并曾担任市政委员一职长达九年。② 1865 年前后，缅甸贡榜王朝皇帝敏东王（King Mindon）请他协助在曼德勒创办一家银行。③ 在普吉岛，建德堂领导人是经营锡矿场并垄断普吉岛锡矿出口的华人甲必丹陈玉淡。④

　　五大姓控制的建德堂除了以族人为海外分支的领导人外，还与其他会党结盟，其中包括成员含福建人、马来人、印度人和土生爪夷人的和胜公司（Ho Seng），以客家人为主的海山公司（Hai San），以及马来人的红旗会。这些会党也在霹雳、吉打、普吉岛、日里等地设有分支。通过这种跨地区、跨族群和跨方言的结盟，五大姓可以有效又方便地动员建德堂会众，在大多数时候以私人武装力量的形式，致力保护其生意上的垄断权，或追求对鸦片饷码承包等生意机会的控制。五大姓与义兴公司、暹罗人和英国人在鸦片饷

① Jennifer Cushman, "Revenue Farms and Secret Society Uprisings in Nineteenth Century Siam and the Malay States," *Review of Indonesian and Malaysian Affairs* 23 (1989): 6 – 11; Phuwadol Songprasert, The Development of Chinese Capital in Southern Siam, 1868 – 1932 (Ph. D. diss. , Monash University, 1986), pp. 140 – 152；方雄普：《朱波散记——缅甸华人社会掠影》，香港：南岛出版社，2000，第 268、338 ~ 340 页；Mervyn Llewelyn Wynne, *Triad and Tabut: A Survey of the Origin and Diffusion of Chinese and Mohamedan Secret Societies in the Malay Peninsula A. D. 1800 – 1935* (Singapore: Government Printing Office, 1941), pp. 403 – 417。1843 年成立的毛淡棉建德堂是缅甸第一个建德堂分支。到了 19 世纪晚期，缅甸各地总共大约有 70 个建德堂分支。北苏门答腊的建德堂分支很可能隶属于和胜公司。

② Arnold Wright, H. A. Cartwright, and Oliver T. Breakspear, eds. , *Twentieth Century Impressions of Burma: Its History, People, Commerce, Industries and Resources* (London: Lloyd's Greater Britain Pub Co. , 1910), p. 314. 市政委员会被授权管理殖民地城市的街道、排水沟和桥梁的建筑与维修。

③ Arnold Wright H. A. Cartwright, and Oliver T. Breakspear, eds. , *Twentieth Century Impressions of Burma: Its History, People, Commerce, Industries, and Resources* (London: Lloyd's Greater Britain Pub. Co. , 1910), p. 314.

④ Phuwadol Songprasert, The Development of Chinese Capital in Southern Siam, 1868 – 1932 (Ph. D. diss, Monash University, 1986), p. 142. 陈玉淡在 1805 年捐献 2 元给新设于峇都兰樟的槟城第一个福建公冢，并于 1862/63 年捐献 34 元用于槟城最早的华人寺庙广福宫的重修工程。

码控制权上持续不断的竞争，在槟城及其周边地区无可避免地酿成了会党之间和联盟集团之间的流血冲突。1867 年的槟城暴乱、1878 年的甲米暴乱、1879 年的太平苦力暴乱，以及 1884 年的日里种植园苦力造反，都是很好的例子。阐明这些所谓的暴乱或造反的来龙去脉，有助于我们了解五大姓精英如何将其他势力，包括不同族裔和方言群体的经济精英及非精英人士，收编进本身的网络之中，并且借助他们来垄断槟城及其他地区的鸦片饷码。

# 1867 年槟城暴乱

    1867 年 8 月 3 日，腥风血雨笼罩着槟城的商业中心乔治市。支持建德堂的马来秘密会社红旗会，与支持义兴公司的白旗会公开发生冲突。这场暴乱涉及 3 万名华人和 4000 名马来人，导致乔治市瘫痪长达 10 天。[①] 最后，总共有 450～500 人丧命，并有 1000 栋左右的房子被烧毁。[②] 英殖民地当局指出，这场暴乱主要是由自 1857 年以来会党成员之间的争端积累而成。[③] 然而，官方如此解释 1867 年槟城暴乱，其实是肤浅且过分简化的。韦恩（M. L. Wynne）和布莱思（W. L. Blythe）认为暴乱的主要原因在于意识形态差异与斗争，也不是令人满意的历史解释。[④] 麦留芳将暴乱与会党之间为夺

---

① Anoma Pieris, Doubtful Associations: Reviewing Penang through the 1867 Riots (Paper Represented at the Penang Story International Conference 2002), p. 9; C. D. Cowan, *Nineteenth-Century Malaya: The Origins of British Political Control* (London: Oxford University Press, 1981), pp. 52 – 53; Yen Ching-hwang, *A Social History of the Chinese in Singapore and Malaya 1800 – 1911* (Singapore: Oxford University Press, 1986), p. 198.

② *The Penang Argus and Mercantile Advertiser*, 12 March 1868, p. 2.

③ *The Penang Argus and Mercantile Advertiser*, 31 October 1867, p. 5. 另参见 Mervyn Llwellyn Wynne, *Triad and Tabut: A Survey of the Origin and Diffusion of Chinese and Mohamedan Secret Societies in the Malay Peninsula 1800 – 1935* (Singapore: Government Printing Office, 1941), pp. 249 – 250。

④ Mervyn Llwellyn Wynne, *Triad and Tabut: A Survey of the Origins and Diffusion of Chinese and Mohammedan Secret Societies in the Malay Peninsular 1800 – 1935* (Singapore: Government Printing Office, 1941), pp. 67 – 90; Wilfred L. Blythe, *The Impact of Chinese Secret Societies in Malaya: A Historical Study* (London: Oxford University Press, 1969), pp. 129 – 148.

得特定行业垄断权的竞争联系起来，也未能令人完全信服。他正确地指出，冲突起因于会党之间争夺特定经济权利和行业的垄断权，如槟城的饷码承包权①，却没有说明垄断权对会党的重要性。为了掌握暴乱的根源，我们必须将会党之间的冲突脉络化，将这些冲突放到以饷码承包与出口商品生产体系的密切关系为表征的槟城社会经济环境中来检视，而鸦片饷码如何与锡矿、蔗糖、椰子和烟草的生产形成密不可分的关系，则是其中不能忽略的重点。

　　如第三章所述，在 19 世纪中叶，普吉岛和霹雳的农业和矿业产品、威省的蔗糖和槟城的椰子产量大增。例如，土产蔗糖出口量在 1843 – 44 年为 1 万 2800 担，在 1850 – 51 年增加到 4 万 4700 担，到 1854 – 55 年达到 6 万 9352 担。② 出口到英国和美国的锡也增长了 4 倍多，从 1860 年的 2 万 3842 担，增加到 1866 年的 12 万 4907 担。③ 生产的扩张也可从苦力人口的增长中得到证明，因为锡矿开采和经济作物种植都是劳力密集型产业。1860 年，槟城的华人人口为 2 万 8018 人，其中 8204 人居住于威省，而霹雳和普吉岛的华人人口分别为 2 万人和 2 万 5000 人。④ 这些数量庞大的华人人口主要是苦力，鸦片的需求因此很大，因为鸦片是锡矿场和种植园苦力的必需品。对槟城的商业精英而言，鸦片不仅是有利可图且容易销售的商品，而且是控制苦力及维持其生产力的一种工具。鸦片被用作一种重要经济手段的情况也可见于新加坡。特罗基在其著作《鸦片

---

① Mak Lau Fong, *The Sociology of Secret Societies: A Study of Chinese Secret Societies in Singapore and Peninsular Malaysia* (Kuala Lumpur: Oxford University Press, 1981), p. 48, p. 51.

② James C. Jackson, *Planters and Speculators: Chinese and European Agricultural Enterprise in Malaya, 1786 – 1921* (Kuala Lumpur: University of Malaya Press, 1968), p. 142.

③ "Penang Market Report," in *The Penang Argus and Mercantile Advertiser*, 16 March 1870, p. 2.

④ Victor Purcell, *The Chinese in Malaya* (London: Oxford University, 1948), p. x; Wong Lin Ken, *The Malayan Tin Industry to 1914* (Tucson: The University of Arizona Press, 1965), p. 27; G. E. Gerini, *Old Phuket: Historical Retrospect of Junkceylon Island* (Bangkok: The Siam Society, 1986), p. 169.

与帝国》中指出[1]：

> 鸦片的制作、分销和消费是新加坡华人经济另一个不可或
> 缺的部分。它不仅是一种剥削劳动力的制度，而且实际上也是
> 一种让秘密会社、饷码承包商和殖民地政府获利的制度……它
> 成为在经济、政治和行政上对新加坡华裔人口进行控制的一种
> 主要手段。种植园主和融资者如果想要收回苦力的薪资和这些
> 劳动者所生产的剩余价值，他们需要在饷码制度中占有一席之
> 地。他们如果想要让投资得到回报，就需要同时控制劳动人口
> 的生产活动和消费活动。

鸦片、苦力和供出口的农业及矿业商品紧密交织在一起，共同为五
大姓商业精英赖以获利和积累财富的贸易制度奠定了基础。

1867 年 4 月，新一期的槟城鸦片饷码招标，承包期为 1867 年 5
月 1 日 ~ 1869 年 4 月 3 日，年租金为 9 万 4200 元，比上一期的 7 万
8000 元高出许多，成为槟城鸦片饷码制度推行以来年租金最高的一
期。[2] 义兴公司领袖及其生意伙伴凭着如此高的出价，成功在 1867
年 5 月从建德堂领袖手中夺取了鸦片饷码。由于槟城是鸦片分销的
中心，失去此饷码的控制权对建德堂而言是一个沉重的打击。领导
建德堂的商业精英是槟城及其周边地区的锡矿场和种植园的业主或
融资者，失去鸦片饷码控制权意味着他们再也无法通过销售鸦片获
利。最糟的是，他们必须以高价向生意对手购买鸦片来供应给手下
的苦力，否则就可能会面对鸦片供应短缺的问题，以致手下苦力拒
绝工作或逃跑，进而危及采矿工作和经济作物生产，并严重影响贸

---

① Carl A. Trocki, *Opium and Empire：Chinese Society in Colonial Singapore，1800 – 1910* (Ith-
　aca：Cornell University Press, 1990), p. 67, p. 69, p. 70.
② 槟城于 1791 年开始实行鸦片饷码制度，1791 – 92 年的那一期年租金是 3499 元。见
　Wong Lin Ken, "The Revenue Farms of Prince of Wales Island 1805 – 1830," *Journal of
　South Seas Society* 19 (1965)：Appendix I。

易活动。

这一确确实实的经济恐慌促使建德堂及其盟友红旗会企图通过有组织的暴力，摧毁义兴公司新取得的鸦片生意控制权。《1821年至20世纪40年代北部马来邦属的马来秘密会社》的作者玛哈尼·慕沙（Mahani Musa）认为，红旗会和白旗会分别与建德堂和义兴公司结盟，是因为这两个马来秘密会社想要加强它们在社会上的影响力。① 她的说法在某种程度上是对的。更确切地说，它们的结盟乃是以身为商业精英的会党领导人已然确立的商业利益为基础的。于是我们看到，建德堂领导人谢伯夷和红旗会领导人阿都·卡迪·美利肯（Abdul Kadir Merican）从19世纪50年代开始便是彼此在槟城饷码承包上的生意伙伴②，而建德堂"二哥"邱天保和红旗会另一名领导人赛·莫哈默·阿拉达斯则是亚齐和槟城之间胡椒与军火贸易的亲密伙伴③。赛·莫哈默·阿拉达斯似乎也有参与鸦片生意。白旗会和义兴公司也同样是在生意利益的基础上结盟的。

因此，在乔治市商业中心爆发的暴乱并不是偶然发生的意外事件。暴乱主要发生在土库街/港仔口/中街/缎罗申街/打铁街（Beach Street）、义兴街（Church Street）、椰脚街（Pitt Street）和打石街（Acheen Street）所围起的范围内（见图4-1）。靠近海墘的打石街、打铜仔街/本头公巷（Armenian Street）、吉宁街（Chulia Street）和土库街/港仔口/中街/缎罗申街/打铁街一带，是主要"公司"和会党的所在地，也是商店、货仓和码头集中之地，对槟城的商业精英来说具有重要的战略及商业意义。④ 槟城所有主要的

① Mahani Musa, *Kongsi Gelap Melayu di Negeri-negeri Pantai Barat Semenanjung Tanah Melayu, 1821 hingga 1940* [*Malay Secret Societies in the Northern Malay States, 1821 – 1940's*] (Kuala Lumpur: Malaysian Branch of the Royal Asiatic Society, 2003), p. 79.

② *Pinang Gazette and Straits Chronicle*, 9 June 1855, p. 4.

③ Khoo Su Nin, *Streets of George Town Penang: An Illustration Guide to Penang's City Streets & Historic Attractions* (Penang: Janus Print & Resources, 1993), p. 35, p. 36.

④ Nordin Hussin, "A Tale of Two Colonial Port-Towns in the Straits of Melaka: Dutch Melaka and English Penang," *Journal of the Malaysian Branch of the Royal Asiatic Society* 75 (2002): 90.

19世纪槟城华商五大姓的崛起与没落

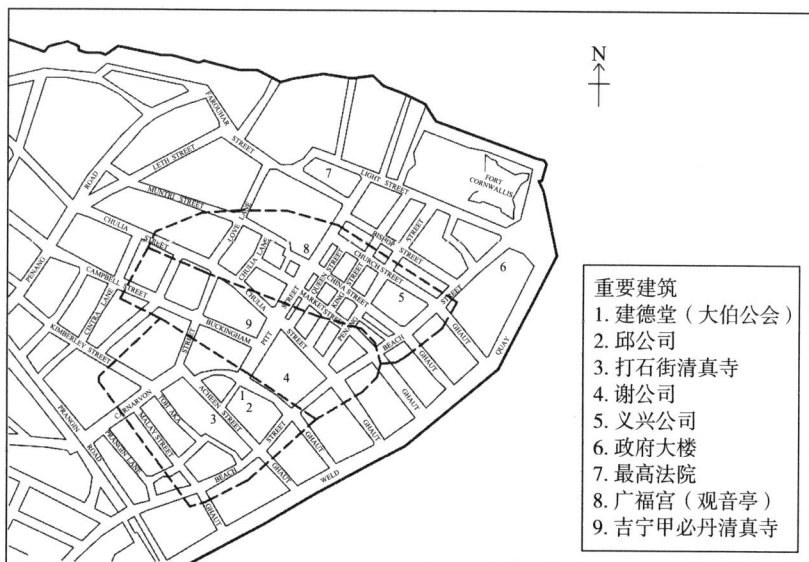

**图 4－1　受 1867 年槟城暴乱影响的乔治市地区**

注：本图是根据 1867 年 4 月 4 日 *Penang Gazette* 的地图（陈耀威提供）重新绘制的。

贸易及商业交易活动，包括零售鸦片的制作、分销和售卖，都集中在这一带。为了破坏义兴公司鸦片生意的运作，建德堂和红旗会领导人从普吉岛、吉打和霹雳动员了数以千计不同族群和方言群体——印度人、马来人、亚齐人、爪哇人、福建人和客家人——的打手，针对义兴公司和白旗会所经营的商店、货仓和码头展开攻击。[①] 面对攻击，义兴公司和白旗会从普吉岛、威省、吉打和霹雳动员旗下的印度、马来、广东、潮州和客家（主要为惠州）打手，

---

[①] Wilfred L. Blythe, *The Impact of Chinese Secret Societies in Malaya: A Historical Study* (London: Oxford University Press, 1969), pp. 130 – 132; Mervyn Llwellyn Wynne, *Triad and Tabut: A Survey of the Origins and Diffusion of Chinese and Mohammedan Secret Societies in the Malay Peninsular 1800 – 1935* (Singapore: Government Printing Office, 1941), pp. 245 – 259; Mahani Musa, "Malays and the Red and White Flag Societies in Penang, 1830 – 1920s," *Journal of the Malaysian Branch of the Royal Asiatic Society* 72 (1999): 163 – 164.

对建德堂和红旗会展开反击。① 为了打败对手，义兴公司领导人提供奖励给他们的打手，即每杀死一名建德堂成员可获奖励 12 ~ 20 元，而建德堂领导人也同样给予其打手奖励，即每屠杀一名义兴公司成员可得 30 元。②

建德堂获得了五大姓商业精英及其盟友提供的充足而强大的火力（毛瑟枪和小加农炮）。这就是为什么虽然义兴公司阵营人数较多，建德堂阵营却能在打斗中占上风。建德堂领导人邱天德和李成都（Lee Seng Toh 或 Lee Toh）趁局势混乱，成功私运大量鸦片进出槟城。③ 因为有迷宫似的大小巷道贯穿和连接五大姓所拥有的店屋、公司建筑、货仓和码头，形成具有战略性的秘密通道，建德堂和红旗会的领导人得以在槟城及其周边地区之间输送非法的鸦片、武器和打手。邱天德在邱公司缎罗申街出入口对面靠近码头的地方拥有两间店屋（见插页地图 2）④，码头、店屋和公司建筑的位置排列，为鸦片、武器等走私货品的秘密输送提供了方便的途径。这些走私货品在码头被卸下之后被运到店屋，接着只需越过缎罗申街就能被运进邱公司内，然后再通过邱公司五个具有战略意义的出入口被分发出去。这五个出入口分别朝四个方向，将邱公司与其周边的四条街道连接起来：一个开向南边的大铳巷（Cannon Street），一个开向西边的打石街，一个开向北边的缎罗申街，另外两个开向东边的本

① Wilfred L. Blythe, *The Impact of Chinese Secret Societies in Malaya: A Historical Study* (London: Oxford University Press, 1969), pp. 130 – 132。另参见 F. S. Brown, "Report upon the Secret Societies — Papers Laid before the Legislative Council by His Excellency the Governor, 28th August 1869," in *Straits Settlements Legislative Council Proceedings 1867 – 68*, p. LXXVI。

② "Minutes of Evidence Taken before the Commissioners under the Penang Riots Enquiry Act of 1867," in *Straits Settlements Legislative Council Proceedings 1867 – 68*, p. 120.

③ "Minutes of Evidence Taken before the Commissioners under the Penang Riots Enquiry Act of 1867," in *Straits Settlements Legislative Council Proceedings 1867 – 68*, p. 57, p. 62。另参见 Wilfred L. Blythe, *The Impact of Chinese Secret Societies in Malaya: A Historical Study* (London: Oxford University Press, 1969), pp. 130 – 132。

④ *The Penang Argus and Mercantile Advertiser*, 15 December 1870, p. 3.

19世纪槟城华商五大姓的崛起与没落

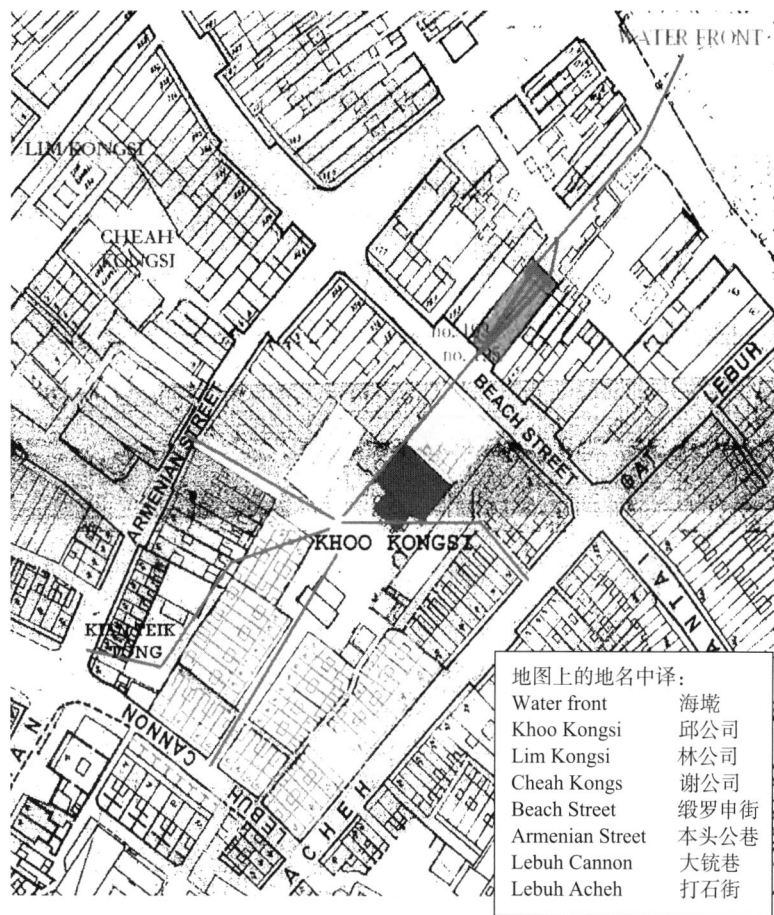

地图上的地名中译：

| Water front | 海墘 |
| --- | --- |
| Khoo Kongsi | 邱公司 |
| Lim Kongsi | 林公司 |
| Cheah Kongs | 谢公司 |
| Beach Street | 缎罗申街 |
| Armenian Street | 本头公巷 |
| Lebuh Cannon | 大铳巷 |
| Lebuh Acheh | 打石街 |

**插页地图 2　邱公司建筑和邱天德店屋的位置**

注：图中"＿＿＿"为邱天德偷运军火和鸦片的通道或路线。

资料来源：原图由槟城陈耀威文史建筑研究室提供。

头公巷。① 邱天德及其族人利用这几个出入口，可轻易前往建德堂、其他公司（谢公司、林公司、陈公司）和红旗会总部，并且在暴乱期间随时可向这些地点输送武器、打手和鸦片。

建德堂阵营的武力攻击和走私活动严重妨害了义兴公司阵营的鸦片生意。在其鸦片饷码承包期的第一年，义兴公司领导人兼鸦片饷码承包人的生意蒙受严重的亏损。② 当义兴公司无法支付拖欠的租金，英殖民地当局于 1868 年撤销了其鸦片饷码承包权，并重新招标。建德堂的两位领导人李成都和王文庆以 9 万元的年租金，成功投得 1868 年 7 月 ~ 1870 年 3 月的鸦片饷码（见表 4 – 5）。③

表 4 – 5　1855 ~ 1870 年槟城鸦片饷码的年租金及中投方

单位：元

| 时期（年份） | 年租金 | 中投方 |
| --- | --- | --- |
| 1855 – 56 | 57000 | 建德堂 |
| 1856 – 57 | 67560 | 建德堂 |
| 1857 – 58 | — | — |
| 1858 – 59 | — | — |
| 1859 – 60 | — | — |
| 1860 – 61 | 72120 | 建德堂 |
| 1861 – 62 | 72120 | 建德堂 |
| 1862 – 63 | 78000 | 建德堂 |
| 1863 – 64 | 78000 | 建德堂 |

① Chen Kuo – Wei and Huang Lan Shiang, Meaning in Architectural and Urban Space of the Penang Kongsi Enclave （Paper Presented at the Penang Story International Conference 2002）, p. 10. 另参见《槟城龙山堂邱公司：历史与建筑》，槟城：槟城龙山堂邱公司出版小组，2003，第 57 页；陈来和编《福庇众生：修复竣工纪念特刊》，槟城：槟榔屿本头公巷福德正神庙，2007，第 88 ~ 89 页。建德堂的正门面向本头公巷，内部有一条秘密通道与邱公司相连。
② Annual Report of the Straits Settlements 1868, p. 38.
③ The Penang Argus and Mercantile Advertiser, 13 October 1870, p. 3. 邱天德及其他领袖被英国殖民当局收押期间，建德堂由"二哥"李成都和议事王文庆主持会务。

19世纪槟城华商五大姓的崛起与没落

| 时期（年份） | 年租金 | 中投方 |
|---|---|---|
| 1864 – 65 | 78000 | 建德堂 |
| 1865 – 66 | 78000 | 建德堂 |
| 1866 – 67 | 78000 | 建德堂 |
| 1867 – 68 | 94200 | 义兴公司 |
| 1868 – 69 | 90000 | 建德堂 |
| 1869 – 70 | 90000 | 建德堂 |

资料来源："Papers Laid before the Legislative Council by Command of His Excellency the Governor," in *Straits Settlement Legislative Council Proceedings 1869*, p. 2；*Annual Reports of the Straits Settlement 1856 – 57*, p. 84。

　　综上所述，槟城暴乱最根本的原因在于两方人马对槟城鸦片饷码控制权的争夺。五大姓以会党成员之间的小争执为借口来合理化他们对敌对会党所展开的攻击，谨慎地掩盖了背后真正的意图。这场打斗的真正目的是保护或保障会党上层领导人在商业上的金钱利益，而不是为了会党下层群众的福利。严格来说，这场打斗是五大姓领导人为了重夺鸦片饷码网络——这是他们在槟城及其周边地区所建立的高利润商业体系的关键部门——而展开的一次具有杠杆作用的行动。

# 1878 年甲米暴乱

　　1878 年，建德堂领袖再次展开行动，力图借助政治与经济影响力保住其于暹罗甲米府的饷码承包事业。从 1866 年开始，甲米建德堂领袖谢伯夷通过与洛坤王（Phraya Nakhon Si Thammarat）结盟，控制了甲米府所有饷码的承包权。[①] 1876 年，洛坤王的同父异母弟弟伊萨叻提猜（Phra Itsarathichai）被委任为甲米第一任总督，并收回了以往外包的收税权。[②] 这一出乎意料的改变不仅在政治上给予洛坤王一大打击，而且造成谢伯夷生意上的一大损失。谢伯夷因丧失饷码承包权而向洛坤王投诉，并要求赔偿损失。但洛坤王并未给予赔偿，反而唆使谢伯夷暗杀新总督。[③] 在另两名建德堂领袖陈威仪和 Tan Pai Wun 提供武器和打手的情况下，谢伯夷决定展开暗杀行动。1878 年 1 月 21 日，谢伯夷动用约 175 名打手，在午夜时分对总督官邸展开袭击。[④] 尽管他们成功杀死了总督，但在接下

---

① Phuwadol Songprasert, The Development of Chinese Capital in Southern Siam, 1868 - 1932 (Ph. D. diss. , Monash University, 1986), p. 62.

② *Pinang Gazette and Straits Chronicle*, 9 July 1879, p. 3. 另参见 Phuwadol Songprasert, The Development of Chinese Capital in Southern Siam, 1868 - 1932 (Ph. D. diss, Monash University, 1986), p. 172 - 173。

③ *Pinang Gazette and Straits Chronicle*, 9 July 1879, p. 3. 另参见 Phuwadol Songprasert, The Development of Chinese Capital in Southern Siam, 1868 - 1932 (Ph. D. diss, Monash University, 1986), p. 173。

④ *Pinang Gazette and Straits Chronicle*, 9 July 1879, p. 3.

来的几天内，谢伯夷及其 8 名随从遭到邻府的政府部队逮捕。① 暹罗政府惩罚了所有人，对领导者谢伯夷却无从下手，因为谢伯夷声称自己是英国公民，要求海峡殖民地政府给予其保护。

谢伯夷被逮捕的消息即刻在槟城引起轰动。他除了是甲米建德堂的领导人外，还是槟城谢公司的社群领袖之一。不令人意外的是，谢伯夷在槟城的盟友，即身为槟城建德堂领导人的五大姓商界领袖，随即展开营救行动。1879 年，谢伯夷案成为槟城受欢迎报纸《槟城公报与海峡纪事报》上公开被讨论的话题。1879 年 8 月 6 日刊出的一篇文章为谢伯夷辩护，认为任何英国公民，即使他是暂时逗留或定居在吉打、北大年、瓜拉姆达、玻璃市、宋卡、吉兰丹、董里、通扣（Tongkah，即普吉岛）或暹罗国位于马来半岛的任何属地，也应当获得英国的保护。② 该文章也认为，英国和暹罗在 1855 年签署的《鲍林条约》（*Bowring Treaty*，又被称为《英暹条约》）并未规定英国公民必须向曼谷的英国领事馆登记，才可享有英国的保护。③

1879 年 8 月 16 日，《槟城公报与海峡纪事报》刊登的另一篇文章不仅呼应了同年 8 月 6 日那篇文章的论点，而且坚决主张谢伯夷的英国公民地位。该文章写道④：

> 伯夷从来不曾宣称有意永久或至死留在甲米。颁给他的头衔"銮巴钦那空"（Luang Pachim Nakhon）是一项荣誉勋章，是为了对他提高甲米税收的成就致敬，而不是因为他是归化民

---

① Phuwadol Songprasert, The Development of Chinese Capital in Southern Siam, 1868 – 1932 (Ph. D. diss. , Monash University, 1986), pp. 173 – 174.

② *Pinang Gazette and Straits Chronicle*, 6 August 1879, p. 4.

③ *Pinang Gazette and Straits Chronicle*, 16 August 1879, p. 3. 《鲍林条约》由代表英国的香港总督约翰·鲍林爵士（Sir John Bowring）与暹罗蒙固王（拉玛四世，1851～1868 年在位）签订。根据这份条约，英国商人可在暹罗直接从事贸易，英国可在暹罗设立领事馆，英国公民在暹罗享有治外法权。

④ *Pinang Gazette and Straits Chronicle*, 16 August 1879, p. 3.

或暹罗公民。他的夫人和孩子居住在他位于槟城的住所，而在过去 10～12 年，他在 3 个儿子的配合下，在甲米和此地之间维持固定的贸易往来，证明他在那里从事的生意是他在此间的贸易事业的分支，况且他也未曾因为任何行为而被褫夺其作为英籍民的权利。

这两篇文章的出现显示，与《槟城公报与海峡纪事报》老板兼立法议员詹姆斯·扬·肯尼迪（James Young Kennedy）[1] 关系密切的五大姓尝试借助盟友的报章来宣传谢伯夷案，以集结支持力量，同时向海峡殖民地政府施压，迫使它介入此案。

到了 1879 年底，海峡殖民地政府确实有向暹罗政府施压，要求对方将谢伯夷引渡到槟城受审。但是，暹罗政府拒绝了海峡殖民地政府的要求，理由是谢伯夷是暹罗公民，必须受暹罗法律约束，因为他已经在暹罗领土居住了将近 20 年，而且持有"銮巴钦那空"的头衔。不过，海峡殖民地政府驳回了暹罗政府的论点，并指控洛坤王为首要煽动者，要求将他逮捕并治其罪。[2] 在英殖民地政府不断施压之下，暹罗政府最终同意将谢伯夷引渡到槟城接受进一步的调查和审讯。

至于洛坤王方面，暹罗政府发现要将这名势力庞大的地方首长绳之以法，几乎是不可能的事情，因为洛坤王家族的影响力遍布整个暹罗南部。到了 19 世纪 90 年代初，暹罗政府撤销此案，恢复洛坤王的执政权。颇堪玩味的是，谢伯夷之子 Cheah Boo Ean 在于 1882 年继承其父亲在甲米的事业之后，当洛坤王重新掌权时，很可能重新与其父亲的这位老盟友结盟。[3]

---

[1] Wu Xiao An, *Chinese Business in the Making of a Malay State, 1882 - 1941* (London: Routledge Curzon, 2003), p. 75.

[2] Phuwadol Songprasert, The Development of Chinese Capital in Southern Siam, 1868 - 1932 (Ph. D. diss., Monash University, 1986), p. 174.

[3] *Pinang Gazette and Straits Chronicle*, 26 September 1879, p. 3. 另参见 Phuwadol Songprasert, The Development of Chinese Capital in Southern Siam, 1868 - 1932 (Ph. D. diss, Monash University, 1986), pp. 174 - 175.

# 1879 年太平苦力暴乱

　　1879 年 9 月，即新一期的饷码招标之前一个月，霹雳参政司休·罗爵士（见插页图 2）决定将霹雳所有饷码结合成综合性的单一饷码，其中包含鸦片税、酒税、赌博税、典当税、烟草税、亚答（盖屋顶的茅草）税和锡税。[①] 之所以会有这项出乎意料之举，原因可追溯到霹雳战争的成本。这场战争是海峡殖民地政府在霹雳第一任参政司毕治（J. W. W. Birch）于 1875 年遭到刺杀之后发动的，旨在逮捕发动刺杀行动的多名马来酋长。换句话说，海峡殖民地政府希望通过"一揽子"饷码方案，弥补它在霹雳战争中高达 55 万元的开销。[②] 这项方案让单一机构垄断所有饷码的承包权，对原本地区化的饷码承包制度，特别是其中的鸦片饷码制度，造成极大的破坏。在地区化的饷码承包制度下，各地矿场主或会党领袖分别控制一定数量的鸦片饷码，并通过这些饷码进口生鸦片，在将其加工

---

①　CO 273/100, The Late Riot at Larut, 9 September 1879, p. 6, p. 11, p. 12。另参见 Philip Loh, "Social Policy in Perak," *Peninjau Sejarah* 1 (1966): 37; Wilfred L. Blythe, *The Impact of Chinese Secret Societies in Malaya: A Historical Study* (London: Oxford University Press, 1969); Emily Sadka, *The Protected Malay States 1874 – 1895* (Kuala Lumpur: University of Malaya Press, 1968), p. 192。

②　CO 275/24, Paper Laid before the Legislative Council by Command of His Excellency the Governor: Perak War Expenses, 20 May 1880, p. 201 和 CO 275/24, Paper Laid before the Legislative Council by Command of His Excellency the Governor: Perak War expenses, 24 August 1880, p. 347。

**插页图 2　詹姆斯·休·罗爵士（Sir James Hugh Low）**

资料来源：马来西亚国家档案馆。

之后，再以自行制定的价格售卖给在霹雳各地区的锡矿场工作的苦力。① 如果霹雳实行单一鸦片饷码，那么鸦片的进口和分销就会集中化，其价格也会受到统制。

通过实行这样的饷码承包方案，休·罗希望从 1880 年新的承包期开始，政府可借助每月 4 万 2000 元的租金增加税收。② 换句话说，所有饷码一年总租金是 50 万 4000 元。休·罗的这项大方案并非未曾招致反对，反对主要来自五大姓的矿场融资者（会党领袖），他们认为"单一饷码"会造成外来者的垄断，并且会不合理地推高熟鸦片的价格，而这样的情况是矿场苦力无法接受的。③ 他们向休·罗建议，政府应以提高生鸦片进口税的方式来增加税收。但休·罗不理会他们的不满，继续展开招标的工作。

休·罗未曾料到的是，他的一意孤行竟然引发了一系列的苦力暴乱、商店罢市和矿场罢工，导致拉律地区最大城镇太平陷入瘫痪，时间长达三天之久。1879 年 10 月 3 日上午，一群为数 300 ~ 400 人的矿工（苦力）包围了休·罗的住所，要求他取消新提出的鸦片饷码制。④ 休·罗从营房召集部队前来应对，成功地将暴徒驱赶到镇上。那些暴徒随即在镇上发难，闯入商店并劫掠赌馆。霹雳武装警察部队首长带领一支分遣队前往驱散暴徒，却遭到暴徒以金属武器顽抗，他们甚至以左轮手枪射击警方。在混乱之中，警方向

---

① J. M. Gullick, "Captain Speedy of Larut," *The Malayan Branch of the Royal Asiatic Society* 26（1953）：48.

② CO 273/100, The Late Riot at Larut, 9 September 1879, p. 6。另参见 Philip Loh, "Social Policy in Perak," *Peninjau Sejarah* 1（1966），p. 37；Wilfred L. Blythe, *The Impact of Chinese Secret Societies in Malaya：A Historical Study*（London：Oxford University Press, 1969），p. 251.

③ Emily Sadka, *The Protected Malay States 1874 – 1895*（Kuala Lumpur：University of Malaya Press, 1968），p. 193.

④ *Pinang Gazette and Straits Chronicle*, 7 October 1879, p. 3. 另参见 CO 273/100, The Late Riot at Larut, 18 October 1879, pp. 1 – 2；Wilfred L. Blythe, *The Impact of Chinese Secret Societies in Malaya：A Historical Study*（London：Oxford University Press, 1969），p. 251。根据休·罗的报告，矿工的数量为 1500 ~ 2000 人，比 *Pinang Gazette and Straits Chronicle* 所报道的人数多 4 ~ 5 倍。

暴徒开火,杀死了 27 人,同时致伤 23 人。① 在暴徒被驱散之后,所有商店暂停营业,锡矿场也停止运作。商家拒绝售卖任何食物给欧洲人,甚至威胁要将当地所有欧洲人毒死。② 10 月 4 日,以邱天德和郑景贵(见插页图 3 和插页图 4)为首的一批华商与休·罗会面,并答应去劝说商家重新营业,而休·罗则同意在 10 月 6 日开会讨论商家的诉求。③ 第二天,也就是 10 月 5 日,甘文丁赌馆爆发了另一起动乱。④ 在 10 月 6 日的会议上,经过两个小时的讨论之后,休·罗向矿场主的诉求妥协,决定放弃单一饷码方案,并采纳矿场主们的建议,将生鸦片的进口税从每球 2 元提高到每球 5 元。⑤

从这一连串事件来看,会党领导人兼融资者(如邱天德和郑景贵)显然是暴乱事件的幕后策划人。如前所述,这两名领袖真正担心的是丧失熟鸦片制造和零售的控制权,因为这是他们赖以控制劳动力及提高利润的主要手段。这些领袖通过控制熟鸦片的制作和零售,一方面将生产成本最小化,另一方面则将鸦片价格最大化。很多时候,他们为了降低生产成本,还会在鸦片中掺假。⑥ 这些被掺假的鸦片接着以过高的价格(高于市价 200% ~ 300%),经由实物工资制(Truck System)被供应给苦力。⑦ 实物工资制是矿场主或融资者以较市价高 200% ~ 300% 的价格供应物资(米、鸦片、酒、烟、食油)给苦力的一种制度。这是那些会党领袖积累财富的主要

① *Pinang Gazette and Straits Chronicle*, 7 October 1879, p. 4.
② *Pinang Gazette and Straits Chronicle*, 7 October 1879, p. 3.
③ *Pinang Gazette and Straits Chronicle*, 7 October 1879, p. 4. 另参见 Philip Loh, "Social Policy in Perak," *Peninjau Sejarah* 1 (1966): 38。
④ CO 273/100, The Late Riot at Larut, 9 September 1879. 另参见 Philip Loh, "Social Policy in Perak," *Peninjau Sejarah* 1 (1966): 38。
⑤ *Pinang Gazette and Straits Chronicle*, 10 October 1879, p. 3. 另参见 Philip Loh, "Social Policy in Perak," *Peninjau Sejarah* 1 (1966): 38。
⑥ *Pinang Gazette and Straits Chronicle*, 7 October 1879, p. 3.
⑦ John H. Drabble, *An Economic History of Malaysia, 1800 – 1990: The Transition to Modern Economic Growth* (New York, Canberra: St. Martin's Press in Association with the Australian National University, 2000), p. 55; Wong Lin Ken, *The Malayan Tin Industry to 1914* (Tucson: The University of Arizona Press, 1965), p. 75.

19世纪槟城华商五大姓的崛起与没落

**插页图 3　邱天德（Khoo Thean Teik）**

资料来源：笔者经槟城文山堂邱公司授权摄于该公司。

**插页图 4　郑景贵（Chung Keng Kwee）**
资料来源：陈耀威提供。

方式之一。对他们而言，实行单一饷码制将威胁到他们在拉律地区已然确立的牟利制度。为了捍卫这项制度，那些会党领袖发动了有组织的暴乱和罢工，以迫使英殖民地当局接受他们开出的条件。五大姓及其生意伙伴控制着一个由各种饷码、锡矿场和苦力人口构成的紧密网络，当局撤销综合性单一饷码制并继续维持拉律地区原有的地区化饷码制，无疑是对五大姓及其生意伙伴的经济势力的让步。

# 1884 年日里种植园苦力造反

　　1884 年最后四个月，苏门答腊东岸日里的烟草种植园爆发了一系列苦力造反事件。分属两个会党——和胜公司和义兴公司——的苦力拿起各式各样的武器，包括木棍、巴冷刀和左轮手枪，彼此相互厮杀。① 受影响最严重的地方是民礼（Binjei）、棉兰和纳闽（Labuan）。造反的苦力（特别是和胜公司成员）攻入镇上的妓院和住家，搜寻并杀死义兴公司成员。② 到了 1884 年 12 月，有更多种植园被卷入，造反活动蔓延到沙登（Serdang）。③ 在其中一座种植园里，300 名苦力全数起而造反，以石头攻击种植园经理及其 3 名助理。许多华人被杀或受伤，荷兰官员和峇达人、马来人等其他族群人士也有伤亡。④ 在荷兰殖民地政府派遣更多武力前往驻守并逮捕造反者头目之后，这次骚乱才终于平息。

　　对荷兰殖民地当局而言，种植园骚乱纯粹是苦力受秘密会社影响而犯下的罪行。然而，如同本章所讨论的其他事件，这次骚乱并不单纯。从现有的证据看来，这次骚乱似乎是某些富商所策划的阴谋的一部分。这些富商既是政府官员，也是会党领袖，他们企图通

---

① *The Penang Times*, 3 and 10 September 1884, p. 2.
② *The Penang Times*, 20 September 1884, p. 2.
③ *The Penang Times*, 3 December 1884, p. 2.
④ *The Penang Times*, 21 January 1885, pp. 2 – 3.

过制造骚乱，在新一期的日里饷码于 1884 年底开始招标之前，削弱竞争对手的势力。① 他们在过去因成功控制日里的饷码承包权而建立起利润丰厚的事业，因为日里是当时世界上最重要的烟草产地之一，其苦力人口至 1884 年多达 2 万人。② 纳闽华人雷珍兰邱登果（Khoo Teng Ko）、日里华人甲必丹林德水（Lim Tek Swee）和民礼华人雷珍兰林清溪（Lim Tjing Keh）③ 很可能都是和胜公司的领导人，而且肯定与槟城的五大姓关系匪浅。以邱登果为例，他在槟城积极赞助社会事业，在 1882 ~ 1890 年总共捐献了 2000 元给五大姓所管理的大部分寺庙和公冢。④ 他也与槟城的 Khoo Soo Ghee 和 Khoo Eow Seng 合资，在槟城港仔口（Beach Street）144 号开设了一家名为 Chop Ee Seng 的综合贸易店。⑤ 通过与苏门答腊东岸和胜公司领袖之间的如此曲折微妙的联系，五大姓控制的建德堂与和胜公司成为盟友，并且有可能在苦力骚乱事件上扮演了一定的角色。而就像其他地方的暴乱那样，对这起苦力骚乱事件的最适当的解释，就是将它视为某种形式的经济杠杆手段。

---

① *The Penang Times*, 27 September 1884, p. 1. 从 1884 年 9 月初开始，苏门答腊东岸饷码招标广告经常出现在《槟城时报》的头版。

② Anthony Reid, *An Indonesian Frontier: Acehnese & Other Histories of Sumatra* (Singapore: Singapore University Press, 2005), p. 223.

③ Arnold Wright, H. A. Cartwright and Oliver T. Breakspear, *Twentieth Century Impressions of Netherlands India: Its History, People, Commerce, Industries, and Resources* (London: Lloyd's Greater Britain Publishing Company Ltd. , 1910), p. 581. 1893 年槟城林公司重修，林德水捐出 1000 元，是捐款最多者。1866 ~ 1891 年，他也捐出大笔款项给五大姓成员所管理的公冢和寺庙。

④ 张少宽：《槟榔屿华人史话续编》，槟城：南洋田野研究室，2003，第 235 页。

⑤ *Pinang Gazette and Straits Chronicle*, 2 August 1879, p. 6.

# 五大姓的支配地位与义兴公司的没落

考虑到建德堂和海山公司的阵营在拉律地区的重要性与影响力,休·罗爵士将 1880 年、1881 年和 1882 年的主要饷码(涉及鸦片、酒、典当和赌博)都发包给邱天德的集团(见表 4 – 6),就并不令人意外。

表 4 – 6    1880 ~ 1882 年霹雳主要饷码及饷码承包人

单位:元

| 饷    码 | 承包人 | 年    租 |
|---|---|---|
| 吉辇和古楼综合饷码 | 邱天德 | 42000 |
| 拉律赌博、典当、酒和烟草饷码 | 郑景贵 | 56720 |
| 霹雳河鸦片饷码 | 邱天德 | 19200 |
| 霹雳河烟草饷码 | 邱天德 | 2640 |
| 霹雳河亚答饷码 | 刘金(Low Kim) | 1560 |
| 总  计 | | 122120 |

资料来源:*Pinang Gazette and Straits Chronicle*, 7 October 1879, p. 4。

分别由邱天德和郑景贵代表的建德堂和海山公司的联盟获得了这些饷码的承包权,实际上等于是他们垄断了霹雳的饷码。可笑的是,以邱天德和郑景贵为首的这个饷码承包集团每年支付给政府的租金只有 12 万 2120 元,比休·罗原先期望从综合性单一饷码方案收取的数额（50 万 4000 元）少了 38 万多元。从此以后，五大姓及其盟友持续垄断全霹雳的饷码，至少直到 20 世纪初，其间义兴公司仅在 1883～1885 年控制了拉律地区的赌博和典当饷码。义兴公司领袖失去鸦片饷码的控制权，意味着他们在拉律地区的影响力已经式微。

　　五大姓在将义兴公司挤出饷码承包业之后，崛起成为主要的经济势力。他们的势力在鸦片饷码中尤其明显。五大姓及其盟友不仅控制了槟城的鸦片饷码，而且控制了普吉岛、甲米、吉打、霹雳和日里的鸦片饷码。面对如此可怕的对手，义兴公司的商业领袖最终只能屈居次要地位。到了 19 世纪 80 年代，槟城义兴公司深陷财务危机，领导人之间也发生内讧。义兴公司领导人朱公活（Choo Ah Wat）、黄进聪（Wong Ting Tong）和 Chin Ah Yok 管理义兴公司生意失当，以致债务累累。在其中一宗生意中，这些领导人利用会党资金，同时向五大姓商人陈锦庆（Tan Kim Keng）贷款 9500 元①，于 1889 年在槟城浮罗山背开设甘蔗园和糖厂，结果以亏损告终。至 1890 年，义兴公司的债务高达 3 万元。② 如此庞大的债务引发了义兴公司领导人之间的法律诉讼，Chin Ah Yok 入禀法庭，控告朱公活和黄进聪擅自挪用公司资金 2 万 1523 元。③

　　此外，在 1889 年《社团法令》（*Societies Ordinance* 1889）落实之后，英殖民地当局向这些领导人施压，要求他们解散会党。1890 年 5 月 12 日，义兴公司 46 名理事授权由 11 名领导人组成的委员会，将义兴公司名下的土地公开拍卖，以付清所有债务，并支付遣散费给领导人和众成员。④ 1890 年 8 月 21 日，总督会同行政局（Governor in Council）根据 1889 年《社团法令》第 11 条发出命令，

---

① *Pinang Gazette and Straits Chronicle*, 2 August 1891, p. 6.
② *Pinang Gazette and Straits Chronicle*, 3 February 1891, p. 5.
③ *Pinang Gazette and Straits Chronicle*, 15 January 1891, p. 6.
④ *Pinang Gazette and Straits Chronicle*, 3 February 1891, p. 5.

宣布义兴公司将于 1890 年 11 月 24 日解散。[①] 虽然五大姓控制的建德堂也几乎在同一时期解散，但五大姓的商业精英及时组成华人绅商会（Chinese Traders Society），即福德正神庙（Hock Teik Cheng Sin），以此接管建德堂的生意和物业。[②] 义兴公司的解散不仅标志着曾经强大的一股经济力量的瓦解，而且意味着另一股经济力量——五大姓——最终取得了至高无上的地位。

19世纪槟城华商五大姓的崛起与没落

---

① *Pinang Gazette and Straits Chronicle*, 3 February 1891, p. 5.
② Tan Lye Ho, ed., *Bestowing Luck & Prosperity on All*: *Hock Teik Cheng Sin Temple* (Penang: Hock Teik Cheng Sin Temple, 2007), p. 39.

# 结　语

对于以槟城为中心的区域而言，19世纪60～80年代可说是商业扩张与竞争激烈的年代，其中最激烈的要数鸦片饷码的竞争。发生在区域内的一系列事件显示，五大姓是在有好几股势力相互竞争的经济圈中从事鸦片饷码生意的。在这几股势力当中，义兴公司最为强悍。五大姓和义兴公司都能够凭着所控制的数量庞大的苦力，同时与不同方言和族裔群体的商业或政治精英结盟，动员武装力量和金融资源，为取得经济支配权而相互较劲。借助策略性联盟和精明的操纵，掌控建德堂的五大姓领导人成功在所有的竞争中占上风。面对人数庞大的义兴公司的竞争，五大姓让建德堂与海山公司、和胜公司和红旗会缔结联盟。面对当地的权贵势力，如暹罗地方首长，五大姓曾诉诸武力，然后又以英籍公民的身份，向英殖民地当局要求给予保护。但是，当他们与英殖民地当局发生利益冲突时，五大姓也会毫不犹豫地煽动苦力骚乱，向英殖民地当局发出挑战。建德堂作为会党是一个有效的工具，五大姓既利用它在商业与政治精英当中建立跨方言和跨族群的联盟，也利用它来动员非精英的苦力阶层，以取得鸦片饷码的控制权。

五大姓所致力争取并谨慎保护的经济垄断，并非只限于鸦片饷码。锡矿业是他们另一个重要的赚钱领域。他们同样积极在此领域建立垄断地位，并且同样面对了来自义兴公司和势力强大的新加坡福建帮商人的竞争。下一章所讲述的，就是五大姓争夺利润丰厚的锡矿业控制权的故事。

第 五 章

# "白金"争夺战

拉律与五大姓的锡矿利益

拉律"战争"的爆发：争夺锡矿场

陈金钟的参与

五大姓重振在拉律的利益

"白金"争夺战的另一前线：普吉岛与五大姓

来自缅甸南部的"白金"：五大姓与义兴公司

结　语

东南亚地区最晚在 11 世纪就已经开始开采和买卖锡矿。虽然早期的锡矿开采与贸易规模有限，但锡矿无疑从那时候开始就已经是一种可流通且值钱的商品。[①] 缅甸半岛、泰国和马来半岛的山脉具有相同的由花岗岩体构成的地质结构，蕴藏着丰富的锡矿资源。[②] 这个锡矿带以马来半岛为中心绵延数百英里，北至泰国南部和下缅甸地区，南到印度尼西亚的新开岛（Sinkep）、邦加岛（Bangka）和勿里洞岛（Billiton），是世界上最丰富及范围最广的锡矿带。然而，一直到西方工业革命刺激了对锡的需求，进而激发了华人商家和矿家对锡矿的热情，这个锡矿带才开始转变为锡矿生产的动力之源。如第二章所提到的，19 世纪两大锡产地普吉岛和霹雳的采锡活动，都被控制在五大姓手中。但这并不表示五大姓在这方面不受任何挑战。事实上，对"白金"（锡）的竞争，绝不亚于"黑金"（鸦片）。采锡是十分有利可图的活动，而且与鸦片饷码有着不可分割的关系，因此毫不意外的是，义兴公司也是五大姓在锡矿业领域最强大的竞争对手之一。除了义兴公司，新加坡的福建商业精英也试图打入这个由五大姓控制的领域，从而在霹雳拉律矿区占有一席之地。本章将探讨来自各方的竞争以及五大姓对这些竞争的回应。

---

① 在 14 世纪，马来半岛许多地方都有发现和开采锡矿，其中包括丹马令（Tambralinga，又称六坤 Ligor）、吉兰丹、彭亨和登嘉楼。参见苏继顗《岛夷志略校释》，北京：中华书局，1981，第 79、96、99、102 页。

② P. P. Courtenay, *A Geography of Trade and Development in Malaya* (London: G. Bell & Sons Ltd, 1972), pp. 47 – 52; Ooi Jin Bee, *Land, People and Economy in Malaya* (London: Longmans, 1963), pp. 295 – 297.

# 拉律与五大姓的锡矿利益

拉律在 19 世纪 40 年代被发现有锡矿之后,迅速吸引了大量来自槟城的苦力和资本家。① 当时英国的镀锡工业日益扩张,对海峡殖民地锡矿的需求也随之增加。最先前往拉律采矿的是来自广东省增城县的客家人,他们占会党海山公司成员的大多数。到了 19 世纪 60 年代,增城客家人成为拉律最庞大的采矿群体,人数超过义兴公司。义兴公司的成员则以广东惠州的客家人最多,另外还有广东新宁人,两者的比例大约是 2∶1。② 这两帮人占拉律总人口的近 4/5。锡矿场及其经营者的融资者,是来自槟城的商业精英兼会党领袖。例如,在 1865 年,商人兼义兴公司"二哥"胡维期便曾出资 5000 元,资助拉律新吉辇区(Klian Bahru)的矿场主。③

建德堂"大哥"邱天德及其盟友 Koh Seang Thye(很可能就是辜上达)对锡矿的投资规模远大于他们的对手义兴公司。在 1873 年和 1874 年,他们提供了总金额为 6 万元的资金和物资给

---

① J. M. Gullick, "Captain Speedy of Larut," *The Malayan Branch of the Royal Asiatic Society* 26 (1953), p. 19。另参见 W. E. Everitt, "A History of Mining in Perak," Johore Bahru, 1952, p. 12。

② Khoo Kay Kim, *The Western Malay States 1850 – 1873: The Effects of Commercial Development on Malay Politics* (Kuala Lumpur: Oxford University Press, 1972), pp. 69 – 70.

③ Khoo Kay Kim, *The Western Malay States 1850 – 1873: The Effects of Commercial Development on Malay Politics* (Kuala Lumpur: Oxford University Press, 1972), p. 70.

郑景贵。① 郑景贵是海山公司的领导人，手下有 1 万名苦力，拉律的锡矿场多半由他控制。在建德堂的财力和海山公司的人力两相结合之下，建德堂的领导人可取得值钱的锡产供他们从事贸易，而海山公司则可凭着建德堂提供的资金和物资来招募更多苦力，从而扩大其采锡事业。

此外，海山公司和建德堂有当地马来酋长雅·依布拉欣（Che Ngah Ibrahim）给予的强力支持。从 1862 年开始，雅·依布拉欣就已跟随其父亲隆·惹化（Che Long Ja'afar）的脚步，与海山公司结盟，后者当时已崛起成为拉律最强大的会党，控制着最多的苦力。② 雅·依布拉欣在拉律控制着绝对的行政权力，包括征收税项、收取租金、包出饷码、按个人意愿割让土地等。③ 建德堂领导人借助他们与雅·依布拉欣的关系，取得了征收拉律锡税的权利。以胡泰兴（Foo Tye Sin）为例，单单在 1874 年，他在拉律收到作为锡税的锡锭多达 850 块。④ 作为回报，邱天德、胡泰兴、王文德（Ong Boon Teik）和辜上达慷慨地向雅·依布拉欣提供贷款。在一次贷款中，胡泰兴和王文庆借给他 4000 元。⑤

①  *Cases Heard and Determined in Her Majesty's Supreme Court of the Straits Settlements* (Somerset: Legal Library Publishing Services, vol. 4, 1808 – 1890), pp. 136 – 140.

②  "Report on the Proceedings of Government Relating to the Native States in the Malayan Peninsula," in *Proceedings of the Straits Settlements Legislative Council 1874*, p. 3. 另参见 Khoo Kay Kim, *The Western Malay States 1850 – 1873*: *The Effects of Commercial Development on Malay Politics* (Kuala Lumpur: Oxford University Press, 1972), pp. 130 – 131; R. O. Winstedt and R. J. Wilkinson, *A History of Perak* (Kuala Lumpur: The Malaysian Branch of the Royal Asiatic Society, 1974), pp. 81 – 82。

③  R. O. Winstedt, and R. J. Wilkinson, *A History of Perak* (Kuala Lumpur: The Malaysian Branch of the Royal Asiatic Society, 1974), p. 81; Emily Sadka, *The Protected Malay States 1874 – 1895* (Kuala Lumpur: University of Malaya Press, 1968), pp. 26 – 27.

④  P. L. Burns, *The Journals of J. W. W. Birch*: *First British Resident to Perak 1874 – 1875* (Kuala Lumpur: Oxford University Press, 1976), p. 22.

⑤  Khoo Kay Kim, *The Western Malay States 1850 – 1873*: *The Effects of Commercial Development on Malay Politics* (Kuala Lumpur: Oxford University Press, 1972), p. 209.

# 拉律"战争"的爆发：争夺锡矿场

　　海山公司先后赢得隆·惹化和雅·依布拉欣父子的欢心，义兴公司自然会感到不安和嫉妒。这两个会党之间的紧张关系最终导致拉律爆发三次大规模的冲突。参与这三次冲突的几乎都是来自新宁的广东人和来自惠州及增城的客家人。在分别发生于 1861 年和 1865 年的第一次和第二次拉律"战争"中，敌对双方分别是苏亚昌领导的义兴公司阵营，和增城客家人组成、郑景贵领导的海山公司阵营，后者又获得了拉律酋长和槟城建德堂的支持。义兴公司阵营在这两次冲突中都落败。他们不仅失去了锡矿场，而且连领导人苏亚昌也被俘虏并遭到杀害。① 在此之后，义兴公司领导层发生了变化。苏亚昌死后，惠州客家人逐渐从拉律外迁，迁徙到下霹雳（近打）、雪兰莪或森美兰。② 来自义兴公司盟党和合社（Ho Hup Seah）的广东新宁人的势力越来越大，很快就填补了惠州客家人留下的真空。

　　1872～1873 年，在义兴－和合社联盟中占大多数的广东新宁人与增城客家人发生另一次冲突，福建人、潮州人和英国人也被

---

① "Report of the Commissioners under Clause XIII of the Perak Engagement Dated 20 January 1874," in *Straits Settlements Legislative Council Proceedings 1874*, p. 18. 另参见 Wong Choon San, *A Gallery of Chinese Kapitans* (Singapore: Ministry of Culture, Singapore, 1963), pp. 70－72。

② 李永球：《移国：太平华裔历史人物集》，槟城：南洋民间文化，2003，第 192 页。

牵涉其中。1872年2月，何义寿（Ho Ghi Siew）领导下的义兴公司阵营从槟城调遣众多打手和武器，对海山公司阵营发动了长达一个月的猛烈攻击，并于1872年3月将海山公司驱逐出他们的大本营吉辇包（Klian Pauh）。[①] 义兴公司成功夺回先前失去的所有矿场，同时也夺取了海山公司的所有矿场。海山公司颓势如此严重，以致为他们提供资金和物资并且在生意上与他们有密切利益关系的槟城建德堂领导人必须直接介入，以协助他们扭转颓势。建德堂领导人积极调动军火、打手和一队战船，对义兴公司展开反击。例如，在1872年10月，Khoo Hong Chooi利用他的帆船，将100名打手、200支毛瑟枪、8尊含弹药的小炮和400支矛运到拉律。在短短四天之内，建德堂领导人总共秘密给海山公司阵营输入了2000支毛瑟枪、超过1万磅火药和1000名打手。[②]

　　建德堂也积极乞援于槟城的英殖民地政府来对抗义兴公司。1872年12月，邱天德向英殖民地当局投诉，称其货轮"美丽马六甲号"（Fair Malacca）在运载贸易品前往拉律途中，遭到封锁拉律海岸的义兴公司的帆船开火攻击。邱天德强调该艘货轮是在海峡殖民地注册的英国籍蒸汽轮船，并且船长是英国人，以此促请英国人将义兴公司的攻击行动视为对英国权力的挑战。结果，海峡殖民地总督哈利·沃德爵士（Sir Harry Ord）将这起事件列为海盗案，派遣资深海军官员丹尼森上校（Captain Denison）前去没收涉案的那

19世纪槟城华商五大姓的崛起与没落

---

① Wong Choon San, *A Gallery of Chinese Kapitans*（Singapore：Ministry of Culture，1963），pp. 72 – 73；R. O. Winstedt, and R. J. Wilkinson, *A History of Perak*（Kuala Lumpur：The Malaysian Branch of the Royal Asiatic Society，1974），p. 83；Khoo Kay Kim, *The Western Malay States 1850 – 1873：The Effects of Commercial Development on Malay Politics*（Kuala Lumpur：Oxford University Press，1972），pp. 166 – 167.

② *Parliamentary Paper on the Malay Peninsula*, vol. 1, 1872 – 1879, p. 11；Wilfred Blythe, *The Impact of Chinese Secret Societies in Malaya：A Historical Study*（London：Oxford University Press，1969），p. 178. 另参见 C. Northcote Parkinson, *British Intervention in Malaya 1867 – 1877*（Singapore：University of Malaya Press：1960），pp. 75 – 76。

两艘义兴公司的帆船。① 最重要的是，这起事件其实是邱天德设下的阴谋，旨在借助英国海军的力量来打破义兴公司对拉律沿海地区的封锁。

到了 1873 年 7 月，建德堂领导人和雅·依布拉欣决定采取另一个动作，以获得英国人的全面支持来对抗义兴公司。雅·依布拉欣开出月薪 5000 元和拉律地区 1/3 税收的条件，成功说服时任槟城警司（Superintendent of Police）的斯比迪大队长（Captain Speedy）辞去月薪仅 200 元的职务，转而为他工作。② 1873 年 9 月，哈利·沃德爵士因为义兴公司拒绝停火，怒而决定将英殖民地政府的支持力量全面靠向建德堂 – 海山公司 – 雅·依布拉欣联盟，义兴公司因此蒙受了决定性的挫败。③ 沃德承认雅·依布拉欣作为地方自治首长的地位，准许他和海山公司获取军火，并授权斯比迪从印度招募士兵前往增援。④ 有了英国人的支持，建德堂阵营以为将义兴公司逐出拉律指日可待，拉律锡矿场的垄断权也即将落入他们手中。然而，1873 年 11 月出现的新形势，让建德堂阵营的野心遭到了挫折。

---

① "Precis of Perak Affairs," in *Proceedings of the Straits Settlements Legislative Council 1874*, pp. 8 – 9. 另参见 C. D. Cowan, *Nineteenth-Century Malaya：The Origins of British Political Control*（London：Oxford University Press, 1981），pp. 117 – 118。

② CO 273/85, Letter from William J. Jervois to Earl Carnavon, 18 October 1876. 另参见 "Precis of Perak Affairs," in *Straits Settlements Legislative Council Proceedings 1874*, p. 10。

③ J. M. Gullick, "Captain Speedy of Larut," *The Malayan Branch of the Royal Asiatic Society* 26（1953）：34；C. D. Cowan, *Nineteenth-Century Malaya：The Origins of British Political Control*（London：Oxford University Press, 1981），pp. 119 – 120.

④ CO 273/85, Letter from William Francis Drummond Jervois to Earl Carnarvon, 18 October 1876. 另参见 "Precis of Perak Affairs," in *Straits Settlements Legislative Council Proceedings 1874*, pp. 9 – 10。

# 陈金钟的参与

义兴公司的希望如今落在另一名马来酋长拉惹阿都拉（Raja Abdullah）身上。拉惹阿都拉从 1872 年开始即已靠拢义兴公司，希望义兴公司支持他把雅·依布拉欣赶出拉律，并支持他成为霹雳苏丹。眼见义兴公司阵营形势大为不妙，拉惹阿都拉乞援于新加坡福建巨商兼义兴公司领导人陈金钟（Tan Kim Ching），承诺以每年 2 万 6000 元的租金将霹雳河饷码发包给他，为期 10 年。[①] 随着海峡殖民地新总督安德鲁·克拉克到任，陈金钟及其生意伙伴李特（W. H. Read，一名立法议员）成功说服英殖民地当局承认拉惹阿都拉为合法的霹雳苏丹。[②] 1874 年，英殖民地当局诱使义兴公司和海山公司领导人及马来酋长联合签订《邦咯条约》（Treaty of Pangkor），似乎成功平息了各方的冲突——拉惹阿都拉被推举为苏丹；

---

[①] "Enquiry as to Complicity of Chiefs in the Perak Outrages," in *Straits Settlements Legislative Council Proceedings 1877*, p. 5; Emily Sadka, *The Protected Malay States 1874 – 1895* (Kuala Lumpur: University of Malaya Press, 1968), p. 83; Northcote C. Parkinson, *British Intervention in Malaya 1867 – 1877* (Singapore: University of Malaya Press, 1960), p. 210; C. D. Cowan, *Nineteenth-Century Malaya: The Origins of British Political Control* (London: Oxford University Press, 1981), p. 219. 苏丹阿都拉向陈金钟收取了为数 1 万 3000 元的预付款。

[②] "Enquiry as to Complicity of Chiefs in the Perak Outrages," in *Straits Settlements Legislative Council Proceedings 1877*, p. 3. 另参见 P. L. Burns, *The Journals of J. W. W. Birch: First British Resident to Perak 1874 – 1875* (Kuala Lumpur: Oxford University Press, 1976), pp. 17 – 18。

其他马来酋长获得利益并保留原来的地位（苏丹伊斯迈被废黜，但被授予头衔和享有津贴）；海山公司获得吉辇包的矿场；义兴公司获得新吉辇的矿场——并且恢复了拉律的和平。①

　　事实上，拉律"战争"解决方案最大的赢家是英殖民地当局和陈金钟。英殖民地政府得以将一名参政司置入马来宫廷以协助苏丹处理政事。如此一来，英国人得以直接干预马来宫廷政治，特别是在征收进出口税和租金的事务上。当第一任霹雳参政司毕治（见插页图5）于1874年履新上任时，马来酋长必须将征收租税的权力移交给参政司。② 为了方便征收租税，毕治打算推行全霹雳单一鸦片饷码制，将地方饷码承包制度集中化。③ 在这"一揽子"的霹雳鸦片饷码制度下，生鸦片进口和熟鸦片制造与零售的承包权集中发包给单一机构，而在原来的制度下，矿场主或会党领袖可分别进口生鸦片、支付鸦片税给收税者和制造及零售熟鸦片给矿场苦力，从而获取可观的利润。④ 身为安德鲁·克拉克爵士在拉律事件上的亲密顾问，陈金钟无疑从霹雳参政司所推行的集中化饷码制度中获益匪浅。他的妹夫兼生意代理人李清池（Lee Cheng Tee）获得毕治发给

---

① R. O. Winstedt, and R. J. Wilkinson, *A History of Perak* (Kuala Lumpur: The Malaysian Branch of the Royal Asiatic Society, 1974), p. 99; H. S. Barlow, *Swettenham* (Kuala Lumpur: Southdene Sdn. Bhd., 1995), pp. 45 – 49; Mervyn Llwellyn Wynne, *Triad and Tabut: A Survey of the Origins and Diffusion of Chinese and Mohammedan Secret Societies in the Malay Peninsular 1800 – 1935* (Singapore: Government Printing Office, 1941), pp. 282 – 298; Northcote C. Parkinson, *British Intervention in Malaya 1867 – 1877* (Singapore: University of Malaya Press, 1960), pp. 323 – 324.

② Wilfred L. Blythe, *The Impact of Chinese Secret Societies in Malaya: A Historical Study* (London: Oxford University Press, 1969), p. 190; Emily Sadka, *The Protected Malay States 1874 – 1895* (Kuala Lumpur: University of Malaya Press, 1968), pp. 8 – 84.

③ P. L. Burns, *The Journals of J. W. W. Birch: First British Resident to Perak 1874 – 1875* (Kuala Lumpur: Oxford University Press, 1976), p. 191; Wilfred L. Blythe, *The Impact of Chinese Secret Societies in Malaya: A Historical Study* (London: Oxford University Press, 1969), p. 191.

④ J. M. Gullick, "Captain Speedy of Larut," *The Malayan Branch of the Royal Asiatic Society* 26 (1953): 48.

**插页图 5　霹雳第一任参政司毕治（J. W. W. Birch）**

资料来源：马来西亚国家档案馆。

的为期 5 年的霹雳河口关税承包权，年租金为 8 万 4000 元。[①] 1875
年初，李清池以年租金 9 万 6000 元再次取得为期 3 年的鸦片饷码承
包权。[②]

取得极有价值的关税和鸦片饷码的承包权无疑是重要的，但
更重要的是，这两项饷码是陈金钟借以从拉律丰富的锡矿蕴藏中
获利的手段。陈金钟掌控了霹雳河的关税饷码，就能够从那些有
意从霹雳出口锡矿的矿场主或矿商手中，收取以锡锭形式支付的
出口税。而控制了霹雳的"一揽子"鸦片饷码，他就能以高价供
应鸦片给矿场主，以换取价格被压低的锡锭。换言之，陈金钟无
须拥有或提供资金给任何矿场，就能获得拉律的锡矿供应。陈金
钟企图控制拉律的锡矿，其动力显然来自新加坡锡矿出口需求的
增长，而这一增长趋势乃是英国镀锡工业为了满足美国罐头工业
而前所未有地扩大生产所致。19 世纪 70 年代，在南威尔士镀锡
工业的产出中，有 75% 供应给美国。[③] 快速增长的需求确确实实地
推高了伦敦金属市场的锡价，锡价至 1872 年达到 1823 年以来的最
高点，每 112 磅（One Hundredweight）[④] 卖 7 英镑。为了使利润最
大化，陈金钟决定直接从霹雳取得锡矿，而不再从槟城购入（槟城
自 19 世纪 60 年代以来是新加坡锡矿的主要来源地）。如此一来，
他就可以绕过中间商，也就是垄断槟城锡矿贸易的五大姓商人。此
外，在 19 世纪 60～70 年代，陈金钟也深入参与了暹罗南部沿海的
春蓬府和另外三个马来邦属——雪兰莪、森美兰、彭亨——的饷码

---

① *Straits Times Overland Journal*, 5 April 1877, p. 3.

② Wilfred L. Blythe, *The Impact of Chinese Secret Societies in Malaya: A Historical Study* (London: Oxford University Press, 1969), p. 191.

③ C. D. Cowan, *Nineteenth-Century Malaya: The Origins of British Political Control* (London: Oxford University Press, 1981), p. 140.

④ C. D. Cowan, *Nineteenth-Century Malaya: The Origins of British Political Control* (London: Oxford University Press, 1981), p. 141. Hundredweight 是一种重量单位，One Hundredweight 等于 112 磅或 50.802 公斤。

承包和锡矿业。<sup>①</sup> 雄心勃勃的他似乎有意从暹罗南部一路南下到整个马来半岛西海岸，建立起他个人的饷码承包和锡矿帝国。

新加坡福建商业精英成功控制霹雳饷码承包权并非偶然，而是陈金钟与霹雳参政司毕治之间的微妙关系所造就的。毕治出任霹雳参政司之前曾从 1870 年 5 月开始在新加坡担任海峡殖民地辅政司（Colonial Secretary），可能在那时候就已经与陈金钟和李清池为友。<sup>②</sup> 当时身为辅政司的毕治与海峡殖民地总督哈利·沃德爵士有着密切的工作关系，在新加坡鸦片和酒饷码事务的管理上涉入极深。1873 年，毕治在没有竞争者的情况下，将发包给成宝集团（Seng Poh Syndicate）的饷码合约延长 3 年。<sup>③</sup> 成宝集团是一个大鸦片饷码集团，从 1870 年 11 月开始控制了新加坡、柔佛、廖内和马六甲的鸦片和酒饷码，其成员包括陈成宝（Tan Seng Poh）、章芳琳（Cheang Hong Lim）和陈旭年（Tan Hiok Nee）<sup>④</sup>，很可能也包括陈金钟和李清池。作为回报，这些饷码承包商给毕治提供贷款。当毕

---

① Phuwadol Songprasert, The Development of Chinese Capital in Southern Siam, 1868 – 1932 (Ph. D. diss, Monash University, 1986), p. 88. 另参见 Khoo Kay Kim, The Western Malay States 1850 –1873: The Effects of Commercial Development on Malay Politics (Kuala Lumpur: Oxford University Press, 1972), pp. 221 – 225 及 The Singapore & Straits Directory 1888, p. 247。1888 年，陈金钟与赛·莫哈默（Syed Mahomed Bin A. Alsagoff）、赛·朱聂（Syed Junied Bin O. Al Junied）、格拉斯（C. C. N. Glass）、亚伦（C. M. Allan）和李庆庸（Lee Keng Yong）合资成立马来岛勘探公司（Malay Peninsula Prospecting Co.），在彭亨开采锡矿。此外，陈金钟也涉足苦力和武器贸易。1855 年，他为英殖民地政府在缅甸勃生（Bassein）的建设工程供应了 1000 名苦力。1858 年 3 月 24 日，他出口了 220 支毛瑟枪至望加锡（Makassar）。参见 The Singapore & Straits Directory 1888, p. 247; Pinang Gazette and Straits Chronicle, 14 July 1855, p. 1; "Home Department-Public Letters No. 37 of 1859," in Straits Settlements Miscellaneous Papers and Original Correspondence。

② P. L. Burns, The Journals of J. W. W. Birch: First British Resident to Perak 1874 – 1875 (Kuala Lumpur: Oxford University Press, 1976), p. 7.

③ Khoo Kay Kim, "J. W. W. Birch: A Victorian Moralist in Perak's Augean Stable," Journal of the Historical Society 4 (1955/56): 43; P. L. Burns, The Journals of J. W. W. Birch: First British Resident to Perak 1874 – 1875 (Kuala Lumpur: Oxford University Press, 1976), pp. 8 – 9.

④ Carl A. Trocki, Opium and Empire: Chinese Society in Colonial Singapore, 1800 –1910 (Ith-aca: Cornell University Press, 1990), p. 119.

治被委任为霹雳参政司时，其拖欠这些饷码承包商的债务已高达9500～1万500元。[①] 很显然，毕治将霹雳河的征税权和鸦片饷码发包给李清池，从一开始就不纯粹出于商业考量，而可能是毕治为了解除其财务危机而做出的安排。但更重要的是，在解决拉律纷争的名义之下，1874年的《邦咯条约》不仅将英国人的政治势力，而且将新加坡的金融势力引进了霹雳，从而打破了霹雳锡矿场和饷码向来由槟城金融家包揽的局面。

英国参政司和新加坡商业精英对饷码承包权的侵占遭到了马来酋长和槟城商业精英的强烈反对与愤恨。为回应李清池集团对饷码的垄断，五大姓的大商人及其生意伙伴决定撤资，并强迫3000～5000名苦力离开拉律，迁移到巴生及其他地区。[②] 这场苦力大迁徙不仅造成拉律流失了大量的消费群，而且导致拉律的锡矿产量下滑。[③] 这两个问题造成英国人在霹雳的税收大跌，毕治在别无选择之下只好恢复过去的鸦片饷码制度，尽管李清池集团仍旧获得了征收锡矿出口税和鸦片进口税的权力。在毕治的庇护之下，李清池集团成功地在拉律的饷码承包事中将五大姓边缘化，并打入了拉律的采锡业。

面对华商之间如此激烈的竞争，其中又夹杂着马来势力之间的斗争，英殖民地当局的处理方法有失妥当，终于导致毕治在1875年11月遭到刺杀。他的死缩短了李清池集团在霹雳的活动时间。为了保护自身的利益，同时将英国人逐出霹雳，马来酋长和苏丹于

---

① H. S. Barlow, *Swettenham* (Kuala Lumpur: Southdene Sdn. Bhd., 1995), p. 97; Khoo Kay Kim, "J. W. W. Birch: A Victorian Moralist in Perak's Augean Stable," *Journal of the Historical Society* 4 (1955/56): 40.

② "Memorandum on the Financial Condition of the Native States of Perak, Selangor, and Sungai Ujong," in *Straits Settlements Legislative Council Proceedings*, 9 March 1878, p. xiv. 另参见 J. M. Gullick, "Captain Speedy of Larut," *The Malayan Branch of the Royal Asiatic Society* 26 (1953): 49.

③ J. M. Gullick, "Captain Speedy of Larut," *The Malayan Branch of the Royal Asiatic Society* 26 (1953): 49.

1875 年 7 月密谋刺杀参政司。① 在毕治于 1875 年 11 月被杀害之后，恼怒的英殖民地当局发动了一系列的军事行动来攻打涉案的马来酋长。② 这场灾难性的霹雳战争从 1875 年 11 月持续到 1876 年 3 月，而讽刺的是，这场战争的导火线，竟是原本旨在解决冲突和带来和平的 1874 年《邦咯条约》。最后，参与谋杀毕治的马来酋长被英国人逮捕，并受到了惩罚。③

① R. O. Winstedt, and R. J. Wilkinson, *A History of Perak* ( Kuala Lumpur: The Malaysian Branch of the Royal Asiatic Society, 1974 ), p. 110; Mahani Musa, *Kongsi Gelap Melayu di Negeri-negeri Pantai Barat Semenanjung Tanah Melayu, 1821 hingga 1940* [ *Malay Secret Societies in the Northern Malay States, 1821 – 1940's* ] ( Kuala Lumpur: Malaysian Branch of the Royal Asiatic Society, 2003 ), p. 126.

② Mervyn Llwellyn Wynne, *Triad and Tabut: A Survey of the Origins and Diffusion of Chinese and Mohammedan Secret Societies in the Malay Peninsular 1800 – 1935* ( Singapore: Government Printing Office, 1941 ), p. 329; R. O. Winstedt, and R. J. Wilkinson, *A History of Perak* ( Kuala Lumpur: The Malaysian Branch of the Royal Asiatic Society, 1974 ), pp. 115 – 116; H. S. Barlow, *Swettenham* ( Kuala Lumpur: Southdene Sdn. Bhd. , 1995 ), pp. 157 – 167; Northcote C. Parkinson, *British Intervention in Malaya 1867 – 1877* ( Singapore: University of Malaya Press, 1960 ), pp. 240 – 293.

③ Mervyn Llwellyn Wynne, *Triad and Tabut: A Survey of the Origins and Diffusion of Chinese and Mohammedan Secret Societies in the Malay Peninsular 1800 – 1935* ( Singapore: Government Printing Office, 1941 ), pp. 329 – 332; J. M. Gullick, "Captain Speedy of Larut," *The Malayan Branch of the Royal Asiatic Society* 26 ( 1953 ): 61; R. O. Winstedt, and R. J. Wilkinson, *A History of Perak* ( Kuala Lumpur: The Malaysian Branch of the Royal Asiatic Society, 1974 ), pp. 90 – 100.

19世纪槟城华商五大姓的崛起与没落

# 五大姓重振在拉律的利益

　　毕治之死尽管未能遏制英国人在霹雳的经济与政治影响力，却终止了陈金钟的经济野心。随着李清池集团的终结，建德堂－海山公司阵营和义兴公司－和合社阵营从 1876 年的下半年开始重新积极投入拉律的采锡活动。

　　也许因为出现这样的新形势，建德堂决定与义兴公司和解。建德堂的最高领导人邱天德于 1876 年与义兴公司的领导人之一陆佑（Loke Yew，见插页图 6）在拉律的新吉辇（甘文丁）合伙经营锡矿场，足以证明双方在这期间是处于合作而不是竞争之中的。[①] 1885 年前后，当义兴公司在新吉辇控制的锡矿场开始耗尽资源时，许多义兴公司成员和苦力也离开拉律，前往比较内陆的近打河流域寻找新矿场。[②] 面对建德堂－海山公司联盟的强大势力，义兴公司最后撤出拉律，往近打迁移而去。

---

① Lee Kam Heng & Chow Mun Seong, *Biographical Dictionary of the Chinese in Malaysia* (Kuala Lumpur: Pelanduk Publications, 1997), p. 123. 另参见李永球《移国：太平华裔历史人物集》，槟城：南洋民间文化，2003，第 27 页。陆佑于 1870 年前后前往拉律开设贸易公司。1875 年，他获得了一份为英国军队供应物资的合约，并与休·罗爵士成为好友。约于 1886 年，他回到雪兰莪从事采锡生意，最终成为大矿产家。

② Wong Choon San, *A Gallery of Chinese Kapitans* (Singapore: Ministry of Culture, 1963), pp. 76 – 77. 另参见李永球《移国：太平华裔历史人物集》，槟城：南洋民间文化，2003，第 236 页。

**插页图 6　陆佑（Loke Yew）**

资料来源：马来西亚国家档案馆。

# "白金"争夺战的另一前线：普吉岛与五大姓

1876 年 3 月，在霹雳战争临近尾声之际，位于暹罗南部西南海岸外的普吉岛或养西岭（Junk Ceylon）发生了一起严重的苦力暴动事件。这起事件仍旧与槟城华商及其"白金"业的利益相关。在此次事件中，属于建德堂与和胜公司的一群为数约 300 人的苦力游行到政府办公楼，要求当局释放因攻击泰国船员而遭到逮捕的两名弟兄。尽管这两人获得当局释放，但人数已增至 2000 人的群众拒绝解散，并开始在镇上闹事。[①] 暴徒放火烧毁了大部分的政府办公楼和官员的住宅。普吉总督威集颂堪无法平息骚乱，甚至必须避走他方。暴乱所针对的目标显然就是总督，因为他在 1876 年 2 月宣布中止对华人矿场的信贷。总督做出这项决定，旨在将政府收入挪用来偿还拖欠中央政府已久的债务。另外，也有传言说总督打算提供贷款给与义兴公司有关系的矿场主。无论实情如何，总督突然取消贷款的做法激怒了矿场主，特别是那些与总督结盟者，因为总督原先已答应提供贷款让他们经营及扩大采矿事业。此外，华人人头税被提高六倍，更是让矿场主深感不满和气馁。[②] 提高华人人头税是

① Jennifer Cushman, "Revenue Farms and Secret Society Uprisings in Nineteenth Century Siam and the Malay States," *Review of Indonesian and Malaysian Affairs* 23 (1989): 6.

② Phuwadol Songprasert, The Development of Chinese Capital in Southern Siam, 1868 – 1932 (Ph. D. diss., Monash University, 1986), pp. 168 – 169.

总督另一种筹钱还债的方法。抓住两名会党成员被逮捕的机会，同时是建德堂与和胜公司领导人的矿场主们趁机发动暴乱，几乎令普吉岛陷入瘫痪达一个月。通过这样的手段，矿场主兼会党领导人成功迫使政府与他们谈判。为了平息骚乱，普吉特别专员春·汶那（Chun Bunnag，又名 Chaomun Samoechairat）与建德堂及和胜公司的领导人展开了谈判。[①]

在讨论 1876 年 3 月 20 日举行的谈判之前，我们应当指出，建德堂是普吉岛势力最强大的会党，其领导人主要来自陈氏、王氏和杨氏家族（见表 5-1）。

表 5-1　普吉岛建德堂领导人

| 领导人姓名 | 职　位 | 从事行业 |
|---|---|---|
| 陈威仪（Tan Neo Yee/Tan Wee Ghee） | 大哥 | 采锡（莲美号 Chop Lian Bee） |
| 王文玖（Ong Boon Kiw） | 军师 | 采锡 |
| 王本添（Ong Boon Thian） | 红棍 | 采锡 |
| 王文营（Ong Boon Eng） | 乌棍 | 采锡 |
| 杨文水（Yeoh Boon Swee） | 刑堂 | 采锡 |

资料来源：王重阳《泰国普吉省华人拓荒史》，《南洋文摘》1965 年第 6 卷第 5 期，第 37 页。

以陈威仪（见插页图 7）为例，他是一名矿场主，经营着至少三座锡矿场，并控制有大约 1000 名苦力。[②] 身为普吉岛建德堂的领导人，陈威仪与槟城建德堂和陈公司的领导人有密切的关系。1878年，他捐助了 600 元用于陈公司建筑的重修工程。[③] 建德堂盟党和胜公司的领导人是来自陈氏家族的陈锦灶（Tan Kim Jao 或 Tan Jao）。

① Jennifer Cushman, "Revenue Farms and Secret Society Uprisings in Nineteenth Century Siam and the Malay States," *Review of Indonesian and Malaysian Affairs* 23 (1989): 6.

② Phuwadol Songprasert, The Development of Chinese Capital in Southern Siam, 1868 - 1932 (Ph. D. diss., Monash University, 1986), pp. 168 - 169.

③ Franke Wolfgang and Chen Tie Fan, *Chinese Epigraphic Materials in Malaysia*, vol. 2 (Kuala Lumpur: University of Malaya Press, 1985): 884.

19世纪槟城华商五大姓的崛起与没落

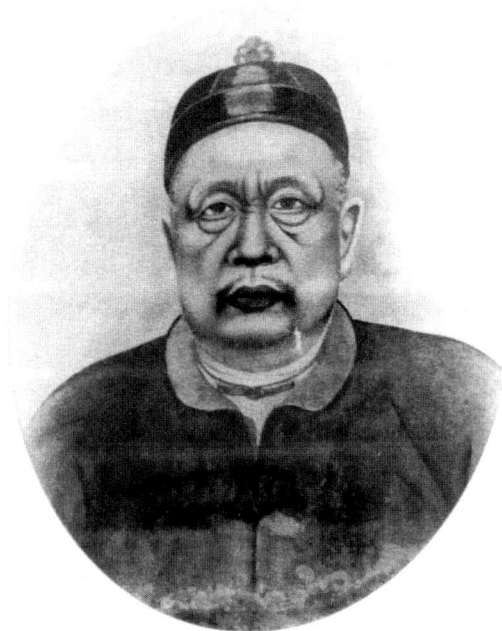

**插页图7 陈威仪（Tan Wee Ghee）**

资料来源：陈耀威提供。

陈锦灶初抵普吉岛时在从事锡矿开采与贸易的合兴号（Chop Hap Hin）工作，老板是普吉岛第一任华人甲必丹兼建德堂领导人陈清淡。[①] 在陈清淡的支持下，陈锦灶于19世纪60年代设立了自己的采矿公司振盛号（Chop Jin Seng）。[②] 他也在1878年捐助了600元用于陈公司建筑的重修工程。[③]

陈氏家族成员是1876年普吉岛谈判桌上的主要赢家。为了拯救普吉岛的锡矿生产，春·汶那答应扶持新矿场、改善苦力的生活条件和赦免暴乱者。[④] 同时，会党领袖获得了普吉岛采矿及饷码承包的垄断权。陈锦灶及其儿子陈碧吉（Tan Pheck Kiad），以及他的另两名亲戚Tan Lian Ky和Tan Yang Sin，都被委任为全岛鸦片的批发商；陈威仪和杨安然（Yeoh An Yian）获准与总督合作经营赌博、锡、酒、典当和木材饷码。[⑤] 另外，那些会党领导人也成功地让政府废除了华人人头税和降低了矿业税。

暹罗当局的妥协心态并不意味着他们在与会党领袖及其苦力的角力中表现得软弱无力。反之，这是他们采取的一项策略，旨在维持会党领导层的现状，同时发展普吉岛的经济。尤其关键的是，他们想要借此抵挡英国势力对暹罗西南边疆地区的入侵。换一个方式来说，有鉴于暹罗当局对其西南领土的政治控制力不足，他们想要拉拢会党领导人和他们的苦力，让这些人扮演守护者的角色，协助守护暹罗西南领土的经济与政治主权。建德堂领导人凭着他们在当地的影响力，成功地将义兴公司及暹罗地方统治家族边缘化，并与暹罗中央政府达成协议，在19世纪接下来的时间里垄断了普吉岛的采锡业。

① 王重阳：《泰国普吉省华人拓荒史》，《南洋文摘》1965年第6卷第5期，第30页。

② 李永球：《移国：太平华裔历史人物集》，槟城：南洋民间文化，2003，第31页。

③ Franke Wolfgang and Chen Tie Fan, *Chinese Epigraphic Materials in Malaysia*, vol. 2. (Kuala Lumpur: University of Malaya Press, 1985): 884.

④ Jennifer Cushman, *Family and State: The Formation of a Sino-Thai Tin-Mining Dynasty 1797 – 1932* (Singapore: Oxford University Press, 1991), p. 41.

⑤ Phuwadol Songprasert, The Development of Chinese Capital in Southern Siam, 1868 – 1932 (Ph. D. diss., Monash University, 1986), pp. 171 – 172.

19世纪槟城华商五大姓的崛起与没落

# 来自缅甸南部的"白金"：五大姓与义兴公司

　　国际锡市场的快速成长不仅使霹雳和普吉岛，而且使缅甸最南端拥有最丰富锡矿蕴藏的丹佬与槟城华人商业精英产生了联系。丹佬最晚在19世纪初就开始有采锡活动，但比起霹雳和普吉岛，其生产规模在19世纪中至晚期仍相对较小。[①] 无论如何，当锡矿业在19世纪中期开始蓬勃发展时，五大姓和义兴公司纷纷被吸引到丹佬的矿区，其中又以麻力温的吸引力最为强大。领导麻力温义兴公司的福建商人薛山（Sit San）在与英国驻丹那沙林专员霍金森上校（Colonel Hopkinson）建立起良好关系之后，成功地从1860年开始垄断整个麻力温地区的锡矿开采权。[②] 身为麻力温唯一会党的领导人之一，薛山也被委任为特别助理专员（Myook 或 Extra Assistant Commissioner）。[③] 凭着此职位，薛山得以将他在麻力温掌握的垄断

---

① *Pinang Gazette and Straits Chronicle*，16 March 1895，p. 3。另参见 Teruko Saito and Lee Kin Kiong，*Statistics on the Burmese Economy：The 19<sup>th</sup> and 20<sup>th</sup> Centuries*（Singapore：Institute of Southeast Asian Studies，1999），p. 148。在英殖民时期，丹那沙林省分为两个县区，即土瓦和丹佬。丹佬县又分为四个镇：丹那沙林、丹佬、莱尼亚和麻力温。19世纪80年代，丹佬县的锡矿产量只有数百担，而霹雳和普吉岛的年产量则有数千担。

② Captain J. Butler，*Gazetter of the Mergui District，Tenasserim Division，British Burma*（Rangoon：the Government Press，1884），p. 28。另参见 *Pinang Gazette and Straits Chronicle*，16 March 1895，p. 3。薛山的英文名也被拼成 Sit Tshan 或 Chet Syang。

③ Captain J. Butler，*Gazetter of the Mergui District，Tenasserim Division，British Burma*（Rangoon：The Government Press，1884），p. 28。

权扩大至涵盖酿酒、燕窝采集和鸦片分销领域。

薛山的影响力也从麻力温延伸到北方的莱尼亚（Lenya）。在那里，他的家族成员几乎控制了所有最具生产力的锡矿场（见表5-2）。

表5-2　薛山家族在莱尼亚所控制的锡矿场

单位：人

| 矿场所在地 | 矿场主姓名 | 苦力人数 |
|---|---|---|
| 博宾溪（Bokpyin Creek） | Sit Sin 和 Sit Hauk | 41 |
|  | Sit Kein | 14 |
|  | Sit Sein | 12 |
| 勒兰山（Lelan Hill） | Sit Bok | 28 |
| 喀拉杜里（Karathuri） | Sit Pu Shein | 90 |
| 皎基溪（Kyaukkyi Creek） | Sit Pu Shein | 25 |

资料来源：*Supplement to the Burma Gazette*, 17 August 1889, p. 603。

应当注意的一个重点是，薛山建立了一个家族网络来管理他的各种生意。除了宗族亲人，他也通过联姻，将本地妇女纳入家族网络之中来协助他打理生意。例如，薛山本身娶一名叫马梅（Ma Mei）的缅甸马来妇女为妻，并让她负责管理熔锡生意。[1] Sit Pu Shein 的妻子为缅甸人马吉涂（Ma Chit Thu），婚后大力协助他监管采锡活动。[2] 虽然薛山垄断了丹佬地区的采锡与饷码生意，但进出口贸易和船运业被掌握在五大姓手中。

最晚从 19 世纪 20 年代开始，缅甸南部从毛淡棉到丹佬的海上贸易都唯槟城马首是瞻。因此，拥有大量轮船的五大姓控制着这一沿海地带的海上贸易，并不令人意外。凭着他们的海上优势，五大姓垄断了所有出自丹佬义兴公司旗下矿场的锡出口。丹佬义兴公司缺乏或没有海运能力和进入槟城锡市场的渠道，因此在锡矿出口方

---

[1]　*Pinang Gazette and Straits Chronicle*, 16 March 1895, p. 3.

[2]　*Supplement to the Burma Gazette*, no. 33, 17 August 1889, p. 596.

面必须依赖五大姓。此外，义兴公司若要从槟城获取苦力来为其矿场工作，并获取供应给苦力的物资，五大姓也是唯一的渠道。278吨的"和风号"（S. S. Zephyr），就是往返于槟城、拉廊和麻力温的由五大姓与许氏家族联合经营的轮船之一。"和风号"从拉廊和麻力温将锡矿载到槟城，然后从槟城运回苦力和供苦力食用的仰光大米。这艘轮船每趟可运载 30 ~ 40 块锡锭，每锭的买价是 16 ~ 17元，比起槟城的市场价便宜 5 ~ 15 元。① 有别于霹雳和普吉岛的情况，五大姓需要靠义兴公司才能在丹佬从事锡矿生意。从某个角度来说，五大姓与义兴公司形成了某种非正式的伙伴关系：义兴公司负责开采锡矿，五大姓则负责将锡矿销到市场去。一直到 1895 年，义兴公司对丹佬锡矿开采的垄断才被打破。印度英殖民地政府因为不满意义兴公司在发展采锡业方面所做的努力，便将开矿权发包给门泽尔船长（Captain Menzell），而门泽尔背后的金主是马来半岛的日叻务矿业贸易公司（Jelebu Mining and Trading Company）。② 霹雳矿业大亨兼五大姓生意伙伴郑景贵是门泽尔的生意伙伴，他在受到鼓励并得到承诺将获得庞大资本支持的情况下，在丹佬开展了采矿事业。③

---

① *Supplement to the Burma Gazette*, no. 23, 8 June 1889, p. 391, p. 393.
② *Pinang Gazette and Straits Chronicle*, 25 October 1895, p. 2.
③ *Pinang Gazette and Straits Chronicle*, 16 March 1895, p. 3.

# 结　语


在 19 世纪，随着英国和美国的迅速工业化造成镀锡工业对锡矿产生前所未有的巨大需求，采锡业成为备受商业精英们瞩目的焦点。锡价突然大幅度攀升，将槟城周边区域内的采锡活动变成十分有利可图的事业。为了在霹雳、普吉岛和丹佬垄断或获得最大份额的采锡生意，五大姓必须与其他利益集团如义兴公司和新加坡福建商业精英互相争逐，勾心斗角。在拉律，五大姓垄断锡矿业的企图面对来自义兴公司和强大的新加坡福建商人的激烈竞争。通过与增城客家人和马来酋长结盟，同时精明地赢得海峡殖民地政府的支持，五大姓成功将义兴公司边缘化。当新加坡福建商人前来争夺拉律的锡矿生意时，五大姓利用他们的会党及苦力网络，挫败了对手的企图。在普吉岛，五大姓也动员其会党和苦力，挑战打算停止提供资金供采锡活动及其扩张计划的暹罗地方首领。如此一来，五大姓不仅成功削弱了暹罗地方统治家族的势力，而且成功地通过与暹罗中央政府的谈判，垄断了普吉岛的锡矿生意。在丹佬，五大姓则与主宰采矿活动的义兴公司合作，并控制了锡矿贸易。

然而，五大姓的经济支配地位并不意味着所有竞争就此结束。到了 19 世纪末，西方人凭着庞大而稳健的资金和新式的企业组织形态，对五大姓构成了深具威胁性的挑战。当时殖民地政府的政策正从过去的自由放任阶段迅速转入控制管理阶段。那些来自欧洲大都会的大公司获得的殖民地政府的庇护，对五大姓的威胁最为严峻。这当中的种种因素我们将在下一章详加探讨。

第 六 章

# 西方商业精英及其对槟城华商的挑战

从自由放任到控制管理

19 世纪 80 年代以前的西方商人

海峡轮船公司和海峡贸易公司

荷兰皇家邮船公司

东方船务公司：五大姓对西方船运与贸易挑战的回应

五大姓与西方公司在保险业的竞争

西方的竞争对五大姓的意义

结　语

在 19 世纪 80 年代以前，来自西方人的直接竞争可以说是微不足道，因为他们在区域内只占据边缘的位置，并以资本供应者的身份扮演辅助性的角色。然而从 19 世纪 80 年代中期开始，当殖民地政府在政策上从自由放任转为控制管理而变得日益强势，同时西方商业利益在贸易业、船运业和保险业也迅速扩张，五大姓便开始面对西方商业精英的竞争性威胁。本章旨在探讨西方人在以槟城为中心的区域的竞争和五大姓对此竞争的回应，首先检视规模庞大且资金雄厚的西方公司进军船运业和贸易业的情况，接着转向五大姓，探讨他们如何回应来自西方的挑战。

# 从自由放任到控制管理

　　西方企业在 19 世纪晚期以前所未有的规模进军槟城商业领域，除了因为槟城的商业与贸易有利可图，也是国际上的经济扩张和政治对抗日益加剧的结果。在 19 世纪最后 10 年，全球经济从商业资本主义转向了工业资本主义。[①] 于是，工业生产成为西方经济成长的引擎和开启财富与权力之门的钥匙。从这个时期开始，向来是世界经济中最强工业国的英国开始面对德国、法国、荷兰、美国等新兴西方工业国的强大挑战。[②] 这几个西方强国对英国的挑战，构成了诸强国激烈抢夺各地资源的先声。东南亚也因此更全面地受到工业革命的冲击，并有更多西方国家对这个区域产生越来越大的兴趣。在东南亚立足已久的英国人和荷兰人为了巩固对经济资源与机会的控制，开始划分各自的疆域。为达到此目的，大型股份制企业被组织起来以进军各主要经济领域，同时政府也加强集权，一方面

---

① Carl A. Trocki, *Opium and Empire: Chinese Society in Colonial Singapore, 1800 – 1910* (Ithaca, N. Y: Cornell University Press, 1990), p. 183. 另参见 Robert E. Elson, "International Commerce, the State and Society: Economic and Social Change," in Nicholas Tarling, ed., *The Cambridge History of Southeast Asia*, vol. Ⅱ (Cambridge: Cambridge University Press, 1992), p. 137。

② Nicholas Tarling, "The Establishment of the Colonial Regimes," in Nicholas Tarling, ed., *The Cambridge History of Southeast Asia*, vol. Ⅱ (Cambridge: Cambridge University Press, 1992), pp. 50 – 51. 另参见 Ronald Hyam, *Britain's Imperial Century, 1815 – 1914: A Study of Empire and Expansion* (New York: Palgrave Macmillan, 2002), pp. 197 – 202。

支持这种商业突进，另一方面则力图并吞受各方争夺的领土，并巩固各自的殖民疆域。

这些新形态的西方企业有别于 19 世纪早期至中期即已在槟城立足的西方贸易公司或商行，它们属于股份有限公司，是主要以西方大都会为中心的大规模资本与商业利益的集合体。相较而言，以槟城为基地的西方贸易公司或商行都是小规模的独资或合伙公司，它们只有通过贸易才与西方商业世界产生联结。最重要的一点是，这类企业后来主宰了西方商业领域，并且与各殖民地政府携手合作，共同追求商业利益。

在 19 世纪晚期以前，秉持自由放任主义的殖民地政府还没有能力管理其经济和强加权威于殖民地人民身上。当时所采用的分散和去集中化的行政制度妨碍了殖民地政府的发展。但是到了 19 世纪晚期，通过政治集中化和行政合理化，殖民地政府的权力得到了强化。① 随着权力的强化，殖民地政府更有效和直接地控制政治和经济的能力也得到提升。凭着集中化的政治权力和行政手段，殖民地政府越来越有能力以保护者的身份发放经济特许权，而在这一点上，正在发展中的西式官僚和商业体制，更倾向于将特许权发放给西方大企业。这一切变化势必影响五大姓所在区域内的商业运作模式和架构，并从根本上限制了他们的商业利益。

---

① Carl A. Trocki, "Political Structures in the Nineteenth and Early Twentieth Centuries," in Nicholas Tarling, ed, *The Cambridge History of Southeast Asia*, vol. Ⅱ (Cambridge: Cambridge University Press, 1992), pp. 83 – 104. 另参见 Robert E. Elson, "International Commerce, the State and Society: Economic and Social Change," in Nicholas Tarling, ed., *The Cambridge History of Southeast Asia*, vol. Ⅱ (Cambridge: Cambridge University Press, 1992), pp. 149 – 154。

# 19 世纪 80 年代以前的西方商人

　　尽管西方商人从 19 世纪初就已经是槟城商业社会的一分子，但在 19 世纪 80 年代以前，他们主要是商业资本家和独资企业家，所从事的生意主要围绕贸易和种植业，也有些是开设专业公司者，如律师、拍卖师和特许会计师。例如，大卫·布朗（David Brown）在 1801 年以律师的身份来到槟城，后来成为种植业先驱，在槟城牛汝莪拥有 380 公顷（950 英亩）的种植园①；爱德华·霍斯曼（Edward Horseman）是英国国会议员兼枢密院顾问官，他在 1856 年崛起成为最大的甘蔗园主，拥有超过 2700 英亩的甘蔗园②；詹姆斯和亚伯拉罕·罗根兄弟（James and Abraham Logan）于 1839 年来到槟城，两人最初成立一家律师楼（Daniel Logan，Barrister at Law，Solicitor General），后来涉足种植业，在威省拥有 1 万 6000 英亩的稻田和椰园，同时在槟城拥有 2000 英亩的果园③。值得注意的是，这些西方独资业者的种植园的劳工或苦力，主要由控制苦力贸易的五大姓供应。由于本地劳工被视为不适合担任种植园工作，印度劳工供应不足，这个时期的种植业对中国苦力的需求十分殷切。

---

① D. J. M. Tate, *The RGA History of the Plantation Industry in the Malay Peninsula*（New York：Oxford University Press, 1996），p. 49.

② James C. Jackson, *Planters and Speculators：Chinese and European Agricultural Enterprise in Malaya, 1786 – 1921*（Kuala Lumpur：University of Malaya Press, 1968），p. 143.

③ *Pinang Gazette and Straits Chronicle*, 9 December 1890, p. 5.

除了苦力供应，欧洲独资业者也依赖五大姓来加工和运输他们的农产品，特别是椰子和烟草。例如，罗根兄弟将椰子采收和椰油生产的工作外包给五大姓，后者不仅控制庞大的劳动力，而且控制了槟城和威省的大部分油较（椰油提炼厂）。拥有苏门答腊东岸大部分烟草种植园的荷兰企业家也同样从五大姓那里获得中国苦力供应，并依赖五大姓的船运网络，经由槟城出口他们所生产的烟草。如前面几章所述，五大姓和其盟友控制了槟城和苏门答腊东岸之间分布极广的海运与河运网络。五大姓的海船将苦力、物资、鸦片和军火从槟城运到苏门答腊东岸的港口，然后将那些用小船从内陆沿河流运到港口并储存在水上仓库的烟草运回槟城。① 五大姓或其盟友（当地的华人代理商）的河船则在溯游返回内陆时，将来自槟城的货物载回去。

　　除了经营种植园，西方商业精英也与五大姓紧密合作，从事海峡土产和印度与中国商品的贸易。例如，抽佣商、杂货代理商兼拍卖师维克多·卡佩尔（Victor Capel），他与 Khoo Cheng Neow、Cheah Hay Seang 和 Lim Goey 合伙成立 Chop Chin Saing，从事锡矿、胡椒和洋货贸易。② 另一个例子是阿拉顿·安东尼（A. A. Anthony）。他雇用船只输入印度商品（来自加尔各答和马德拉斯的鸦片、谷粮和棉花），继之以航行在槟城、缅甸南部、苏门答腊、半岛西海岸马来邦属和中国之间的"崇茂号"船只，将印度商品转运出去。③ 在返回印度时，安东尼的船只运载的是"崇茂号"供应的海峡土产

---

① *The Penang Argus and Mercantile Advertiser*, 17 October 1872, p. 3.

② *The Penang Argus and Mercantile Advertiser*, 21 November 1868, p. 3.

③ *The Penang Argus and Mercantile Advertiser*, 22 October 1868, p. 4. 另参见 Chuleeporn Pongsupath, The Mercantile Community of Penang and the Changing Pattern of Trade, 1890 – 1940 (Ph. D. diss., University of London, 1990), p. 244, p. 247; Nadia H. Wright, *Respected Citizens: The History of Armenians in Singapore and Malaysia* (Middle Park, Vic.: Amassia Pub., 2003), p. 96。

（椰子、锡米、槟榔、胡椒）和中国商品（瓷器、烟草、茶叶）。[①]
由此可见，19 世纪 80 年代以前活跃于区域内的一些西方商人与五
大姓在各种业已发展完善的生意中都有着紧密的联系。这种情况并
不出奇，因为区域内的经济与商业架构，实际上就是由五大姓的各
种生意支撑起来的。毫不夸张地说，决定西方企业生存与成功的生
产和经销要素，都掌握在五大姓手中。与此同时，西方商人拥有大
量资本和政治影响力，非常有助于五大姓借以扩大生意和积累资
本。总而言之，在 19 世纪 80 年代以前，西方商人和五大姓之间有
着互补而不是竞争的关系。

到了 19 世纪 80 年代中期，随着一些大规模且资金雄厚的西方
贸易与船运公司积极扩张到槟城经济圈，西方商人和五大姓之间的
互补关系开始发生变化。有别于早前以槟城为基地的西方商人，这
些大企业的总部不是设在槟城，而是设在欧洲或新兴大城市如新加
坡和巴达维亚。[②] 此外，这些大企业追求的是超越槟城及马来半岛
范围的商业利益，并且都是由人脉宽广、经验丰富的融资者和商人
加以管理。最先受到挑战的是五大姓的区域船运与贸易业务，而这
两项业务又是五大姓商业版图的重大支柱。海峡轮船公司（Straits
Steamship Company）和荷兰皇家邮船公司（Royal Dutch Packet Com-
pany 或 Koninklyke Paketvaart Maatschappij，简称 KPM）都积极想要
控制更多区域船运航线。如下文所述，从 19 世纪 80 年代至第一次
世界大战爆发，新式西方商人被农业和矿业商品（稻米、烟草和锡
矿）贸易及苦力贸易的蓬勃发展吸引到区域船运业，并逐渐成为五
大姓的竞争对手。

①　Chuleeporn Pongsupath, The Mercantile Community of Penang and the Changing Pattern of
　　Trade, 1890 – 1940 (Ph. D. diss. , University of London, 1990), pp. 244 – 247.

②　G. C. Allen and Audrey G. Donnithorne, *Western Enterprise in Indonesia and Malaya* (Lon-
　　don: Allen & Unwin, 1957), pp. 212 – 221; Chuleeporn Pongsupath, The Mercantile Com-
　　munity of Penang and the Changing Pattern of Trade, 1890 – 1940 (Ph. D. diss. , University
　　of London, 1990), pp. 241 – 244.

# 海峡轮船公司和海峡贸易公司

1890 年，以新加坡为基地的英国贸易与船运代理公司曼斯菲德公司（W. Mansfield & Company）的荷兰籍经理西奥多·科内留斯·博加德（Theodore Cornelius Bogaardt）以资本额 42 万 1000 元创立了海峡轮船公司。博加德希望利用锡矿价格不断提高和区域船运服务日益重要的趋势，将需求殷切的海峡锡矿运到欧洲。[①] 不过，必须指出的是，海峡轮船公司并非全然是西方企业，因为在其七人组成的董事会中，有三人是新加坡的福建商人，即陈恭锡（Tan Keong Saik）、陈若锦（Tan Jiak Kim）和李清渊（Lee Cheng Yan）。[②] 这三人都是富裕的商人兼具有影响力的海峡殖民地社群领袖。而且，他们都是经验丰富的船运业者，本身有轮船广泛航行于新加坡、槟城、仰光、暹罗和荷属东印度群岛之间（见表 6 - 1）。

这名荷兰商人与三名新加坡福建商人凭着丰富的船运经验与网络联合创办的大公司，对向来由五大姓主导的区域船运业构成了巨

① K. G. Tregonning, *Home Port Singapore: A History of Straits Steamship Company Limited, 1890 - 1965* (Singapore: Oxford University Press, 1967), p. 17; Arnold Wright and H. A. Cartwright, eds., *Twentieth Century Impressions of British Malaya: Its History, People, Commerce, Industries, and Resources* (London: Lloyd's Greater Britain Publishing Company, Ltd., 1908), p. 174.

② K. G. Tregonning, *Home Port Singapore: A History of Straits Steamship Company Limited, 1890 - 1965* (Singapore: Oxford University Press, 1967), p. 17.

表 6 - 1　新加坡福建商人的商业背景与家族关系

| 姓名 | 家族关系 | 从事业务 | 社会领导地位 |
|---|---|---|---|
| 陈恭锡<br>Tan Keong Saik<br>(1850-1909) | - 曾祖父陈夏观(Tan Hay Kwan)于18世纪70年代前后居住在马六甲,后迁至新加坡<br>- 父亲陈俊善(Tan Choon Sian)与其弟弟陈俊睦(Tan Choon Bock)联手扩大家族船运生意<br>- 妻子为洪锦雀公司(Ang Kim Cheak & Co.)东主洪锦雀(Ang Kim Cheak)之女 | - 综合贸易<br>- 新加坡船排公司(Singapore Slipway Company)和丹戎巴葛船坞公司(Tanjong Pagar Dock Company)董事<br>- 雪兰莪华人甲必丹叶观盛(Yap Kwan Seng)的锡矿贸易行新兴泰(Sin Heng Tye)的经理 | - 华人参事局和保良局委员<br>- 1886年被委任为市政委员<br>- 太平局绅 |
| 陈若锦<br>Tan Jiak Kim<br>(1859-1917) | - 曾祖父陈金声,金声公司创办人,1819年从马六甲移居新加坡<br>- 父亲陈明水(Tan Beng Swee),1865年继承金声公司 | - 船运与贸易<br>- 旗下有轮船日本号(Japan)、神枪手号(Sharpshooter)和美丽新加坡号(Fair Singapore)航行于槟城、马六甲和新加坡之间 | - 立法议员<br>- 太平局绅<br>- 获颁圣米迦勒及圣乔治同袍勋章(C. M. G.) |
| 李清渊<br>Lee Cheng Yan<br>(1841-1911) | - 1841年生于马六甲。1858年移居新加坡,并与弟弟李清岩(Lee Cheng Gum)创办清渊公司(Lee Cheng Yan & Co.,又名振裕号 Chop Chin Joo) | - 清渊公司(振裕号)从事进出口贸易,后来又涉足金融业和地产业 | - 陈笃生医院管理委员会委员<br>- 华人参事局和保良局委员<br>- 太平局绅<br>- 凤裕义学(Hong Joo Chinese Free School)创办人 |

资料来源:K. G. Tregonning, Home Port Singapore: A History of Straits Steamship Company Limited, 1890-1965 (Singapore: Oxford University Press, 1967), pp. 6-10;Song Ong Siang, One Hundred Years' History of the Chinese in Singapore (Singapore: University Malaya Press, 1967), pp. 110-111, pp. 194-199, pp. 222-223;柯木林编《新华历史人物列传》,新加坡:教育出版私营有限公司,1995,第50,85,90~91页;The Straits Times Overland Journal, 26 February and 12 March 1870 and 11 January 1877;The Singapore & Straits Directory 1901, p. 170;Arnold Wright and H. A. Cartwright, Twentieth Century Impressions of British Malaya: Its History, People, Commerce, Industries and Resources (London: Lloyd's Greater Britain Publishing Company Ltd., 1908), p. 497, p. 636, p. 640。

大的竞争性威胁。这几名西方和福建商人在缔结伙伴关系之前并不是五大姓的竞争对手；他们只是代理其他公司的业务，或者通过区域内的代理人经营本身的船运与贸易事业。曼斯菲德公司在槟城设有分行，为海洋轮船公司（Ocean Steamship Company Ltd.）和中国航业公司（China Navigation Company Ltd.，又称太古轮船公司）的代理公司①；陈若锦的金声公司（Kim Seng & Co.）在新加坡和槟城分别委托五大姓的万兴轮船公司（Bun Hin & Co.）和 Kay Tye 为其船运与贸易代理②。

新加坡的福建商人是海峡轮船公司中的主干力量。它的船队有五艘轮船，其中三艘来自金声公司。③ 这支船队在马来半岛西海岸投入服务。对海峡轮船公司的董事们来说，特别是对其中的福建籍董事而言，让自己的轮船航行于马来半岛西海岸水域并不是什么新鲜事。例如，从 1885 年开始，双桅纵帆船"马六甲号"即航行于槟城、马六甲和新加坡之间。④ 但是，让其船队航行于马六甲海峡，也意味着这家新公司是要面对面与五大姓竞争，因为一直以来，这条"水上高速公路"的客运和货运主要由五大姓经营。

海峡轮船公司的生意变得更加有效且具有竞争力，是在它与海峡贸易公司（Straits Trading Company）展开合作之后。海峡贸易公司是德国人赫尔曼·姆林浩斯（Herman Muhlinghaus）和苏格兰人詹姆斯·斯沃德（James Sword）在 1887 年联合创办于新加坡，其

---

① Arnold Wright and H. A. Cartwright, eds., *Twentieth Century Impressions of British Malaya：Its History, People, Commerce, Industries, and Resources* (London：Lloyd's Greater Britain Publishing Company, Ltd., 1908), p. 177.

② *The Colonial Directory of the Straits Settlements including Sarawak, Labuan, Bangkok and Saigon for 1875*, p. F10.

③ 即 404 吨的"马六甲号"（Malacca）、335 吨的"比利顿号"（Billiton）和 406 吨的"海隆号"（Hye Leong）。见 W. A. Laxon and R. K. Tyers, *The Straits Steamship Fleet 1890 – 1975* (Singapore：Straits Steamship Co., 1976), p. 1. 另参见 K. G. Tregonning, *Home Port Singapore：A History of Straits Steamship Company Limited, 1890 – 1965* (Singapore：Oxford University Press, 1967), pp. 17 – 18。

④ *Pinang Gazette and Straits Chronicle*, 27 April 1886, p. 5.

目标是拓展马来半岛的锡矿贸易和熔锡业。① 凭着印度—新金山—中国的渣打银行（Chartered Bank of India, Australia and China）的财政支援，它有能力以货到付款的方式收购锡矿。② 这种现金交易方式给当时在财务上受制于个别熔锡厂或新加坡商家的欧裔或华裔矿场主留下了深刻的印象。华裔矿场主握有现金，便能够以具竞争力的价格取得所需的物资，而不再像过去那样被迫接受他们的融资者所设定的过高的价格。此外，他们也有能力自行支付薪资给劳工或苦力，而不再需要借助超高利率的贷款。简而言之，这种新的交易方式让华裔矿场主得以摆脱与债主之间的不平等关系。通过现金交易和殖民地政府的支持，海峡贸易公司成功地从实质上垄断了雪兰莪和双溪乌绒（森美兰）的锡矿出口，并取得出口霹雳锡矿的权利。③ 在雪兰莪，锡矿大亨陆佑是最早将他的锡产卖给海峡贸易公司的矿家之一；霹雳首要矿家余广（Eu Kong）和余东璇（Eu Tong Sen）父子也将他们的锡产卖给海峡贸易公司。④ 海峡贸易公司委托海峡轮船公司，将来自这三个马来邦属的锡矿运到新加坡的熔锡厂。

---

① John H. Drabble, *An Economic History of Malaysia, 1800 – 1990: The Transition to Modern Economic Growth* (New York, Canberra: St. Martin's Press in Association with the Australian National University, 2000), p. 43; K. G. Tregonning, "Straits Tin: A Brief Account of the First Seventy-Five Years of the Straits Trading Company Limited," *Journal Malayan Branch Royal Asiatic Society* 36 (1963): 86 – 88.

② K. G. Tregonning, "Straits Tin: A Brief Account of the First Seventy-Five Years of the Straits Trading Company Limited," *Journal Malayan Branch Royal Asiatic Society* 36 (1963): 89; Wong Lin Ken, *The Malayan Tin Industry to 1914* (Tucson: The University of Arizona Press, 1965), p. 99.

③ K. G. Tregonning, "Straits Tin: A Brief Account of the First Seventy-Five Years of the Straits Trading Company Limited," *Journal Malayan Branch Royal Asiatic Society* 36 (1963): 89 – 91; Chiang Hai Ding, *A History of Straits Settlements Foreign Trade 1870 – 1915* (Singapore: National Museum, 1978), p. 109.

④ K. G. Tregonning, "Straits Tin: A Brief Account of the First Seventy-Five Years of the Straits Trading Company Limited," *Journal Malayan Branch Royal Asiatic Society* 36 (1963): 102; Wilfred L. Blythe, *The Impact of Chinese Secret Societies in Malaya: A Historical Study* (London: Oxford University Press, 1969), p. 191.

1906 年，海峡贸易公司进军普吉岛，打破了五大姓的另一个锡矿贸易垄断。当时，五大姓在普吉岛经营的一家重要贸易与金融公司集福（Chip Hock & Co.）倒闭，普吉岛的华裔矿场主陷入了财务危机。集福公司自 19 世纪 80 年代开始在普吉岛营业，它除了从事与暹罗西南部的贸易，也贷款给商家和矿场主。[1] 到 1905 年，它总共贷出 20 万元，但由于许多债务人拒绝偿还贷款，它最终宣告破产。[2] 从此以后，五大姓不再愿意提供贷款。海峡贸易公司遂乘虚而入，在普吉岛开设一家分行为矿场主提供贷款，并让矿场主以锡矿偿还。到了 1908 年，海峡贸易公司通过这种方式，成功取得普吉岛一半以上的锡产。[3]

除了在马来半岛西海岸大小港口之间运输锡锭和锡矿石，海峡轮船公司也同时扩大其综合贸易业务。举例来说，它在 1891 年购入的 242 吨明轮船"威尔德夫人号"（Lady Weld）经常往返于霹雳北部的砵威港（Port Weld），将苦力和食品供应给霹雳华裔矿场主，并运回锡矿石。[4] 海峡轮船公司从事这种贸易，等于扮演与五大姓相同的经济角色。海峡轮船公司结合沿海船运与贸易的运作方式，无疑给五大姓带来前所未有的威胁。到 20 世纪前 10 年中期，海洋轮船公司（或称蓝烟囱轮船公司，Blue Funnel Line）成为海峡轮船公司的大股东，其创办人兼董事阿尔弗雷德·霍尔特（Alfred Holt）注入大笔资金到海峡轮船公司，扩大

① *Penang Chamber of Commerce and Agriculture Report for the year 1905* （Penang：Pinang Gazette Press Ltd. , 1906），p. 61，p. 72.

② *Penang Chamber of Commerce and Agriculture Report for the year 1905* （Penang：Pinang Gazette Press Ltd. , 1906），pp. 72 – 79.

③ Seksan Prasertkul, *The Transformation of the Thai State and Economic Change, 1855 – 1945* （Ph. D. diss. , Cornell University, 1989），p. 256.

④ K. G. Tregonning, *Home Port Singapore：A History of Straits Steamship Company Limited, 1890 – 1965* （Singapore：Oxford University Press, 1967），p. 26；W. A. Laxon and R. K. Tyers, *The Straits Steamship Fleet 1890 – 1975* （Singapore：Straits Steamship Co. , 1976），p. 5.

船队规模。<sup>①</sup> 在这家英国重量级国际轮船公司的支持下，海峡轮船公司得以将旗下轮船数量扩大至 24 艘，并将其船运服务业延伸到暹罗西南部、缅甸南部和苏门答腊东岸<sup>②</sup>，而五大姓的船运与贸易业务向来与这些地区紧密相连。

在扩大航线的同时，海峡轮船公司也建立起覆盖极广的代理商网络。到 20 世纪 20 年代，在它所服务的东南亚 54 个大小港口中，每一个港口都有至少一名代理商（见表 6－2）。在部分地区，其代理商乃是大洋行在当地的分行，例如，苏门答腊东岸亚沙汉和勿拉湾的夏利臣洋行（Harrisons & Crosfield Ltd.），菲律宾宿雾、霍洛和三宝颜的史蒂文森公司（W. F. Stevenson & Co. Ltd.），以及槟城的曼斯菲德公司；在另一些地区，其代理商则是主要的华人船运与贸易公司，例如，暹罗西南部甲米的隆兴（Leong Hin）、马来半岛东海岸关丹的福建公会（Hokkien Guild），以及缅甸南部丹佬的万昌美公司（Ban Cheong Bee & Co.）。它偶尔也会委任马来公司为代理商，例如，霹雳瓜拉峇鲁的仄阿都拉公司（Che Abdullah）。这种多样性加上广阔的港口覆盖网络，使海峡轮船公司与地方上的基层船运与贸易业者保持良好的关系，对其业务的发展大有帮助。就是在这一点上，五大姓深深感受到海峡轮船公司的渗透所带来的无可逆转的影响。

---

① Francis E. Hyde, "British Shipping Companies and East and Southeast Asia, 1860 - 1939," in C. D. Cowan, ed., *The Economic Development of Southeast Asia* (U. S. A.: Frederick A. Praeger, 1964), pp. 38 - 39. 海洋轮船公司创办人兼董事阿尔弗雷德·霍尔特与利物浦联合银行（Liverpool Union Bank）和利物浦银行（Bank of Liverpool）关系密切。其父亲乔治·霍尔特（George Holt）是利物浦银行的股东，并于 1847～1849 年担任主席。阿尔弗雷德的三名亲戚——威廉·杜尔宁·霍尔特（William Durning Holt）、罗伯特·杜尔宁·霍尔特（Robert Durning Holt）和理查·杜尔宁·霍尔特爵士（Sir Richard Durning Holt），也曾于 1884～1938 年先后担任该银行的主席。

② W. A. Laxon and R. K. Tyers, *The Straits Steamship Fleet 1890 - 1975* (Singapore: Straits Steamship Co., 1976), p. 1; K. G. Tregonning, *Home Port Singapore: A History of Straits Steamship Company Limited, 1890 - 1965* (Singapore: Oxford University Press, 1967), p. 43.

表 6-2 20 世纪 20 年代海峡轮船公司在东南亚地区的船运代理商

| 马来亚 | 缅甸南部 | 苏门答腊 | 暹罗 | 菲律宾 | 婆罗洲 | 交趾支那 |
|---|---|---|---|---|---|---|
| Guan Huat & Co.（亚罗士打） | Ban Chong Bee & Co.（丹佬） | Teck Kee（火水山） | Ban Hin Lee（丹绒土打） | W. F. Stevenson & Co. Ltd.（宿雾、霍洛、三宝颜） | Yat Fong Bros.（古达） | Companie de Commerce etde 和 Navigation Extreme Orient（西贡） |
| Harrisons & Crosfeld Ltd. 和 Soon Cheang（峇眼拿督） | Lee Sen Chan & Co.（毛淡棉） | Harrisons & Crosfeld Ltd.（勿拉湾） | The Borneo Co. Ltd.（曼谷） | Vanscolina & Co.（纳闽） | | |
| Liew Lian Choon（峇株巴辖） | London Rangoon Trading Co. Ltd.（仰光） | Chew Beow Leng（冷吉） | Leong Hin（甲米） | Adamson Gilfllan & Co. Ltd.（坤甸） | | |
| Lee Wah & Co.（吉兰丹） | Chong Lee & Co.（土瓦） | Harrisons & Crosfeld Ltd. 和 Soon Cheang（亚沙汉） | Sin Gim Seng 和 Swee Hoe（竹古巴） | Harrisons & Crosfeld Ltd.（山打根、亚庇） | | |
| A. C. Harper & Co. Ltd.（巴生、波德申、瑞天咸港、芙蓉） | Chin Bee（峇都巴拉） | Hong Cheang（攀牙） | | | | |

| 马来亚 | 缅甸南部 | 苏门答腊 | 暹罗 | 菲律宾 | 婆罗洲 | 交趾支那 |
|---|---|---|---|---|---|---|
| Che Abdullah（瓜拉峇鲁） | Harrisons & Crosfeld Ltd.（棉兰） | Lee Kim & Co.（拉廊） | | | | |
| A. C. Harper & Co. Ltd.（吉隆坡） | Swee Seng Moh（沙敦） | | | | | |
| Sin Aik Joo（瓜拉雪兰莪） | | Swee Hin（通扣/普吉岛） | | | | |
| The Hokkien Guild（关丹） | | Ban Seng Hin 和 Swee Kee Co.（董里） | | | | |
| The Orient Stores & Agency 和 Kheng Thong（红土坎） | | | | | | |
| Harrison & Crosfeld Ltd. 和 Chop Soon Hup（双溪巴戈） | | | | | | |

| 马来亚 | 缅甸南部 | 苏门答腊 | 暹罗 | 菲律宾 | 婆罗洲 | 交趾支那 |
|---|---|---|---|---|---|---|
| Hock Chong Aun（邦咯岛） | | | | | | |
| Mansfield & Co. Ltd.（槟城） | | | | | | |
| Soon Kee（沙白安南） | | | | | | |
| Hup Hin（浮罗交怡） | | | | | | |
| The Orient Stores & Agency 和 Keat Sin Leong（实兆远） | | | | | | |
| G. W. Wilson & Co. Ltd.（双溪大年） | | | | | | |
| Boustead & Co. Ltd., Alylesburg & Nutter Ltd. 和 Yue Who & Co.（安顺） | | | | | | |

19世纪槟城华商五大姓的崛起与没落

166

第六章 西方商业精英及其对槟城华商的挑战

| 马来亚 | 缅甸南部 | 苏门答腊 | 暹罗 | 菲律宾 | 婆罗洲 | 交趾支那 |
|---|---|---|---|---|---|---|
| Heng Lee Chan（登嘉楼） | | | | | | |
| Boustead & Co. Ltd. 和 Ban Guan Bee（半港） | | | | | | |
| Hup Bee & Co.（双溪乌必） | | | | | | |
| Chop Eng Hock Hin（麻坡） | | | | | | |
| Straits Steamship Company（马六甲） | | | | | | |

资料来源：*Directory of Malaya 1927*。

# 荷兰皇家邮船公司

　　荷兰皇家邮船公司也跟英国的海峡轮船公司一样，积极扩张其船运服务至五大姓船运与贸易活动集中之地。荷兰皇家邮船公司是一家区域沿海船运公司，1888 年 9 月成立于阿姆斯特丹。[①] 其成立的目的在于为荷兰轮船公司（Stoomvaart Maatschappij Nederland）和鹿特丹轮船公司（Rotterdamsche Lloyd）的远洋航线提供旅客转乘和货物分销服务，同时为荷兰殖民地政府运输人员、银元和货物。[②] 严格而言，荷兰皇家邮船公司是一家获得荷兰官方授权垄断马来群岛沿海运输服务的半官方企业，其船运服务也获得政府津贴。凭着这项"独占权"和国家资金的支持，荷兰皇家邮船公司于 1891 年 1 月 1 日以 29 艘轮船开始投入服务。[③] 它经营 13 条航线，其中 4 条航线与五大姓经营的航线重叠（见表 6 - 3），这 4 条航线的运作让荷兰皇家邮船公司处在与五大姓直接竞争的位置上。

---

[①] Lieuwe Pronk, *KPM 1888 - 1967*: *A Most Remarkable Shipping Company*（North Turramur-ra, N. S. W.: L. Pronk, 1998）, p. 34.

[②] Joseph Norbert Frans Marie Campo, *Engines Power*: *Steamshipping and State Formation in Colonial Indonesia*（Netherlands: Verloren, Hilversum, 2002）, p. 67, p. 77.

[③] Joseph Norbert Frans Marie Campo, *Engines Power*: *Steamshipping and State Formation in Colonial Indonesia*（Netherlands: Verloren, Hilversum, 2002）, p. 66; Lucas Lindeboom, *Oude K. P. M. —schepen van "tempo doeloe" = Old K. P. M-Ships from the Past*, vol. 1（Bilthoven, Netherlands: Maritime Stichting, 1988）, p. 20.

#### 表 6 – 3　荷兰皇家邮船公司在苏门答腊的 4 条航线

1. 沿着苏门答腊南岸、东岸和北岸往返巴达维亚和艾迪（Edie）之间的航线
2. 往返巴东（Padang）和乌勒雷（Olehleh）之间的航线
3. 经由邦加、巨港、廖内和苏门答腊东岸往返巴达维亚和艾迪之间的航线
4. 经由廖内和苏门答腊往返巴达维亚和艾迪之间的航线

　　资料来源：Joseph Norbert Frans Marie Campo, *Engines Power*：*Steamshipping and State Formation in Colonial Indonesia*（Netherland：Verloren, Hilversum 2002），p. 67。

　　荷兰皇家邮船公司经营的苏门答腊沿海船运航线除了抢走五大姓的特定业务，还带来了更严重的冲击：它可能会带来贸易方向的转移，实际上也确实永久地使特定贸易转离槟城港口。举例来说，随着巴达维亚—苏门答腊东岸船运航线的开通，荷兰皇家邮船公司成功瓜分了很大份额的烟草运输市场。到 1909 年，它从日里运输到爪哇的烟草占了市场份额的近一半（49%），而这些份额过去都是经由槟城转出口的。[1] 1906 年，荷兰皇家邮船公司开通新的区域间航线，即爪哇—孟加拉航线，将爪哇岛的几个港口经由新加坡和苏门答腊的沙璜（Sabang），与英属印度辖下的仰光和加尔各答连成一线，区域船运业的竞争遂愈趋激烈。[2] 从爪哇出去的轮船主要运载糖和糖蜜，返航时则运载供应爪哇和日里的黄麻布和米。[3] 荷兰皇家邮船公司的轮船在这条区域间海运航线上运输糖和米，不可避免地与五大姓的船运与贸易业务形成竞争，因为往返于槟城、仰光和日里的五大姓轮船所运输的货物，也以这两种商品为大宗。

　　不过，荷兰皇家邮船公司也意识到，有鉴于槟城导向的网络建立已久，它那庞大的船队和广大的航运网络仍不足以巩固它对

---

[1]　Joseph Norbert Frans Marie Campo, *Engines Power*：*Steamshipping and State Formation in Colonial Indonesia*（Netherlands：Verloren, Hilversum, 2002），p. 247.

[2]　G. C. Allen and Audrey G. Donnithorne, *Western Enterprise in Indonesia and Malaya*（London：Allen & Unwin, 1957），p. 212.

[3]　Joseph Norbert Frans Marie Campo, *Engines Power*：*Steamshipping and State Formation in Colonial Indonesia*（Netherlands：Verloren, Hilversum, 2002），p. 275.

区域内的船运与贸易业务的控制。为了取得支配性的地位，荷兰皇家邮船公司决定采取其他种种策略，包括并购、兴建深水转运港、延长亚齐华商的信用期限等，以转移贸易与船运业的导向，并消弭竞争。

荷兰皇家邮船公司与槟城万裕兴轮船公司（Ban Joo Hin Steamship Company，简称万裕兴）交手与和解的过程，最能清楚说明它并购小公司的策略。万裕兴由张弼士（Thio Thiau Siat 或 Chang Pi-Shi）成立于 1886 年。张弼士是一名大埔客家巨商，也是五大姓的亲密生意伙伴。在 19 世纪 60～70 年代，他通过供应军需品给荷兰陆军和海军积累了大量财富。[1] 他是一名全方位的商人，生意涵盖苏门答腊和槟城的种植业（椰子、咖啡、茶叶）和饷码承包（鸦片、酒、典当），以及中国的葡萄酒酿造和铁路建设。[2] 万裕兴以槟城为基地经营三艘轮船，即"福广号"（Hok Canton）、"勃固号"（Pegu）和"拉惹号"（Raja Kongsee Atjeh），并垄断亚齐西海岸的贸易。[3] 1895 年，荷兰皇家邮船公司接过荷属殖民地军需品供应的合约，万裕兴失去了这项利润丰厚的生意。尽管如此，万裕兴未放弃轮船的经营，仍旧在苏门答腊东岸和西岸的船运业上与荷兰皇家邮船公司竞争。凭着其丰富的经验与联系网络，万裕兴证明它是十分顽固而不好应付的对手。在某些情况下，万裕兴甚至违抗荷兰当局的禁令，跨海私运军火等违禁物品。例如，在 1896 年，万裕兴与五大姓成员经营的军火贸易公司 Kian Bi & Co. 联手，将大量的武器和弹药运到亚齐东海岸的伊迪（Idi）。[4]

---

[1] Michael R. Godley, "Thio Thiau Siat's Network," in John Butcher and Howard Dick, eds., *The Rise and Fall of Revenue Farming* (New York: St. Martuin's Press, 1993), p. 263.

[2] Godley, "Thio Thiau Siat's Network", pp. 263 – 266. 另参见 Lee Kam Hing and Chow Mun Seong, *Biographical Dictionary of the Chinese in Malaysia* (Petaling Jaya: Pelanduk Publications, 1997), pp. 10 – 11。

[3] Anthony Reid, *The Contest for North Sumatra: Atjeh, the Netherlands and Britain 1858 – 1898* (London: Oxford University Press, 1969), p. 260.

[4] *Pinang Gazette and Straits Chronicle*, 14 November 1896, p. 2.

亚齐和槟城之间活络的军火贸易始于 1847～1856 年。从美国和新加坡进口到槟城的军火多半转出口到亚齐。亚齐人也生产大炮和火枪，但他们更偏爱较先进的欧洲军火。作为英国人贸易据点的槟城是亚齐取得欧洲军火的主要来源地。当亚齐战争于 1873 年爆发时，对军火的巨大需求丝毫不减。尽管当局在战争期间严禁出口军火到亚齐，但槟城仍旧是亚齐军火的主要供应地。来自欧洲和新加坡的军火进口到槟城之后，跨海被偷运进亚齐。走私的军火可卖到很高的价格，其利润十分丰厚。例如，一小桶火药在 1873 年以前售价约 2 元，1876 年暴涨至 10 元，到 19 世纪 80 年代更进一步涨到近 20 元。[①]

由于利润如此之高，军火走私猖獗的情况不足为奇。亚齐战争刚爆发时，本地周报《槟城阿格斯报与广告商报》于 1873 年 3 月 10 日报道："土库街和码头的华人轮船和帆船上仍有大量的火药走私活动。本周内有关当局接获了数宗投报，违法者也立刻受到处置。"[②]亚齐和槟城之间的军火流通对于亚齐王国来说至关重要。军火不仅是有利可图的商品，而且是亚齐人急需用来抵抗荷兰人入侵与扩张的武器。

为了破除万裕兴的强大竞争，荷兰皇家邮船公司在 1900 年前后决定与万裕兴谈判，向对方提出两项献议，即双方摊配货量，或者由荷兰皇家邮船公司收购万裕兴的航线。结果，万裕兴选择了后者。万裕兴同意让其轮船撤出亚齐，而荷兰皇家邮船公司需每月支付它 1000 荷兰盾，为期 10 年。此外，荷兰皇家邮船公司也同意另外再付给万裕兴 3 万荷兰盾，条件是它必须确保一旦那些轮船转手卖出，它们不会在荷属东印度群岛营运。[③] 通过这样的安排，那些

---

① Eric Tagliacozzo, *Secret Trades*, *Porous Borders*: *Smuggling and States along a Southeast Asian Frontier*, *1865 - 1915* (New Haven: Yale University Press, 2005), pp. 292 - 293.

② *The Penang Argus and Mercantile Advertiser*, 10 March 1873, p. 3.

③ Joseph Norbert Frans Marie Campo, *Engines Power*: *Steamshipping and State Formation in Colonial Indonesia* (Netherlands: Verloren, Hilversum, 2002), p. 328.

跟荷兰皇家邮船公司竞争的轮船当然就即刻被排除掉。不过，这并不能保证原来的竞争者不会与别家公司合伙，以不同的轮船再度投入船运业。这样的情况也确实发生于1907年：张弼士加入了有七艘轮船往返于槟城和苏门答腊的东方船务公司。

就其效果和破坏性而言，更能削弱五大姓在苏门答腊（特别是亚齐）的船运与贸易网络的，是荷兰皇家邮船公司所实施的宽松信贷制度。1896年，荷兰皇家邮船公司开始向亚齐的大批华裔小商家提供贷款。航向亚齐海岸的每一艘荷兰皇家邮船公司轮船，都会带着1万荷兰盾的款项作为放贷之用。[1] 荷兰皇家邮船公司征收的贷款利率为0.5%~1%，在当时是苏门答腊最低的利率。[2] 结果，荷兰皇家邮船公司非正式地在这块殖民地上成为最大的提供短期贷款的金融机构。不出意外的，亚齐的许多华裔和本土商人纷纷转向荷兰皇家邮船公司寻求低利率贷款。短短几年之内，贷出的款项高达数百万荷兰盾。华裔商家若想要获得这种慷慨释出的贷款，必须抵押货物作为债权的担保；荷兰皇家邮船公司控制了那些货物，基本上就等于控制了亚齐进出口商品的运输。事实上，亚齐的华裔小商家是本地产品和外国货物输出和输入亚齐的重要环节。耶鲁恩·图温（Jeroen Touwen）指出，在苏门答腊、婆罗洲（加里曼丹）、苏拉威西、马鲁古、峇厘、龙目等外围岛屿的进出口贸易产业链中，华人是大公司与本土居民之间的一大环节；他们深入内陆乡区，一方面将进口的产品，如米及其他粮食、消费品和机器分销出去，另一方面则收集农产品供销售到沿海城镇和出口。[3]

① Joseph Norbert Frans Marie Campo, *Engines Power*: *Steamshipping and state formation in colonial Indonesia* (Netherlands: Verloren, Hilversum, 2002), p. 329.

② Joseph Norbert Frans Marie Campo, *Engines Power*: *Steamshipping and State Formation in Colonial Indonesia* (Netherlands: Verloren, Hilversum, 2002), p. 329. 槟城商人提供的利率一般是10%~30%。

③ Jeroen Touwen, *Extremes in the Archipelago*: *Trade and Economic Development in the Outer Islands of Indonesia 1900 – 1942* (Leiden: KITLV Press, 2001), p. 205, p. 207.

19世纪槟城华商五大姓的崛起与没落

就这点而言，他们是构成五大姓船运与贸易网络的基本元素。荷兰皇家邮船公司通过宽松的贷款制度，将这些规模小却十分重要的华裔商家收编到它的船运与贸易网络中，逐渐抢走了五大姓的船运与贸易生意。

# 东方船务公司：五大姓对西方船运与贸易挑战的回应

　　面对西方大企业对其区域船运与贸易业务的猛烈打击，五大姓和盟友并未坐以待毙。1907 年，他们合并旗下五家主要的船运与贸易公司，即高源号（Koe Guan Co.）、孟兄弟公司（Beng Brothers）、福昌公司（Hock Chong & Co.）、广福公司（Kong Hock & Co.）和宁绰公司（Leng Cheak & Co.），组成一家合股公司，名为东方船务公司。[①] 东方船务公司的成立旨在抗衡海峡轮船公司和荷兰皇家邮船公司掀起的竞争，其初始资本额为 140 万元，旗下船队有轮船 16艘。[②] 随着 1908 年之后添购及新造的轮船加入，公司的船队迅速壮大，至 1912 年已增至 40 艘。[③]

　　东方船务公司的董事会由 16 名大商人组成（见表 6 – 4），从中可看出它的实质。16 人当中有三名许氏家族成员，也就是高源号的东主，他们的生意主要包括船运、贸易、锡矿开采和饷码承包。他们在高源号名下经营的轮船航行于槟城、新加坡、暹罗西南部和

　　① Joseph Norbert Frans Marie Campo, *Engines Power*：*Steamshipping and State Formation in Colonial Indonesia*（Netherlands：Verloren, Hilversum, 2002），p. 319.
　　② Jennifer Cushman, *Family and State*：*The Formation of a Sino-Thai Tin-Mining Dynasty 1797 – 1932*（Singapore：Oxford University Press, 1991），p. 67.
　　③ Jennifer Cushman, *Family and State*：*The Formation of a Sino-Thai Tin-Mining Dynasty 1797 – 1932*（Singapore：Oxford University Press, 1991），p. 86. 该公司也拥有六艘供水船、一个作坊和一个船厂。另参见 *Straits Echo*, 29 November 1907, p. 1157。

缅甸南部之间，专门运输锡、苦力和米。林氏家族的四名成员也与
船运和贸易业有密切的关系。例如，林耀煌（Lim Eow Hong）在
1901 年继承父亲的宁绰公司，所经营的庞大且多样化的业务除了槟
城、亚齐和仰光之间的船运与贸易，还包括糖厂、米较和木薯厂。
另一名船运商李鼎峙（Lee Teng See）是大商人李丕渊（Lee Phee
Ean）之子、船运大亨李丕耀（Lee Phee Eow）之侄，他与堂兄弟和
妻舅联手创办的福昌公司，旗下至少有 6 艘轮船往返于槟城和威省。

**表 6 - 4　东方船务公司董事的家族与商业背景**

| 董事姓名 | 家族关系 | 商业背景 |
|---|---|---|
| 许心美<br>（Khaw Sim Bee） | - 许泗章（Khaw Soo Cheang）<br>　幼子<br>- 四个妻子：<br>　1. Lim Seng Wan<br>　2. Lim Seng Kim<br>　3. Nuan Na Nakhon<br>　4. Klao | - 高源号<br>- 贸易与船运<br>- 到 1904 年拥有 16 艘轮<br>　船，崛起成为槟城最大<br>　的船运公司<br>- 饷码承包<br>- 锡矿开采 |
| 许如琢<br>（Khaw Joo Tok） | - 许心钦（Khaw Sim Khim）<br>　三子<br>- 妻子：Lim Chooi Hoon | |
| 许如义<br>（Khaw Joo Ghee） | - 许心广（Khaw Sim Kong）<br>　之子<br>- 五个妻子：<br>　1. Lim Pihatpoe<br>　2. Lim Shai Hong<br>　3. Prem Na Nakhon<br>　4. Leu Yoo<br>　5. Fuang | |
| 王汉宗<br>（Ong Hun Chong） | - 王元清（Ong Guan Cheng）<br>　次子<br>- 妻子：林碧貌（Lim Pek Mow），<br>　苏门答腊东岸甲必丹林淑振<br>　（Lim Seok Chin）次女<br>- 三个兄弟分别娶谢氏、邱氏和<br>　陈氏为妻 | - 万珍南号（Ban Tin<br>　Lam）东主，经营锡、<br>　胡椒和盐<br>- 在槟城和通扣与人合伙<br>　承包饷码<br>- 拥有椰园 |

| 董事姓名 | 家族关系 | 商业背景 |
|---|---|---|
| 胡子春<br>（Foo Choo Choon） | - 胡玉池（Foo Yu Chio）次子<br>- 妻子：郑氏（郑景贵侄女）<br>- 一个姑妈嫁入谢氏家族 | - 霹雳拿乞（Lahat）永丰行（Chop Eng Hong）东主，经营锡矿业<br>- 在雪兰莪和暹罗南部拥有锡矿场 |
| 林士志<br>（Lim Soo Chee） | - 林克全（Lim Kek Chuan）长子<br>- 妻子：许心泉（Khaw Sim Chua）孙女 | - 受雇于贝美公司（Behn Meyer & Co.），后来经营饷码承包和锡矿开采 |
| 谢自友<br>（Cheah Choo Yew） | - 妻子：<br>1. Lim Chye Geam<br>2. Lim Saw Yew | - 经营槟城与冷吉之间的船运<br>- 参与日里、槟城、吉打、霹雳、曼谷和新加坡的饷码承包 |
| 谢达仁<br>（Chean Tat Jin） | - 谢增煜（Cheah Chen Eok）次子<br>- 妻子：林桂元（Lim Kwee Guan），林宁绰之女<br>- 林耀煌之妹夫 | - 达兄弟公司（Tat Brothers Company）（金融与贸易）<br>- 1910年参与经营槟城烟酒饷码和雪兰莪赌博饷码 |
| 庄清建<br>（Choong Cheng Kean） | - 庄焯（Choong Chuo）之独生子<br>- 四个妻子：<br>1. Yeoh Khuan Neoh<br>2. Lim Gek Kee<br>3. Lim Gaik Teen Neoh<br>4. Ong Ee Gaik Neoh | - 参与承包吉打大部分饷码<br>- 从事米较业和橡胶种植业 |
| 李鼎峙<br>（Lee Teng See） | - 李丕渊四子<br>- 首任妻子：许心广之女（婚后一个月逝世）<br>- 次任妻子：林氏 | - 福昌公司和福茂公司的合伙人<br>- 以上两家船运与贸易公司有11艘轮船航行于槟城、马来半岛西海岸和缅甸南部之间 |
| 吴德志<br>（Goh Teik Chee） | - 吴湘其（Goh Siang Kee）幼子<br>- 妻子：Wong Tat Yong | - 英国和欧洲现代机械进口商<br>- Kwong Feng An 橡胶园代理商 |

| 董事姓名 | 家族关系 | 商业背景 |
|---|---|---|
| 林成辉<br>（Lim Seng Hooi） | - 与亚齐有贸易关系的林花鐕<br>（Lim Hua Chiam）之五子<br>- 妻子：邱氏 | - 点石斋印刷所董事总经理 |
| 柯孟淇<br>（Quah Beng Kee） | - 柯汝梅（Quah Joo Moey）之八子<br>- 妻子：日里华人甲必丹 Chew Choo Inn 之女<br>- 李不峻（Lee Phee Choon）之妻舅 | - 早年受雇于北美公司，后成立孟兄弟公司从事船运与抽佣代理业务，旗下经营 10 艘轮船<br>- 1895 年创办源利兴轮船公司（Guan Lee Hin Steamship Company），提供槟城、吉打、威省和霹雳之间的渡轮服务<br>- 在槟城拥有 3000 英亩橡胶园 |
| 林清德<br>（Lim Cheng Teik） | - 潘兴隆/林资源（Phuah Hin Leong / Lim Choo Guan）长子<br>- 妻子：Khoo Guat Lee<br>- 次子林清露（Lim Cheng Law）娶 Khoo Bean Leang 独生女为妻；侄女 Lim Saw Kim 嫁给通扣（普吉岛）闻商 Ong Beow Suan 之子 Ong Oh Leng | - 开恒美米油较（Khie Heng Bee Rice and Oil Mill）东主<br>- 创办清德公司（Cheng Teik & Co.）经营船运与贸易，与仰光的林仕兴商行（Lim Soo Hean & Co.）共同营运 "Seang Leong 号" 轮船，在仰光与槟城、新加坡和中国之间运载客人和货物 |
| 林耀煌<br>（Lim Eow Hong） | - 林宁绰长子 | - 继承家族企业宁绰公司，经营种植业、船运、饷码承包和米较生意 |
| 赫尔曼·耶森<br>（Herman Jessen） | | - 贝美公司出口部经理 |

注：表中内容整理自 Lee Kam Hing and Chow Mun Seong, *Biographical Dictionary of the Chinese in Malaysia*（Kuala Lumpur: Pelanduk Publications, 1997）, p. 14, p. 18, p. 32, pp. 42 - 43, pp. 48 - 49, p. 58, pp. 60 - 61, pp. 106 - 108, p. 135, pp. 139 - 40; Jennifer W. Cushman, *Family and State: The Formation of a Sino - Thai Tin mining Dynasty*（New York: Oxford University Press, 1991）, pp. 20 - 24;《世界谢氏宗亲第五届恳亲大会纪念特刊》, 槟城：北马谢氏宗祠和槟城谢氏福侯公公司, 1989, 第 85～86 页; Arnold Wright and H. A. Cartwright, *Twentieth Impressions of*

*British Malaya: Its History, People, Commerce, Industries and Resources* (London: Lloyds Greater Britain Publishing Company Ltd. , 1908 ), p. 781, p. 803; *Pinang Gazette and Straits Chronicle*, 1 February 1900, p. 2; 张少宽《槟榔屿福建公冢暨家冢碑铭集》, 新加坡: 新加坡亚洲研究学会, 1997, 第 63 页; *Straits Echo*, 28 June 1912, p. 485。

应当注意的一个重点是, 并非所有董事都来自船运与贸易界。永定客家人胡子春其实是锡矿大亨, 他的采矿公司永丰行拥有霹雳最大的几个锡矿场。[1] 他的采矿事业也延伸到暹罗南部和雪兰莪, 所雇用的苦力总计有 1 万人之多。[2] 很显然的, 锡矿生产是胡子春的经济支柱。唯一的非华裔董事, 即德国人赫尔曼·耶森, 则是贝美公司槟城分行的出口部经理。这家德国贸易与船运公司于 1890年在槟城开设分行, 代理北德轮船公司 ( Norddeutchsher Lloyd )、亨宝轮船公司 ( Hamburg – Amerika )、德澳轮船公司 ( the German Australian Steamship Company )、英德拉公司 ( the Indra )、大西洋轮船运输公司 ( Atlantic Transport )、威尔逊希尔公司 ( Wilson Hill )、宝隆洋行 ( East Asiatic Company )、俄罗斯东亚轮船公司 ( Russian East Asiatic Company ) 以及许多重要保险公司的业务。[3]

综上所述, 东方船务公司不仅是为了建立统一船队而集资成立的公司, 而且董事会人数较多, 使它得以借助交叉董事网络与其他公司保持联系, 从而在东方船务公司旗下建立起一个涵盖船运、贸易、加工、消费与生产的整合型网络。它的董事会包含赫尔曼·耶森和许氏、胡氏及林氏家族成员, 恰恰说明了这个网络的整合性。许氏家族的轮船将稻米从仰光运到槟城, 经过林氏家族的米较加工处理, 再供应给胡氏家族锡矿场的苦力。苦力开采的锡矿由轮船运

---

[1] *The Singapore & Straits Directory 1904*, p. 281.

[2] Lee Kam Hing & Chow Mun Seong, *Biographical Dictionary of the Chinese in Malaysia* ( Kuala Lumpur: Pelanduk Publications, 1997 ), p. 43.

[3] Arnold Wright and H. A. Cartwright, eds. , *Twentieth Century Impressions of British Malaya: Its History, People, Commerce, Industries, and Resources* ( London: Lloyd's Greater Britain Publishing Company, Ltd. , 1908 ), p. 801.

到槟城，让东方船务公司数名董事经营的熔锡厂加工。最后，加工制成的精锡通过公司轮船出口到中国或印度市场，或者经由贝美公司出口到欧洲和美国。这样的整合型网络提升了东方船务公司的竞争力，让它能够面对海峡轮船公司和荷兰皇家邮船公司的挑战。

# 五大姓与西方公司在保险业的竞争

1885 年 7 月 10 日，槟榔屿乾元保安公司根据 1866 年《印度公司法》（*the Indian Companies' Act* 1866）注册成立，提供海上保险和火灾保险服务。① 这家保险公司的成立并非偶然。它是在越来越多西方保险公司通过西方人经营的代理商行进驻槟城之后出现的。在 19 世纪 50 年代的槟城，类似的保险公司只有几家，例如，舍科尔公司（C. M. Shircore & Co.）代理的加尔各答商业海上保险社（the Calcutta Mercantile Marine Insurance Society）和公裕太阳火险公司（Sun Insurance Office），以及法兰瑟尔公司（Franser & Co.）代理的东方水险公司（Eastern Marine Insurance Company）；到 1895 年，其数量增加到至少 15 家。② 在槟城的西方保险公司数量之所以增加，与西方公司对槟城区域沿海船运业或地方船运业的参与日益深入有着密不可分的关系。

在 19 世纪最后 20 年，西方企业对槟城商业性船运业的渗透日益强势。很显然的，西方船运公司前所未有的扩张刺激了槟城海上保险业的成长。海上保险旨在对船舶和货物所可能遭遇的损毁提供财务保障，向来是西方船运与贸易中的一项重要环节。那段时期绝

---

① *Pinang Gazette and Straits Chronicle*, 9 February 1886, p. 2.
② *Pinang Gazette and Straits Chronicle*, 12 July 1856, p. 5；13 September and 26 December 1895, p. 4.

大部分西方船运公司都会为它们的船舶在海上可能遭遇的风险投保。例如，在 1870 年，海洋轮船公司为旗下每艘轮船投保 2000 英镑，而到了 1875 年，它所投下的保费总计高达 3 万 6225 元[①]；海峡轮船公司则通过一家由家族经营的海上保险经纪公司，即历史悠久的威利斯、费伯与杜马公司（Willis，Faber & Dumas），为它的船队投保[②]。西方船运队伍与保险公司的结合给槟城福建商人，特别是控制着大部分船运公司并支配着槟城区域沿海及地方船运服务的五大姓商人带来了严峻的挑战。

但是，直到 19 世纪 60 年代，绝大部分（并非全部）由这些福建商人所拥有的船运公司都是在没有投保的情况下运作。这并非不寻常，因为在华人传统商业船运模式中并没有投保这回事。事实上，福建商人起初认为，给船舶投保只会增加额外成本。但是，有鉴于有水险和火险保障的西方船运服务所带来的巨大挑战，加上有越来越多跨国西方保险公司进驻槟城，槟城福建商人开始意识到他们所处的劣势，以及西方人在船运与贸易业中的竞争优势。

华人保险公司首次进驻槟城是在 1878 年。这家公司很可能就是总部设在香港的安泰保险公司（On Tai Insurance Company Limited）[③]。1877 年，一批香港贸易商集资 40 万元创立这家公司，以西方管理方式经营海上保险生意。[④] 第二年，槟城客籍富商胡泰兴获安泰保险公司委任为槟城业务代理人。[⑤] 胡泰兴是成功的大商人，生意涵盖采锡、种植、饷码承包和商贸。他也是重要的华社领袖，

---

① Francis Edwin Hyde, *Blue Funnel*：*A History of Alfred Holt and Company of Liverpool from 1865 to 1914*（England：Liverpool University Press，1957），p. 145.

② K. G. Tregonning, *Home Port Singapore*：*A History of Straits Steamship Company Limited*，*1890 - 1965*（Singapore：Oxford University Press，1967），p. 37.

③ *Pinang Gazette and Straits Chronicle*，7 January 1879，p. 5.

④ 冯邦彦：《香港金融业百年》，香港：三联书店有限公司，2002，第 35 页。另参见 Carl Smith，"A Sense of History：Part 1，" *Journal of the Hong Kong Branch of the Royal Asiatic Society* 26（1986）：225。

⑤ *Pinang Gazette and Straits Chronicle*，7 January 1879，p. 5.

于 1872 年成为太平局绅，1883 年成为市政委员，1885 年出任槟榔屿广东暨汀州会馆的大总理。① 身为安泰保险公司的代理人，胡泰兴可能是槟城第一位在海上保险事业上拥有经验与知识的华商。1885 年，胡泰兴凭着这些经验与知识，与来自谢氏家族的重要生意伙伴谢增煜联手，发起成立了第一家以槟城为基地的保险公司——槟榔屿乾元保安公司。②

槟榔屿乾元保安公司（简称乾元）于 1886 年 2 月 9 日刊登在《槟城公报与海峡纪事报》的广告中所列出的 16 名合伙人，有 8 名是五大姓家族的重要成员（见表 6-5）。

表 6-5 1886 年槟榔屿乾元保安公司合伙人

槟榔屿乾元保安公司合伙人

The Penang Khean Guan Insurance Company Limited Board of Directors
（1886 年 2 月 9 日）

| 陈俪琴*（主席） | Tan Ley Kum（Chairman） | Chop Lai Shang |
|---|---|---|
| 李丕耀 | Lee Phee Yeow | Chong Moh & Co. |
| 谢有义 | Cheah Eu Ghee | Chie Hin & Co. |
| 邱天德 | Khoo Thean Tek | Chin Bee & Co. |
| 邱心美 | Khoo Sim Bee | Ee Soon & Co. |
| 谢德顺 | Cheah Tek Soon | Sin Eng Moh & Co. |
| 王明德 | Ong Beng Tek | Ban Chin Hong & Co. |
| 胡泰兴 | Foo Tye Sin | Tye Sin Tat & Co. |
| 杨清德 | Yeoh Cheng Tek | Hong Thye & Co. |
| 许心美 | Khaw Sim Bee | Koe Guan & Co. |

---

① Lee Kam Hing & Chow Mun Seong, *Biographical Dictionary of the Chinese in Malaysia* (Kuala Lumpur: Pelanduk Publications, 1997), p.44.

② 谢增煜是胡泰兴的女婿，也是一名富商，在金融业和船运业拥有经验。他在 1852 年生于槟城，曾就读于槟城大英义学，16 岁加入从事船运与贸易的文德公司（Boon Tek & Co.），不久转投印度—新金山—中国渣打银行槟城分行，并为该银行服务长达八年。见 Lee Kam Hing & Chow Mun Seong, *Biographical Dictionary of the Chinese in Malaysia* (Kuala Lumpur: Pelanduk Publications, 1997), p.13。

槟榔屿乾元保安公司合伙人

The Penang Khean Guan Insurance Company Limited Board of Directors

（1886 年 2 月 9 日）

| 谢凌云 | Cheah Leng Hoon | Eng Ban Hong & Co. |
|---|---|---|
| 颜金水 | Gan Kim Swee | Aing Joo & Co. |
| 陈锦庆 | Tan Kim Keng | Kim Cheang & Co. |
| 谢增煜（秘书） | Cheah Cheng Eok（Secretary） | Chen Eok & Co. |
| 王文德（财政） | Ong Boon Tek（Treasurer） | Boon Tek & Co. |
| 罗根与罗斯 | Logan & Ross | Logan & Ross Solicitors |

&ast;陈俪琴的英文名又拼成 Chun Ley Kum 或 Chan Lai Kham，祖籍广东南海，为饷码承包商兼矿场融资者，在拉律拥有熔锡厂 Chop Lai Shang 和贸易商店 Lai Shang Tsan。

资料来源：*Pinang Gazette and Straits Chronicle*, 9 February 1886, p. 2；*The Singapore & Straits Directory*, 1890, 1894, 1895。

　　乾元的其余合伙人也都是富裕及有地位的槟城商业精英。唯一非华裔合伙人是罗根和罗斯律师楼（Logan & Ross），也就是乾元的法律顾问公司。这家律师楼由詹姆斯·丹尼尔·罗根（James Daniel Logan）和弗德里克·约翰·康特·罗斯（Frederick John Caunter Ross）联合创办于 19 世纪 50 年代。到 1886 年，他们在海峡殖民地最高法院里已是资深且卓然有成的律师。[①] 以罗根来说，他同时还是一名富裕业主，在威省和槟城拥有总面积 1 万 8000 英亩的种植园。[②] 由此可见，乾元是由当时槟城商业精英阶层中的主要人物组织而成，这些人物通过联姻和生意伙伴关系，彼此有着密切的联系。

　　乾元创立时的名义资本为 120 万元，分为 2 万 4000 股，每股 50 元。其中实缴资本为 33 万 2800 元，总共发行 1 万 6640 股，每

---

① *The Penang Almanack and Directory for 1876*, p. 18, p. 62, p. 66. 詹姆斯·丹尼尔·罗根在新加坡担任执业律师 10 年之后于 1853 年迁至槟城，并经常在华社与殖民地政府发生矛盾时担任华社的法律顾问。见 Jean Debernardi, *Rite of Belonging：Memory, Modernity, and Identity in a Malaysian Chinese Community*（California：Stanford University Press, 2004）, p. 49。

② *The Penang Almanack and Directory for 1876*, pp. 40 – 41。

股 20 元。<sup>①</sup> 至 1891 年，实缴资本达 33 万 9400 元，发行的股份共计
1 万 6970 股。<sup>②</sup> 这些股份多半是由公司发起人及他们的亲属和生意
上的盟友持有，股权的转手也都是在家族圈子里进行。例如，1896
年，乾元董事邱心美（Khoo Sim Bee，任期 1885～1891 年）之子邱
有用（Khoo Eu Yong）将所持有的股权转让给族人邱衡赤（Khoo
Heng Cheak）。<sup>③</sup> 如此一来，五大姓及其亲密盟友始终保持对公司拥
有决定权的持股比率。五大姓及其亲密盟友创办乾元其实有一石二
鸟之效：既让五大姓得以在日益成长的槟城保险市场跟西方企业竞
争，又为本身的船舶和货仓提供保险。

虽然起步较晚，但这家以槟城为基地并由福建商人控制的保
险公司很快崛起，成为原本由西方公司垄断的槟城保险界主要且
强有力的竞争者。为了削弱西方竞争对手的势力，乾元通过槟城
的代理商行与总部设在香港的安泰保险公司和总部设在上海的仁
济和水火保险公司（China Merchants' Insurance Company）达成协
议，一方面提供较低的保费，另一方面则实施花红制，即每年提
供花红给保险代理公司，以鼓励其保险员为它招徕更多的生意。<sup>④</sup>
这两项策略引起西方保险公司极大的关注，因为它们几乎不曾降低
保费或提供花红给保险代理。1886 年，部分西方保险公司，特别是
总部设在伦敦者，不甚情愿地跟着降低保费和采取花红制<sup>⑤</sup>。例如，
伦敦水险公司（The Marine Insurance Company Limited of London）便
曾在《槟城公报与海峡纪事报》上刊登广告，宣布调降保费 10 分。<sup>⑥</sup>
乾元投入营业之后，五大姓和盟友既可为他们的船舶和货仓投
保水险和火险，又能从保费中获利，而无须将保费付给其他人。在

① *Pinang Gazette and Straits Chronicle*, 29 November 1887, p. 3.

② *Pinang Gazette and Straits Chronicle*, 28 November 1891, p. 6；16 December 1890, p. 3；11
   December 1893, p. 3.

③ *Pinang Gazette and Straits Chronicle*, 20 November 1896, p. 2.

④ *Pinang Gazette and Straits Chronicle*, 26 November 1886, p. 5.

⑤ *Pinang Gazette and Straits Chronicle*, 26 November 1886, p. 5.

⑥ *Pinang Gazette and Straits Chronicle*, 18 March 1887, p. 3.

某种程度上，乾元是在为五大姓的贸易与船运公司提供内部保险。通过这种内部保险，五大姓商业领袖不需要对外购买保险，因此节省了数千元的保费。事实上，乾元的一大部分收益，很可能就是来自五大姓和盟友所支付的保费。1886～1895 年的乾元财务报告显示，其净保费呈逐年增长的趋势，从 1886 年的 10 万 426.91 元增至 1895 年的 15 万 7252.99 元（见表 6 - 6）。

### 表 6 - 6　1886 年、1891～1900 年及 1905～1906 年槟榔屿乾元保安公司财务报告

单位：元

| 年份 | 净保费 | 赔付支出 | 储备基金加额 | 红利支出 | 储备基金总额 |
|---|---|---|---|---|---|
| 1886 | 100426.91 | 36793.64 | 20000 | 25523.47 | 10000 |
| 1891 | 138653.49 | 53865.92 | 20000 | 24967.19 | 120000 |
| 1892 | 147143.64 | 64620.48 | 20000 | 23514.89 | 140000 |
| 1893 | 148397.49 | 21276.90 | 20000 | 59402.78 | 160000 |
| 1894 | 159444.22 | 53929.58 | 60000 | 36779.96 | 220000 |
| 1895 | 157252.99 | 61915.16 | 30000 | 14534.99 | 250000 |
| 1896 | 75708.55 | 33681.10 | — | — | — |
| 1897 | 63272.23 | 61982.19 | 0 | 0 | — |
| 1898 | 87772.95 | 81516.36 | — | — | — |
| 1899 | 94085.88 | 86328.64 | — | — | — |
| 1900 | 102421.70 | 93332.18 | 10000 | — | — |
| 1905～1906 | 62662.56 | 15525.58 | 2000 | 44122 | 200000 |

资料来源：*Pinang Gazette and Straits Chronicle*, 29 November 1887, p. 3；28 November 1891, p. 6；16 December 1892, p. 3；6 December 1893, p. 3；28 November 1894, p. 2；13 December 1895, p. 3；29 November 1896, p. 2；23 November 1897, p. 2；24 November 1899, p. 2；17 December 1900, p. 2；*Straits Echo*, 23 November 1906。

1891～1895 年，乾元发给股东的年度红利总额相当可观，最低为 1 万 4534.98 元，最高则达到 5 万 9402.78 元。随着盈利逐年增加，每年分配作为储备基金的数额都不少于 1 万元。到了 1895 年，

累积的公司储备基金已达到 25 万元。

不过，乾元在 1896 年和 1897 年的盈利大幅度下跌，这两年的净保费总额分别滑至 7 万 5708.55 元和 6 万 3272.23 元，比起 1895 年减少逾半。净保费下跌很可能是两个因素所造成：赔付支出的增加，以及伤害极大的清盘动议。1896 年 9 月，来自毛里求斯的客户因为损失 7594 袋糖，要求赔偿 7 万 5000 卢比（3 万 5570.31 元）和支付相当于 4 万 7548.83 元的开支，使乾元陷入了颇为艰难的处境。[1] 随着这宗索赔案，公司秘书谢增煜辞职。接着在 1897 年 7 月 13 日，公司召开特别股东大会，讨论是否采纳数名大股东提出的清盘动议。[2] 结果，这项动议因为无法获得 2/3 以上股东的同意而遭到否决。[3] 然而，这项清盘动议已经动摇了人们对乾元作为一家稳健的保险公司的信心。

尽管蒙受这两大挫折，乾元在新任秘书谢德泰（Cheah Tek Thye，许心美之妻舅）的领导下重新整合并恢复了元气（见表 6 - 7）。

### 表 6 - 7　1897 年槟榔屿乾元保安公司合伙人

| 槟榔屿乾元保安公司合伙人<br>The Penang Khean Guan Insurance Company Limited Board of Directors<br>（1897 年 11 月 26 日） | | |
|---|---|---|
| 谢有义 | Cheah Eu Ghee | |
| 蔡有格 | Chuah Yu Kay | |
| 林长辉 | Lim Teang Hooi | |
| 邱衡赤 | Khoo Heng Cheak | |
| 徐如琢 | Khaw Joo Tok | |
| 谢德顺 | Cheah Tek Soon | |
| 谢德利 | Cheah Tek Lee | |

① *Pinang Gazette and Straits Chronicle*, 23 November 1897, p. 2.

② *Pinang Gazette and Straits Chronicle*, 17 November 1896, p. 3.

③ *Pinang Gazette and Straits Chronicle*, 14 July 1897, p. 2.

19世纪槟城华商五大姓的崛起与没落

槟榔屿乾元保安公司合伙人

The Penang Khean Guan Insurance Company Limited Board of Directors

（1897 年 11 月 26 日）

| | | |
|---|---|---|
| 谢凌云 | Cheah Leng Hoon | |
| 谢允协 | Cheah Oon Heap | |
| 林山河 | Lim Sun Ho | |
| 陈锦庆 | Tan Kim Keng | |
| 王文德 | Ong Boon Tek | |
| 郑景贵 | Teh Keng Quee | |
| 邱秋荣 | Khoo Chew Eng | |
| 林锦祥 | Lim Gim Seang | |
| 谢敦厚 | Cheah Toon Haw | |
| 林锦传 | Lim Gim Thuan | |
| 谢德泰 | Cheah Tek Thye | 秘书 |
| 吴宽量 | Goh Khuan Leang | 财政 |
| 林紫雾 | Lim Chee Boo | 稽查员 |
| 罗根与罗斯 | Logan & Ross | 法律顾问 |

资料来源：*Pinang Gazette and Straits Chronicle*, 23 July 1897, p. 2; 6 August 1897, p. 2。

从 1898 年开始，乾元的净保费收入又持续增长，从 8 万 7772.95 元增加到 1900 年 10 月的 10 万 2421.70 元（见表 6 - 6）。除了提供海上保险和火灾保险，乾元也在槟城扮演金融机构的角色，通过本票担保和不动产抵押的方式提供贷款。到 1887 年，它投资于不动产抵押贷款和本票担保贷款的总额分别为 20 万 3160.80 元和 12 万 8680 元。[①] 此外，乾元也将业务扩大到其他国家或地区，包括中国内地、暹罗、中国香港、缅甸、荷属东印度群岛、菲律宾和西伯利亚（见表 6 - 8）。在这些国家或地区之通商口岸负责监管乾元业务

----

① *Pinang Gazette and Straits Chronicle*, 29 November 1887, p. 3.

表 6-8 槟榔屿乾元保安公司的海外代理商

| 中国 | 新加坡 | 荷属东印度群岛 | 缅甸 | 菲律宾 | 暹罗 | 交趾支那 | 马来亚 | 中国香港 | 中国台湾 | 西伯利亚 |
|---|---|---|---|---|---|---|---|---|---|---|
| Hong Kee（夏门） | Gim Moh | Teow Joo Ho（巴达维亚） | Ho Min（毛淡棉） | Chin Hup（马尼拉） | Tek Guan Huat Kee（曼谷） | Ban Soon Ann（西贡） | Loke Chow Kit（巴生） | Joo Tek Seing | Pang Kee | Eng Heng Ann（海参崴） |
| Chin Cheang（夏门） | Gim Lam Hin | Sea Ng Hup（三宝垄） | Ee Seng（仰光） | Kwong Seng Ho（怡朗） | Hock Thye（曼谷） | | | | Hong Kee Chan（淡水） | |
| Chuan Cheang Cheng（广州） | Joo Seing Chan | Moh Guan（泗水） | Soon Thye（仰光） | | | | | | Ho Hin Kongsee（打狗/高雄） | |
| Tong Sin（广州） | | Sin Joo Hin（伊迪） | | | | | | | | |
| Jin Seing（汕头） | | Joo Cheang（乌勒雷） | | | | | | | | |
| Chin Hin（上海） | | Tong Guan（巴东） | | | | | | | | |
| Tong Sing Ho Kee（上海） | | | | | | | | | | |

第六章　西方商业精英及其对槟城华商的挑战

| 中国 | 新加坡 | 荷属东印度群岛 | 缅甸 | 菲律宾 | 暹罗 | 交趾支那 | 马来亚 | 中国香港 | 中国台湾 | 西伯利亚 |
|---|---|---|---|---|---|---|---|---|---|---|
| Hong Cheang（宁波） | | | | | | | | | | |
| Lee Kee（晋江） | | | | | | | | | | |
| Chuan Cheang Cheng（汉口） | | | | | | | | | | |
| Guan Seing（曲阜） | | | | | | | | | | |
| Jin Joo（牛庄） | | | | | | | | | | |
| Tong Huat Seang（天津） | | | | | | | | | | |
| Tan Teck Hong（芜湖） | | | | | | | | | | |
| Ho Kee（北海） | | | | | | | | | | |

资料来源：*The Singapore & Straits Directory 1904*。

的，是 1886 年、1891 年和 1904 年担任香港太平局绅的辜鸿德（Koh Hong Tek，在华南地区通常拼写成 Kaw Hong Take）。①

有鉴于以上所述各点，槟榔屿乾元保安公司显然不像一般的西方保险公司，而更像是金融机构与保险企业的结合体。五大姓除了通过鸦片饷码集团，也通过乾元这一管道，创造和积累了庞大的资本。乾元不仅是五大姓对持续增长的经济需求的回应，而且是他们想要跟早已在本区域站稳脚跟的西方保险业者竞争的一项尝试。

① *Pinang Gazette and Straits Chronicle*, 25 March 1895, p. 2. 另参见 Wong Choon San, *A Gallery of Chinese Kapitans* (Singapore: Ministry of Culture, 1963), pp. 20 – 21; Carl T. Smith, *Chinese Christians: Elites, Middlemen, and the Church in Hong Kong* (Hong Kong: Hong Kong University Press, 2005), p. 162, p. 164。辜鸿德是甲必丹辜礼欢三儿子辜龙池 (Koh Leong Tee) 的孙子，也是辜上达之子辜祯善 (Koh Cheng Sian) 的伯父。辜祯善曾于 1899 年承包香港鸦片饷码。

# 西方的竞争对五大姓的意义

　　西方企业对船运、贸易与保险业的侵蚀不仅让五大姓警觉到另外一股强大且具威胁性的经济力量的存在，而且让他们意识到本身在经济上的弱点与脆弱性。五大姓和盟友面对两个重大且急需解决的弱点，即资本相对不足和缺乏浑然一体的现代企业运作模式。由于当时的区域性经济发展越来越以资本密集和技术为本，这两者无疑都是其重大的缺陷。为了克服这两大不足，五大姓竭力集结其商业圈里最重要及人脉最广的生意伙伴，联合创办了东方船务公司和槟榔屿乾元保安公司。但其实这两家公司只是另一次更具野心的组织性集结——许氏集团（the Khaw Group）的前奏。许氏集团是一个大型的企业集团，旨在垂直结合六家公司，即槟榔屿乾元保安公司、鸦片饷码集团、东方船务公司、东方贸易公司（Eastern Trading Co.）、东方熔锡公司（Eastern Smelting Co.）和通扣埠铁船采锡公司（Tongkah Harbour Tin Dredging Co.），将它们放置在五大姓和盟友的交叉董事网络下集中管理。①

　　虽然许氏集团是由许氏家族领导，但五大姓在其中仍然扮演着具有影响力的管理及融资角色。五大姓主要成员不仅出现在集团旗

---

① Jennifer Cushman, *Family and State*：*The Formation of a Sino-Thai Tin-Mining Dynasty 1797 – 1932*（Singapore：Oxford University Press，1991），p. 63.

下各公司的董事会，而且是这些公司的主要合伙人或股东。这个集团很重要的一点是，它的股东当中不仅有一批非福建籍（客籍和粤籍）的华商，而且有印度齐智人①、德国人和澳大利亚人。如此广收博采各籍商人是它获得庞大资金和专门技术的关键。举例来说，东方熔锡公司和通扣码头采锡公司的两名澳大利亚籍董事——爱德华·托马斯·迈尔斯（Edward Thomas Miles）和爱德华·莱斯利·迈尔斯（Edward Leslie Miles）——拥有颇为丰富的航海经验和工程技术。② 除了贡献他们的经验和技术，这两名澳大利亚人也连同许氏家族，贡献了通扣码头采锡公司 25 万元的资本资产中的一大部分。③ 以东方船务公司的情况来说，除了华裔、德裔和澳裔的董事与合伙人，主要股东当中也有一些齐智人，例如投资高达 90 万元的拉曼齐智（A. M. K. Raman Chettiar）。④

通过一个由多家公司组成并由一群财雄势厚者统一管理的伞状组织结构，五大姓得以创造出生产、运输、贸易和金融生意，并且将这些生意纵向地结合起来。许氏集团也尝试对众多个人商业网络进行横向合并。它的董事与合伙人当中有霹雳的胡子春、黄务美（Ng Boo Bee）和郑大平（Chung Thye Phin），吉隆坡的陆秋杰（Loke Chow Kit）和陆秋泰（Loke Chow Thye），暹罗南部的许心美和许如琢，吉打的庄清建，苏门答腊的张弼士，以及新加坡的陈谦福（Tan Kheam Hock），可说是槟城周边地区各大商业网络的大汇合。凭着这一由多家公司交叉构成的伞状组织，五大姓和盟友似乎

① 齐智人（Chettiar）是印度南部泰米尔纳德邦泰米尔族社会等级中的商业金融阶级。

② Jennifer Cushman, *Family and State: The Formation of a Sino-Thai Tin-Mining Dynasty 1797 – 1932* (Singapore: Oxford University Press, 1991), p. 64.

③ Rajeswary Brown, "Chettiar Capital and Southeast Asian Credit Networks in the Interwar period," in Gareth Austin and Kaoru Sugihara, eds., *Local Suppliers of Credit in the Third World, 1750 – 1960* (New York: St. Martin's Press, 1993), p. 271.

④ Rajeswary Brown, "Chettiar Capital and Southeast Asian Credit Networks in the Interwar period," in Gareth Austin and Kaoru Sugiharn, eds., *Local Suppliers of Credit in the Third World, 1750 – 1960* (New York: St. Martin's Press, 1993), p. 270.

19世纪槟城华商五大姓的崛起与没落

处在一个有利于捍卫其商业利益的位置，并且对其竞争对手展开反击。更重要的是，能够发起这样的集体性机构，表示五大姓和盟友具备很好的能力与弹性，足以在方言群内部、方言群之间及族群之间形成合作关系和网络，以面对来自西方的前所未有的挑战。

# 结　语


　　19 世纪最后 10 年，随着一批攻势凌厉的西方企业进驻以槟城为中心的区域，五大姓首次在商业上面临严峻的挑战。西方企业凭着庞大的资本和新技术，加上现代化的管理模式，渗透了向来由五大姓支配的船运业及锡矿贸易与熔炼业。荷兰皇家邮船公司、英国海峡轮船公司和海峡贸易公司是其中的三大例子。西方企业的强势挑战激起五大姓的强力回应。他们集资创办东方船务公司和槟榔屿乾元保安公司，建立统一的船运网络，并结合保险和庞大资本，来迎接西方企业的挑战。这两家公司的成功促使五大姓和盟友尝试建立野心更大的企业集团——许氏集团。五大姓成立许氏集团既是为了凝聚福建商业群体的力量，也是试图将福建商业群体与其他方言及族裔群体的商业精英联系起来。如此一来，五大姓便能结合各方的技术、管理技巧和大量的资本，与西方企业竞争。借由许氏集团的成立，五大姓和盟友似乎进行了自我改造，效法西方企业的运作方式，来守护他们的商业帝国。然而到了 20 世纪，一套以西方为导向的政治经济制度和网络开始在五大姓经济势力所涵盖的槟城及其周边地区扎根。新的经济与政治秩序为西方企业提供较为有利的商业环境，并且更严重地侵蚀了五大姓原有的经济优势。

第 七 章

# 区域新秩序与五大姓的没落

锡矿业

橡胶业

五大姓饷码承包业的终结与官方垄断的兴起

土地中央化政策

许氏集团的瓦解与五大姓商业帝国的覆灭

家族纠纷

结　语

西方企业对五大姓向来主导的船运与贸易业的侵蚀，如上一章所述，并非西方企业挑战之全部。从 20 世纪前 10 年开始，西方企业将它们的生意触角进一步延伸到初级生产部门，特别是锡矿业和种植业。就是在这个时间点上，西方商业势力第一次全面君临以槟城为中心的区域。西方商业利益通过组织上市股份公司的方式集结庞大的资本，因此有能力利用新的技术和吸引熟练的管理人员，为它们在锡矿业和橡胶业建立优势。此外，西方政治与行政机器的现代化与扩张所强化的殖民地政府权力，也对饷码制度和土地所有权产生负面影响。面对这些变迁，五大姓失去了与对手竞争的能力，并开始瓦解。这并非自然或不可避免的过程，而是在剧烈变动的经济与政治秩序中，五大姓虽力图应付所面对的问题和挑战却力有未逮的结果。

　　本章旨在描述最终使五大姓失去优势的经济与政治变迁，并探讨为何五大姓无法在新秩序中保持他们在经济上的支配地位。我们将依次探讨变化剧烈的两大产业，首先探讨的是锡矿业。

# 锡矿业

西方企业从 19 世纪晚期开始在传统上由华商主宰的产业领域占有一席之地。它们首先进军的是熔锡业。西方企业逐渐打破由华人实质垄断的熔锡业，是从 19 世纪 80 年代末开始。[①] 在这方面最成功的是海峡贸易公司。到 1902 年，在海峡殖民地出口的锡矿中，有 55% 是由它熔炼的。[②] 面对西方企业对熔锡业日益强大的控制，五大姓及其盟友于 1907 年 8 月在许氏集团旗下，成立了一家采用现代熔锡设备的本地熔锡公司——东方熔锡公司（Eastern Smelting Company）。[③] 这家公司在英国注册，资本额为 150 万元。[④] 它的董事会由主要的矿场主和熔锡业者组成，刚开始时确实有效地与西方熔锡企业形成竞争之势。尽管 1908～1909 年锡矿业有所衰退，但东方熔锡公司在营运前三年仍旧能够大幅度提高产量。1908 年，它总共熔炼 1 万 1400 吨矿砂和粗锡，占海峡殖民地锡矿出口量的

① Rajeswary Ampalavanor Brown, *Capital and Entrepreneurship in South-East Asia* (New York: St. Martin Press, 1994), p. 77; Yip Yat Hoong, *The Development of the Tin Mining Industry of Malaya* (Kuala Lumpur: University of Malaya Press, 1969), p. 105.

② Jennifer Cushman, *Family and State: The Formation of a Sino-Thai Tin-Mining Dynasty 1797 – 1932* (Singapore: Oxford University Press, 1991), p. 76.

③ Wong Lin Ken, *The Malayan Tin Industry to 1914* (Tucson: The University of Arizona Press, 1965), p. 229; Jennifer Cushman, *Family and State: The Formation of a Sino-Thai Tin-Mining Dynasty 1797 – 1932* (Singapore: Oxford University Press, 1991), p. 76, p. 78.

④ Jennifer Cushman, *Family and State: The Formation of a Sino – Thai Tin – Mining Dynasty 1797 – 1932* (Singapore: Oxford University Press, 1991), pp. 76 – 78。另参见 *Penang Centenary Number, 1833 – 1933*, Penang, 1933, p. 20。

18%；1909 年，它的熔锡量提高到 1 万 6000 吨或占出口量的
29%。[1] 熔锡量逐渐提高意味着这家华人熔锡公司已在商业上站稳
脚步，并且有能力与英国人的海峡贸易公司竞争。

然而到 1911 年初，这家颇有前景的公司却被迫以 13 万 3000 英
镑卖给英国买家。[2] 它的问题在于缺乏资金供扩张之用。那时候五
大姓及其盟友在鸦片饷码业务上严重负债，以致许氏集团旗下的其
他公司面对资金短缺的问题（详见后文）。东方熔锡公司的脱售是
一个分水岭，代表西方企业对槟城区域商业的支配：海峡殖民地最
重要的华人熔锡公司落入了西方人的手中，从此迎来西方公司几近
垄断此区域熔锡业的时代。1911～1940 年，高达 85% 的马来亚锡
矿产出都是由这两家英国人控制的公司熔炼，而这个数量占了全球
熔锡量的 1/3。[3]

不过，在锡矿开采方面，华人仍旧占主导地位。进入 20 世纪，
华人锡矿场贡献了 90% 的马来亚、暹罗和缅甸锡矿产出。[4] 直到
1912 年，越来越多的西方采矿公司采用成本高昂的铁船开采技术，
华人对采锡业的垄断才开始受到严重的威胁。[5] 与此同时，华人并

[1] Rajeswary Ampalavanor Brown, *Capital and Entrepreneurship in South-East Asia* (New York: St. Martin Press, 1994), p. 87; Wong Lin Ken, *The Malayan Tin Industry to 1914* (Tucson: The University of Arizona Press, 1965), p. 229.

[2] 英国买家包括厄内斯特·伍德福特爵士（Sir Ernest Woodford）、塞西尔·林赛·巴德爵士（Sir Cecil Lindsay Budd）和大卫·柯里（David Currie）。东方熔锡公司的卖价几乎是其创建成本（3 万 5000 英镑）的 4 倍。见 Jennifer Cushman, *Family and State: The Formation of a Sino-Thai Tin-Mining Dynasty 1797 – 1932* (Singapore: Oxford University Press, 1991), p. 98; John T. Thoburn, *Commodities in the International Economy* (Edinburgh: Edinburgh University Press Ltd., 1994), p. 59。

[3] P. P. Courtenay, *A Geography of Trade and Development in Malaya* (London: G. Bell & Sons Ltd, 1972), p. 92.

[4] Rajeswary Ampalavanor Brown, *Capital and Entrepreneurship in South-East Asia* (New York: St. Martin Press, 1994), p. 89.

[5] Ian Brown, *Economic Change in Southeast Asia, c. 1830 – 1980* (New York: Oxford University Press, 1997), p. 195; Rajeswary Ampalavanor Brown, *Capital and Entrepreneurship in South-East Asia* (New York: St. Martin Press, 1994), p. 79; Yip Yat Hoong, *The Development of the Tin Mining Industry of Malaya* (Kuala Lumpur: University of Malaya Press, 1969), p. 132.

非未意识到锡矿开采的新技术。1906 年，五大姓及其盟友开始在暹罗南部的锡矿场采用铁船开采技术。五大姓与许氏家族联合数名澳大利亚企业家，成立一家上市的铁船采锡公司——通扣埠铁船采锡公司（Tongkah Harbour Tin Dredging Company）。五大姓希望借助这项现代技术，捍卫他们在采锡业的利益，即使未必能够保持先前的支配性市场份额。然而到了 20 世纪 30 年代初，他们还是难免被西方人完全挤出采锡业。当中的前因后果如下。

通扣埠铁船采锡公司是华人和澳大利亚人合资成立的企业，其两大关键发起人分别是暹罗南部的许心美和澳大利亚的爱德华·托马斯·迈尔斯，前者在暹罗南部经济势力雄厚且深具政治影响力，后者在塔斯马尼亚是经验丰富且卓然有成的企业家。许心美以槟城为基地经营其家族船运公司高源号，其船队到 1904 年拥有 16 艘轮船，成为 20 世纪初槟城规模最大的船运公司。① 许心美于 1885 年被委任为甲武里府（Kraburi）总督，接着在 1890 年被委任为董里府总督。1900 年，他升任为普吉省（Monthorn Phuket）总督，暹罗西南部所有府份都受他管辖。② 迈尔斯出生于塔斯马尼亚首府霍巴特（Hobart），最初在轮船上打杂，后来自己成立船运公司，并于 19 世纪 80 ~ 90 年代涉足房地产业。1903 年，他成为新西兰联合轮船公司（Union Steamship Co. of New Zealand）的船运经纪和亨利琼斯公司（Henry Jones & Co.）的业务代表。③ 这两人无疑都是极具企业精神和丰富经验的人物，而更重要的是，他们成功将亲密盟友、五大姓和亨利琼斯公司的董事——亨利·琼斯和阿差兰·沃利斯克罗夫特·帕菲曼（Achalen Wooliscroft Palfreyman）——集结起来，在同一个公司组织名下共同谋求商业利益。严格来说，通扣埠

① *The Singapore & Straits Directory 1904*, p. 12.
② Lee Kam Hing & Chow Mun Seong, *Biographical Dictionary of the Chinese in Malaysia* (Kuala Lumpur: Pelanduk Publications, 1997), pp. 60 – 61.
③ *Australian Dictionary of Biography*, vol. 10 (Melbourne: Melbourne University Press, 1986), pp. 500 – 501.

铁船采锡公司的成立是五大姓为了利用澳大利亚资本、技术和经营方式而采取的一项策略。

在许心美和迈尔斯的领导下，通扣埠铁船采锡公司在三年内便有5艘铁船在普吉岛矿区操作。到1910年，它是暹罗唯一采用铁船采锡的公司，并且贡献了暹罗锡产量的25%。[①] 1908～1911年，它付给股东的股息超过3万英镑，而单单在1911年，其盈利便高达6万英镑。[②] 这家铁船先驱公司的巨大成功促成更多铁船公司成立于暹罗南部。1911～1914年，迈尔斯和帕菲曼又先后成立3家与许氏家族有关联的公司，即迪布克铁船采锡公司（Deebook Dredging）、加图迪布克铁船采锡公司（Katoo Deebook）和邦侬铁船采锡公司（Bangnon Dredging）。[③] 这3家公司各有4艘来自墨尔本的铁船在拉廊从事采锡活动。[④] 许氏家族与澳大利亚人的联盟此后继续茁壮成长，20世纪20年代再成立7家铁船采锡公司，分别在普吉岛、拉廊、竹古巴、宋卡和马来联邦开采出更多的锡矿。[⑤]

有鉴于五大姓与许氏家族关系密切，若说五大姓除了参与通扣埠铁船采锡公司，还参与其他铁船采锡公司，也不会有错。不过，在那些公司的经营管理上，五大姓并未扮演任何角色；它们的日常运作，包括组织经营管理和工程技术操作，都是由澳大利亚籍的合

19世纪槟城华商五大姓的崛起与没落

---

① Jennifer Cushman, *Family and State: The Formation of a Sino-Thai Tin-Mining Dynasty 1797 - 1932* (Singapore: Oxford University Press, 1991), p. 75.

② Rajeswary Ampalavanor Brown, *Capital and Entrepreneurship in South-East Asia* (New York: St. Martin Press, 1994), p. 87.

③ Paul Battersby, "Diggers and Diplomats: Australian Mining Entrepreneurs and the Evolution of the Australia-Thailand Bilateral Relationship, 1903 - 1941," in M. Hayes and S. Smith, eds., *Thai-Australian Relations in the Twentieth Century* (Bangkok: Kasetsart University, 2000), p. 5 (网络版)。

④ T. A. Miles, *Diamond Jubilee of Tin Dredging: The Story of the Creation, Building and Commissioning of the First Tin Dredge* (London: Tin Publications, 1967), p. 13; John Hillman, "Australian Capital and South-East Asian Tin Mining, 1906 - 40," *Australian Economic History Review* 45 (2005), p. 167.

⑤ Jennifer Cushman, *Family and State: The Formation of a Sino-Thai Tin-Mining Dynasty 1797 - 1932* (Singapore: Oxford University Press, 1991), p. 104.

伙人负责。在这样的安排下，迈尔斯及其 2 个儿子至少管理其中 4 家铁船采锡公司①，而许如琢，即许心美之侄，是许心美逝世后许氏家族的主要人物，则无意于铁船采锡公司的经营管理。他的角色在于为他的澳大利亚合伙人取得锡矿开采权，以此换取名义上的董事之职和免费的股份。② 在这一点上，许澳联盟与其说是建立在真正的商业伙伴关系上，不如说是建立在恩从关系的基础上。这个联盟从来不曾形成专业的区域管理体系，由始至终只是一个松散的利益集团。

1928 年，在竹古巴发生的一宗关于矿地产权的争端，动摇了许澳联盟的根基。迈尔斯及其合伙人不满林福成（Lim Hock Seng）延迟为沙都布罗锡矿公司（Satupulo Tin Company）取得采矿租约，并认为这份采矿租约被扣押在曼谷，于是向贸易与通讯部长兼暹罗商业发展局主席普拉差达拉亲王（Prince Purachatra）投诉。站在迈尔斯那边的普拉差达拉亲王要求土地与农业部长差楞·那那空（Chalerm Na Nakhon）亲自调查澳大利亚人的投诉。令迈尔斯及其合伙人大为愤怒与吃惊的是，在幕后指使当局扣押沙都布罗锡矿公司的采矿租约的人，竟是许如琢。许如琢宣称自己是该矿地的真正业主，林福成只是他的代理人。③ 因此，许如琢坚持要求沙都布罗锡矿公司必须在原定买价 30 万元（一半以现金支付，另一半以股

---

① T. A. Miles, *Diamond Jubilee of Tin Dredging: The Story of the Creation, Building and Commissioning of the First Tin Dredge* (London: Tin Publications, 1967), p. 13; John Hillman, "Australian Capital and South-East Asian Tin Mining, 1906 – 40," *Australian Economic History Review* 45 (2005), p. 167.

② Jennifer Cushman, *Family and State: The Formation of a Sino-Thai Tin-Mining Dynasty 1797 – 1932* (Singapore: Oxford University Press, 1991), pp. 104 – 105. 1922 年 1 月 8 日，E. L. 迈尔斯（E. L. Miles）写信向槟城本地报章《海峡观察家报》（*Straits Observer*）的主编投诉，指持有普吉岛锡矿勘探执照的人宁愿转卖执照牟利，而无意亲自经营矿地。参见 *Straits Echo*, 17 January 1922, p. 64。

③ Paul Battersby, "Diggers and Diplomats: Australian Mining Entrepreneurs and the Evolution of the Australia – Thailand Bilateral Relationship, 1903 – 1941," in M. Hayes and S. Simth, eds., *Thai-Australian Relations in the Twentieth Century* (Bangkok: Kasetsart University, 2000), p. 7; Jennifer Cushman, *Family and State: The Formation of a Sino-Thai Tin-Mining Dynasty 1797 – 1932* (Singapore: Oxford University Press, 1991), p. 105.

票支付）之上，另外再支付 4 万 9000 元。[①] 迈尔斯及其合伙人认为许如琢有欺骗之嫌，拒绝了这项要求。这起事件显示，比起用心建立一家成功的铁船采锡公司，许如琢更有兴趣通过采矿租约的经纪获得即时的回报。无论如何，这宗围绕着采矿租约的"丑闻"促使差楞·那那空设立一个由农业部部长主持的中央委员会，负责监督所有采矿准证和租约的申请。[②] 换言之，许如琢作为采矿租约经纪人的角色受到了制约，而针对这起争端的调查结果也导致许如琢与其澳大利亚盟友的关系即刻破裂。

此后，尽管许如琢仍旧是公司董事，但澳大利亚投资者与其槟城合伙人的关系已经恶化，彼此充满猜疑与不屑。冲突的结果也促使那些澳大利亚资本家绕过许氏家族的关系网络，并成功与暹罗中央政府建立直接的联系。凭着这种直接的联系，这些澳大利亚人与暹罗当局的关系突飞猛进。作为暹澳新关系的象征，当暹罗矿业商会（the Siamese Chamber of Mines）在 1928 年 8 月成立时，爱德华·托马斯·迈尔斯的儿子托马斯·迈尔斯出任第一任主席。[③] 暹罗矿业商会的会员多半为澳大利亚人，是澳大利亚人控制的组织，因此许氏家族及其槟城盟友被排除在外并不令人感到意外。

许澳联盟的崩解对于一心想要借助新的技术（铁船采锡法）和

19世纪槟城华商五大姓的崛起与没落

---

① Paul Battersby, "Diggers and Diplomats: Australian Mining Entrepreneurs and the Evolution of the Australia-Thailand Bilateral Relationship, 1903 – 1941," in M. Hayes and S. Simth, eds. , *Thai-Australian Relations in the Twentieth Century* (Bangkok: Kasetsart University, 2000), p. 7; Jennifer Cushman, *Family and State: The Formation of a Sino-Thai Tin-Mining Dynasty 1797 – 1932* (Singapore: Oxford University Press, 1991), p. 107.

② Paul Battersby, "Diggers and Diplomats: Australian Mining Entrepreneurs and the Evolution of the Australia-Thailand Bilateral Relationship, 1903 – 1941," in M. Hayes and S. Simth, eds. , *Thai-Australian Relations in the Twentieth Century* (Bangkok: Kasetsart University, 2000), p. 8.

③ Paul Battersby, "Diggers and Diplomats: Australian Mining Entrepreneurs and the Evolution of the Australia-Thailand Bilateral Relationship, 1903 – 1941," in M. Hayes and S. Simth, eds. , *Thai-Australian Relations in the Twentieth Century* (Bangkok: Kasetsart University, 2000), p. 8. 另参见 Paul Battersby, "An Uneasy Peace: Britain, the United States and Australia's Pursuit of War Reparations from Thailand, 1945 – 1952," *Australian Journal of International Affair* 54 (2000): 16。

经营模式（合股公司）来保护及加强其采锡事业的五大姓而言是一大打击。与此同时，五大姓也必须面对英国采矿公司的积极扩张。到了 1929 年，总共有 36 家英国采矿公司在暹罗境内运作，其中最大的两家是暹罗锡矿集团有限公司（the Siamese Tin Syndicate Ltd.）和英国东方矿务机构（Anglo-Oriental Mining Corporation）。暹罗锡矿集团成立于 1906 年，创办人亨利·斯科特（Henry G. Scott）是暹罗矿务与地质局前主任。在其于伦敦从事股票经纪的兄弟 T. G. 斯科特（T. G. Scott）的协助下，亨利·斯科特在伦敦注册暹罗锡矿集团。到了 20 世纪 20 年代后期，暹罗锡矿集团营运至少 6 艘铁船，成为暹罗最具生产力的采锡公司。[①] 由约翰·豪森（John Howeson）创办的英国东方矿务机构于 1927 年以旗下的他笼铁船采锡公司（Talerng Tin Dredging）开展其采锡事业。约翰·豪森是一名商人兼金融家，先前在锡矿业毫无经验，但他的国际人脉极广。他与玻利维亚的全球最大矿务公司——帕蒂尼奥矿业集团（Patino Mines and Enterprises）关系密切，也与制造全球最好及最贵铁船的加利福尼亚尤巴制造公司（Yuba Manufacturing）有密切的联系。[②]

　　到 20 世纪 30 年代前期，英国东方矿务机构已并购了多家铁船公司，其中包括 1934 年收购的通扣埠铁船采锡公司。[③] 它之所以能够收购那些铁船公司，是因为经济大萧条爆发之后，区域内数百家

---

① Suehiro Akira, *Capital Accumulation in Thailand 1855 - 1985* (Tokyo: Centre for East Asian Cultural Studies, 1989), p. 66. 另参见 Paul Battersby, "Diggers and Diplomats: Australian Mining Entrepreneurs and the Evolution of the Australia-Thailand Bilateral Relationship, 1903 - 1941," in M. Hayes and S. Simth, eds., *Thai-Australian Relations in the Twentieth Century* (Bangkok: Kasetsart University, 2000), p. 4。

② Charles A. Myers, "The International Tin Control Scheme," *The Journal of Business of the University of Chicago* 10 (1937): 106; John Hillman, "Malaya and the International Tin Cartel," *Modern Asian Studies* 22 (1988): 239 - 240; John Hillman, "Australian Capital and South-East Asian Tin Mining, 1906 - 40," *Australian Economic History Review* 45 (2005): 175.

③ Rajeswary Ampalavanor Brown, *Capital and Entrepreneurship in South-East Asia* (New York: St. Martin Press, 1994), p. 88; John Hillman, "Australian Capital and South-East Asian Tin Mining, 1906 - 40," *Australian Economic History Review* 45 (2005): 180 - 181.

锡矿场纷纷倒闭。① 在短短几年之内，英国东方矿务机构的产量已达到暹罗锡矿产量的 20%。② 在马来亚，它也很快崛起成为锡矿业的一大势力。到 20 世纪 30 年代，它控制了 20 家采矿公司，产量可能达到马来亚锡矿产量的一半。③ 英国东方矿务机构也在缅甸锡矿业中扮演重要的角色，包括提供融资予总部设在加尔各答的印度综合锡矿机构（Indo-General Tin Corporation）和总部设在仰光的土瓦铁船采锡公司（Tavoy Tin Dredging）。这两家公司在缅甸南部丹那沙林海岸的采锡业中占据着支配性的地位。④

随着西方采矿企业的扩张，西方人和华人在锡矿业的占比也发生重大的变化，前者所占产出份额日益增加，后者则相应递减（见表 7 - 1）。

**表 7 - 1　1906～1940 年西方和华人公司在马来亚和暹罗锡矿产出中的占比**

单位：%

| 年份 | 马来亚 | | 暹罗 | |
|:---:|:---:|:---:|:---:|:---:|
| | 西方人 | 华人 | 西方人 | 华人 |
| 1906 | 10 ~ 15 | 80 ~ 90 | 7 | 93 |
| 1910 | 22 | 78 | 25 | 75 |
| 1914 | 25 | 75 | 37 | 63 |
| 1918 | 32 | 68 | 47 | 53 |
| 1920 | 36 | 64 | 47 | 53 |

---

① 1929～1933 年，马来亚总共有 82 个采用铁船的锡矿场停止营运。参见 Yip Yat Hoong, *The Development of the Tin Mining Industry of Malaya*（Kuala Lumpur: University of Malaya Press. 1969），p. 209。

② Rajeswary Ampalavanor Brown, *Capital and Entrepreneurship in South-East Asia*（New York: St. Martin Press, 1994），p. 89.

③ Yip Yat Hoong, *The Development of the Tin Mining Industry of Malaya*（Kuala Lumpur: University of Malaya Press, 1969），p. 21.

④ John Hillman, "Australian Capital and South-East Asian Tin Mining, 1906 - 40," *Australian Economic History Review* 45（2005），p. 171.

19世纪槟城华商五大姓的崛起与没落

| 年份 | 马来亚 | | 暹罗 | |
|---|---|---|---|---|
| | 西方人 | 华人 | 西方人 | 华人 |
| 1926 | 64 | 36 | 35 | 65 |
| 1929 | 61 | 39 | 32 | 68 |
| 1936 | 68 | 32 | 68 | 32 |
| 1940 | 62 | 38 | 70 | 30 |

资料来源：Rajeswary Ampalavanor Brown, *Capital and Entrepreneurship in South-East Asia* (New York：St. Martin Press, 1994), p. 7。

西方企业在锡矿业日益占据支配地位不纯粹是因为它们拥有较庞大的资本储备和较先进的技术，跨国性的西方企业既水平又垂直地结合各种不同的产业，将金融业、采矿业和熔锡业与贸易业紧密结合，恐怕才是更为关键的因素。这样的结合方式所形成的国际贸易网络，比起五大姓采用类似但规模较小的方式所形成的区域贸易网络更具优势。身为一家主要的锡矿公司，英国东方矿务机构为了巩固它对熔锡业的控制，创建了一家大型的国际熔锡集团——联合熔锡集团（Consolidated Tin Smelters，简称 CTS）。[1] 联合熔锡集团横向地结合了4家公司，即英国的康沃尔锡矿公司（the Cornish Tin Company）、盆玻尔熔锡公司（the Penpoll Tin Smelting Company）和威廉斯哈维公司（Williams Harvey and Company），以及槟城的东方熔锡公司，形成一个庞大的熔锡集团。[2] 结果，联合熔锡集团成为

[1]　Rajeswary Ampalavanor Brown, *Capital and Entrepreneurship in South-East Asia* (New York：St. Martin Press, 1994), p. 90；John T. Thoburn, *Commodities in the International Economy* (Edinburgh：Edinburgh University Press Ltd, 1994), pp. 75 – 76；J. J. Puthucheary, *Ownership and Control in the Malayan Economy：A Study of the Structure of Ownership and Its Effects on the Development of Secondary Industries and Economic Growth in Malaya and Singapore* (Kuala Lumpur：University of Malaya Co-operative Bookshop, 1979), p. 87.

[2]　Rajeswary Ampalavanor Brown, *Capital and Entrepreneurship in South-East Asia* (New York：St. Martin Press, 1994), p. 90；Yip Yat Hoong, *The Development of the Tin Mining Industry of Malaya* (Kuala Lumpur：University of Malaya Press, 1969), p. 182.

全球最大的熔锡组织：在 20 世纪 30 年代，它的熔炼量占东南亚锡矿产量一半以上，同时占全球锡矿产量 1/3 以上。[①]

另外，英国东方矿务机构在财务上也与一些国际企业有关联，如新联合金矿公司（New Consolidated Goldfield）、玻利维亚阿拉马约矿业公司（Aramayo Mines of Bolivia）、玻利维亚古根汉兄弟公司（Guggenheim Brothers of Bolivia）和卡尔金融公司（Cull and Company）。[②] 新联合金矿公司主要是一家控股公司，为全球多家矿业公司的大股东。新联合金矿公司董事会的三名成员同时是英国东方矿务机构的董事。古根汉兄弟公司是一家由采矿工程师组成的美国公司，它在玻利维亚和马来亚大量投资采锡业，也持有英国东方矿务机构大量的股权。凭着如此强大且国际化的财务网络，英国东方矿务机构有能力动用庞大的资本，大规模地投资锡矿业。20 世纪 20 年代，它在马来亚、缅甸、尼日利亚和英国康沃尔所投入的资金多达 727 万英镑。

英国东方矿务机构也通过代理商行而得以进入国际船运与贸易公司网络，借以运输与销售它的锡产。例如，总部设在新加坡的亨利沃公司（Henry Waugh & Co.），便是在锡矿业务上与英国东方矿务机构有密切合作关系的代理商行。[③] 亨利沃公司为英国东方矿务机构提供管理、船运与贸易服务，后来成为当年拥有最快速及最佳服务轮船、总部设在香港的怡和轮船公司（Jardine, Matheson &

① John T. Thoburn, *Commodities in the International Economy* (Edinburgh: Edinburgh University Press Ltd, 1994), p. 75; Rajeswary Ampalavanor Brown, *Capital and Entrepreneurship in South-East Asia* (New York: St. Martin Press, 1994), p. 90.

② Yip Yat Hoong, *The Development of the Tin Mining Industry of Malaya* (Kuala Lumpur: University of Malaya Press, 1969), pp. 182 – 183.

③ J. J. Puthucheary, *Ownership and Control in the Malayan Economy: A Study of the Structure of Ownership and Its Effects on the Development of Secondary Industries and Economic Growth in Malaya and Singapore* (Kuala Lumpur: University of Malaya Co-operative Bookshop, 1979), p. 57, pp. 89 – 90.

Co.）旗下的子公司。① 英国东方矿务机构通过亨利沃公司将缅甸、暹罗和马来亚采得的锡矿运到槟城的东方熔锡公司，熔炼好的锡再由亨利沃公司的轮船输出到欧洲和美国。这当中的每一个环节都绕过了五大姓的公司。随着如此高度整合的西方锡矿贸易网络的出现，五大姓在锡矿的开采、熔炼、贸易与运输上所扮演的角色便无以为继。在以槟城为中心的区域，原本由五大姓支配的锡矿业从此成为一个由西方企业控制的产业。

从前景大好到最终没落的故事，也同样发生在下一节要探讨的橡胶业。

---

① Robert Blake, *Jardine Matheson*: *Traders of the Far East*（London：Weidenfeld & Nicolson，1999），p. 230.

# 橡胶业

　　在 19 世纪，以槟城为中心的区域的农业主要是种植经济作物，如胡椒、甘蔗、椰子和烟叶。本地橡胶（Guttah percha）在当时仍是一种野生植物，生长在苏门答腊、婆罗洲、爪哇和廖内—龙牙群岛的森林里，只有小量的乳胶由原住民收集之后出口到外地。[①] 即将进入 20 世纪之际，南美橡胶（Hevea brasiliensis）被英国投机者引进。那时候，美国汽车制造业对橡胶的需求激增，于是南美橡胶作为一种经济作物，快速占领东南亚的种植园。随着全球两大轮胎制造公司——固特异（Goodyear）和凡士通（Firestone）先后成立于 1898 年和 1899 年，对橡胶的需求更是与日俱增。[②] 橡胶价格在伦敦交易市场暴涨，从 1900 年的每磅 2 先令 3 便士涨到 1910 年的每磅 12 先令 9 便士，恰恰反映其需求之殷切。[③]

---

① John H. Drabble, *An Economic History of Malaysia, 1800 - 1990: The Transition to Modern Economic Growth* (New York, Canberra: St. Martin's Press in Association with the Australian National University, 2000), p. 51.

② D. J. M. Tate, *The RGA History of the Plantation Industry in the Malay Peninsula* (New York: Oxford University Press, 1996), p. 207.

③ Lim Chong Yah, *Economic Development of Modern Malaya* (Kuala Lumpur: Oxford University Press, 1967), p. 73; John H. Drabble, *An Economic History of Malaysia, 1800 - 1990: The Transition to Modern Economic Growth* (New York, Canberra: St. Martin's Press in Association with the Australian National University, 2000), p. 53; Ian Brown, *Economic Change in Southeast Asia, c. 1830 - 1980* (New York: Oxford University Press, 1997), p. 145.

　　五大姓很早就意识到橡胶的获利潜能，在 19 世纪 90 年代末和 20 世纪初就开始从事橡胶的大规模种植。谢德泰及其合伙人经营的荣茂辉泰记（Eng-Moh-Hui-Thye-Kee）在吉打拥有 1000 英亩橡胶园，种有 3 万棵橡胶树[①]；Tan Kay Beng 与 Chew Choo Heang 合伙投资，在威省开辟面积 1400 英亩的 Kean Ann Estate，种植橡胶 6 万棵[②]；林文虎也与林成辉合伙，在吉打开辟橡胶园 5538 英亩[③]。五大姓的橡胶种植事业也延伸到苏门答腊东岸和暹罗南部。在棉兰，槟城鸦片饷码集团中的重要人物邱汉阳是张鸿南经营的橡胶种植事业的股东之一。张鸿南是棉兰华人甲必丹，他在西方人刚开始在苏门答腊推广和组织大规模橡胶种植之际，于 1908 年收购了大面积的橡胶园。[④] 在暹罗南部，五大姓与盟友许心美密切合作发展橡胶种植业。1901 年，许心美从霹雳经槟城输入大量的橡胶种子到董里，鼓励当地华人和暹罗人开辟橡胶园。[⑤] 结果，董里崛起成为暹

---

① Arnold Wright and H. A. Cartwright, eds., *Twentieth Century Impressions of British Malaya*: *Its History*, *People*, *Commerce*, *Industries*, *and Resources* (London: Lloyd's Greater Britain Publishing Company, Ltd., 1908), p. 489.

② Arnold Wright and H. A. Cartwright, eds., *Twentieth Century Impressions of British Malaya*: *Its History*, *People*, *Commerce*, *Industries*, *and Resources* (London: Lloyd's Greater Britain Publishing Company, Ltd., 1908), p. 384.

③ Wu Xiao An, *Chinese Business in the Making of a Malay State, 1882–1941*: *Kedah and Penang* (London; New York: RoutledgeCurzon, 2003), p. 154. 另参见 Jas Baillie, "Rubber", in Broughton Richmond, ed., *Directory of Malaya 1927* (Singapore: Directory of Malaya, 1927)。

④ Dirk A. Buiskool, "The Chinese Commercial Elite of Medan, 1890–1942," A Paper Presented in Shared Histories Conference in Penang 30 July 2003–3 August 2003, p. 5; Dirk A. Buiskool, "Medan: A Plantation City on the East Coast of Sumatra 1870–1942," in Freek Colombijn, Martin Barwegen, Purnawan Basundoro and Johny Alfan Khusyairi, eds., *Kota Lama, Kota Baru di Indonesia Sebelum and Setelah Kemerdekaan* [Old City, New City: The History of the Indonesian City Before and After Independence] (Yogyakarta: Ombak & NIOD, 2005), p. 287. 张鸿南于 1908 年买下第一座种植园，到 1919 年所拥有的种植园已多达 20 座左右。

⑤ Michael Montesano, The Commerce of Trang, 1930s–1990s: Thailand's National Integration in Social-Historical Perspective (Ph. D. diss., Cornell University, 1998), pp. 296–302; T. H. Silcock, *The Economic Development of Thai Agriculture* (Canberra: Australian National University Press, 1970), p. 41.

罗半岛西岸第一个重要的橡胶种植地。到 20 世纪 20 年代初，在暹罗西南部出口的橡胶中，约有 2/3 运到槟城。[①]

五大姓商人虽然是最早从事商业性橡胶种植，并以这种新的经济作物作为经济基础之一的一批商人，而且他们也凭此继续在槟城商业界占有一席之地，但橡胶生意并未能使他们像 19 世纪时那样享有经济控制权和影响力。尽管五大姓是经验丰富且卓然有成的种植业者，但他们未能在橡胶业取得支配性的地位。西方种植业者的表现让五大姓黯然失色，其中的关键是西方代理商行的兴起。

西方代理商行在 20 世纪初以前就已存在于槟城区域经济圈。在 19 世纪初，牙直利公司（Guthrie & Co.）、莫实德公司（Boustead & Co.）、夏利臣洋行（Harrisons & Crosfield）和加兹兄弟公司（Katz Brothers）已开始在本区域运作。大部分代理商行经营与进出口贸易有关的业务。[②] 它们在新加坡或槟城运作，以代理者的身份为总部设在欧洲和美国的制造商处理买卖事务，一方面是本地生产商和西方市场之间的主要桥梁，另一方面又是西方制造商和本地消费者的中介。此外，它们也提供船运代理、保险代理和经营管理的服务。

到了世纪之交，这些代理商行在橡胶种植业的发展过程中的角色变得愈加不可或缺。比起其他经济作物的种植，商业性橡胶种植的挑战不遑多让。而且，有别于稻米、甘蔗、椰子或甘蜜，从事橡胶种植业者必须拥有全球经济的知识和联系。在地方层面上，商业性橡胶种植者需要取得土地、输入劳动力和供应工人的生活消费

① Laurence D. Stifel, "The Growth of the Rubber Economy of Southern Thailand," *Journal of Southeast Asian Studies* vol. IV (1973): 124.

② J. H. Drabble, and P. J. Drake, "The British Agency Houses in Malaysia: Survival in a Changing World," *Journal of Southeast Asian Studies* vol. XII (1981): 304 – 305; J. J. Puthucheary, *Ownership and Control in the Malayan Economy: A Study of the Structure of Ownership and Its Effects on the Development of Secondary Industries and Economic Growth in Malaya and Singapore* (Kuala Lumpur: University of Malaya Co-operative Bookshop, 1979), pp. 23 – 24.

品、输入供应种植园的生产材料，以及提供将产品送到港口的运输服务。除此之外，还需要拥有将产品运输到欧洲和美国的管道，熟悉西方市场，并且必须有能力筹集巨额资本来支持以上所有活动。[①] 西方代理商行凭着市场与金融知识、与欧洲的紧密联系以及在船运与保险方面的经验与网络，最能够满足上述种种需求。再者，让橡胶公司在伦敦股票交易所上市融资的能力，更是西方代理商行的一大优势。因为深入参与橡胶公司的上市活动，它们也有机会将本身庞大的资本资源的一部分，以股权的形式投入到它们协助上市的橡胶公司。[②] 殖民地种植园公司的上市涉及许多困难的工作，若种植园所经营的是新型经济作物如橡胶则更加困难，这就几乎无可避免地让能够胜任的西方代理商行有机会在这些公司中取得控制股权。[③] 因为受委托处理橡胶种植园公司上市的事务，西方代理商行渐渐地在橡胶种植业中占据一个几乎无可动摇的位置。1914～1915 年，西方代理商行在东南亚的英属与荷属地区总共控制了 455 家橡胶公司，其橡胶园的总面积达 37 万 2810 公顷。[④]

　　有别于西方代理商行，五大姓倾向于以家族为基础和以私人合伙的方式来发展他们的橡胶园，因为他们仍秉持公司应为家族所有的传统观念，设立上市公司与此不符。于是，五大姓若要筹集资本，唯有诉诸他们的姓氏组织（"公司"）、西方与中国的银行和齐智放贷者。然而，因为经济作物成熟缓慢，而且属于资本密集的投

①　D. J. M. Tate, *The RGA History of the Plantation Industry in the Malay Peninsula* (New York: Oxford University Press, 1996), p. 238.

②　D. J. M. Tate, *The RGA History of the Plantation Industry in the Malay Peninsula* (New York: Oxford University Press, 1996), p. 253.

③　J. J. Puthucheary, *Ownership and Control in the Malayan Economy: A Study of the Structure of Ownership and Its Effects on the Development of Secondary Industries and Economic Growth in Malaya and Singapore* (Kuala Lumpur: University of Malaya Co-operative Bookshop, 1979), pp. 37 – 40.

④　Voon Phin Keong, *Western Rubber Planting Enterprise in Southeast Asia 1876 – 1921* (Kuala Lumpur: Penerbit Universiti Malaya, 1976), p. 156.

资项目,只有少数几家银行愿意提供贷款。[①] 如此一来,五大姓被迫依赖"公司"和齐智放贷者作为他们的主要贷款来源。例如,在20 世纪 10 ~ 20 年代,林公司主席林文虎向林公司和槟城的齐智放贷者总共贷款 40 万元,投资于橡胶种植。[②] 但这类信贷有着诸多重大的限制:借给五大姓的贷款往往具有严苛的条件,包括偿还期短、利率高(年利率 12% ~ 36%)、必须抵押橡胶园等。[③] 在这些条件的限制下,五大姓难以快速取得巨额资金以扩大其橡胶事业。相反的,那些通过代理商行上市的西方橡胶公司就不会面对这个问题。亚亦君令(马来联邦)橡胶有限公司 [Ayer Kuning(FMS)Rubber Co. Ltd. ] 是一个很好的例子。这家公司通过托马斯巴罗公司(Thomas Barlow & Co.)上市,其法定资本额为 14 万英镑,其中实缴资本为 12 万 8000 英镑。[④] 1910 年,作为一家上市公司的亚亦君令公司向公众发行新股,轻易筹集了资金 10 万英镑,以收购更多土地供扩大营运之用。由于远方投资者愿意把钱投入,尽管这种投资实际上十分长期且风险很高,英国代理商行终于崛起成为东南亚橡胶种植业的佼佼者。到了 1921 年,这些代理商行总共拥有68 万 4551 公顷的橡胶园,每年可生产 11 万 1714 公吨的橡胶。这个产量占东南亚橡胶总出口量的约 50%。[⑤]

---

① D. J. M. Tate, *The RGA History of the Plantation Industry in the Malay Peninsula* (New York: Oxford University Press, 1996), pp. 236 – 237. 甘蜜进入成熟期需要 12 ~ 14 个月,胡椒需要 2 ~ 3 年,咖啡则需要 3 ~ 4 年。橡胶树需要至少 5 或 6 年才能割取乳汁。据约翰·德莱布尔估计,在 20 世纪初,橡胶种植成本平均每英亩约 21 英镑。

② Wu Xiao An, *Chinese Business in the Making of a Malay State*, *1882 – 1941* (London: Routledge Curzon, 2003), p. 155.

③ John H. Drabble, *An Economic History of Malaysia*, *1800 – 1990*: *The Transition to Modern Economic Growth* (Canberra, New York: St. Martin's Press in association with the Australian National University, 2000), p. 138. 1919 年,齐智放贷者在马来联邦持有约 2 万 8000 公顷的土地。到 1922 年,他们所没收的作为抵押品的华人橡胶园估计多达 8000 公顷。

④ D. J. M. Tate, *The RGA History of the Plantation Industry in the Malay Peninsula* (New York: Oxford University Press, 1996), p. 252.

⑤ Voon Phin Keong, *Western Rubber Planting Enterprise in Southeast Asia 1876 – 1921* (Kuala Lumpur: Penerbit Universiti Malaya, 1976), p. 176.

资金不足是妨碍五大姓橡胶事业发展的重要因素，但不是唯一的因素，西方代理商行所控制的紧密交织的劳动力网络，是五大姓面对的另一大障碍。如果不是依靠来自印度南部的印度劳工，英国人的种植园橡胶生产事业就不可能成功。为了获得更多并确保稳定的劳工供应，代理商行与殖民地政府携手合作，于 1907 年设立了印度移民委员会（Indian Immigration Committee）和泰米尔移民基金会（Tamil Immigration Fund）。① 委员会由 5 名欧籍种植业者和 3 名殖民官员（印度移民总监、官方铁路局总经理和霹雳政府医师）组成，旨在针对印度人移民事务为总督提供咨询服务；基金会则旨在为从印度运输劳工到马来亚工作地点的交通成本提供津贴。② 这项津贴使得雇用 1 名印度劳工的成本（3.5 英镑或 17 元）低于雇用中国劳工（4.5 英镑或 22 元）。③

当局刻意实行这项鼓励雇用印度劳工的措施，旨在限制中国劳工移民，而这也同时牺牲了那些将他们引进到马来亚的人的利益。1912 年，殖民地政府更进一步，立法禁止马来亚的契约华工制；接着，又在 1928 年通过移民限制法令（Immigration Restriction Ordinance），限制中国移民流入海峡殖民地。④ 这些措施实质上让英国

① J. Norman Parmer, *Colonial Labor Policy and Administration: A History of Labor in the Rubber Plantation Industry in Malaya*, c. 1910 – 1941 (New York: J. J. Augustin Incorporated Publisher, 1960), pp. 38 – 40; Voon Phin Keong, *Western Rubber Planting Enterprise in Southeast Asia 1876 – 1921* (Kuala Lumpur: Penerbit Universiti Malaya, 1976), p. 134.

② Voon Phin Keong, *Western Rubber Planting Enterprise in Southeast Asia 1876 – 1921* (Kuala Lumpur: Penerbit Universiti Malaya, 1976), p. 134; J. Norman Parmer, *Colonial Labor Policy and Administration: A History of Labor in the Rubber Plantation Industry in Malaya*, c. 1910 – 1941 (New York: J. J. Augustin Incorporated Publisher, 1960), pp. 38 – 40.

③ Voon Phin Keong, *Western Rubber Planting Enterprise in Southeast Asia 1876 – 1921* (Kuala Lumpur: Penerbit Universiti Malaya, 1976), p. 135.

④ J. Norman Parmer, *Colonial Labor Policy and Administration: A History of Labor in the Rubber Plantation Industry in Malaya*, c. 1910 – 1941 (New York: J. J. Augustin Incorporated Publisher, 1960), p. 92; Mark Allan Beeman, *The Migrant Labor System: The Case of Malaysian Rubber Workers* (Ph. D. diss., University of Illinois, 1985), p. 114.

代理商行获得了招募与输入数量庞大的廉价印度劳工的控制权。1907～1938年，印度劳工平均占种植园劳动力的73.7%[1]，而中国劳工则平均只占19.2%。[2] 仅仅20年内，印度劳工已成为马来亚所有橡胶园的主要劳动力。在苏门答腊东岸和亚齐，爪哇劳工扮演了印度劳工在马来亚所扮演的角色。[3] 到1906年，爪哇人已是苏门答腊东岸成长最快的种植园劳动力，并快速超越中国劳工；1913年，其总数为11万8517人，比中国劳工多一倍（见表7-2）。

**表7-2　1883～1930年苏门答腊东岸中国、爪哇和印度劳工数量**

单位：人

| 年份 | 中国 | 爪哇 | 印度 |
|------|------|------|------|
| 1883 | 21136 | 1711 | 1528 |
| 1893 | 41700 | 18000 | 2000 |
| 1898 | 50846 | 22256 | 3360 |
| 1906 | 53105 | 33802 | 3260 |
| 1913 | 53617 | 118517 | 4172 |
| 1920 | 27715 | 209459 | 2010 |
| 1930 | 2603 | 234554 | 1021 |

资料来源：Thee Kian Wie, *Plantation Agriculture and Export Growth: An Economic History of East Sumatra, 1863 - 1942* (Jakarta: LIPI, 1977), p. 39。

爪哇劳工大量被引进苏门答腊东岸和亚齐，以满足蓬勃发展的橡胶种植园日益增长的劳动力需求，其推手是苏门答腊东岸橡胶种

---

① Mark Allan Beeman, The Migrant Labor System: The Case of Malaysian Rubber Workers (Ph. D. diss. , University of Illinois, 1985), p. 142.

② Mark Allan Beeman, The Migrant Labor System: The Case of Malaysian Rubber Workers (Ph. D. diss. , University of Illinois, 1985), p. 192.

③ Thee Kian Wie, *Plantation Agriculture and Export Growth: An Economic History of East Sumatra, 1863 - 1942* (Jakarta: LIPI, 1977), p. 38; Ann Laura Stoler , *Capitalism and Confrontation in Sumatra's Plantation Belt, 1870 - 1979* (Ann Arbor: University of Michigan Press, 1995), p. 2; Voon Phin Keong, *Western Rubber Planting Enterprise in Southeast Asia 1876 - 1921* (Kuala Lumpur: Penerbit Universiti Malaya, 1976), p. 102.

植者协会（Algemeene Vereeniging Van Rubber Planters tier Osst-kustVan Sumatra，AVROS）。组成这个协会的是控制苏门答腊东岸大部分橡胶园的各大西方橡胶公司。它在 1912 年成立爪哇移民局（Java Immigration Bureau），以便将引进劳工的程序标准化、降低成本和消弭种植园之间为获得爪哇劳工而出现的竞争。它也与日里烟草种植者协会（the Deli Tobacco Planters' Association，DPV）联合设定统一薪资标准，以免不同公司之间为争夺劳工而爆发薪资战。[1]

在苏门答腊东岸橡胶种植者协会的庇护下，西方种植业者得以确保并持续获得供应廉价的爪哇劳工。西方种植业者为了本身的利益而将招募劳工的程序变得标准化和更有效率之后，只需付出 79～127.50 荷兰盾（6.5～10.5 英镑）就能雇用到 1 名爪哇劳工，而雇用 1 名中国劳工则需要花费 132～151 荷兰盾（11～12.5 英镑）。[2]结果，西方种植业者再也不需要依赖中国劳工，而爪哇劳工也从此取代中国劳工，成为苏门答腊东岸的主要劳动力。两地劳动力族群构成的变迁清楚表明，西方代理商行已成功开辟及控制新的劳工供应体系，以取代过去由五大姓控制的中国劳工供应体系。讽刺的是，五大姓及其盟友因为雇用中国劳工的成本高昂，反而转向西方代理商行取得廉价的印度或爪哇劳工。[3]

除了技术、经营管理和劳动力控制上的优势，西方种植业者也与殖民地政府合作，发展出一个整合良好的陆海交通网络，以支持

---

[1] J. J. Blandin, *Crude Rubber Survey* (Washington: The Bureau of Foreign and Domestic Commerce, 1924), p. 210; Ann Laura Stoler, *Capitalism and Confrontation in Sumatra's Plantation Belt, 1870–1979* (Ann Arbor: University of Michigan Press, 1995), p. 42.

[2] J. J. Blandin, *Crude Rubber Survey* (Washington: The Bureau of Foreign and Domestic Commerce, 1924), pp. 213–214.

[3] Arnold Wright and H. A. Cartwright, eds., *Twentieth Century Impressions of British Malaya: Its History, People, Commerce, Industries, and Resources* (London: Lloyd's Greater Britain Publishing Company Ltd., 1908), p. 377. 郑景贵长子郑亚养（Chung Ah Yong）是五大姓的亲密盟友，他位于霹雳的哈伍德（Hearwood）橡胶园完全雇用泰米尔和爪哇苦力（约 200 人）。橡胶园主兼商人谢深渊（Cheah Chim Yean）位于吉打的橡胶园所雇用的工人也以印度苦力为主。

商业性橡胶种植。例如，在大部分橡胶种植园所在的马来半岛西海岸，有分布甚广的铁路从橡胶园直通港口（见图 7-1）。

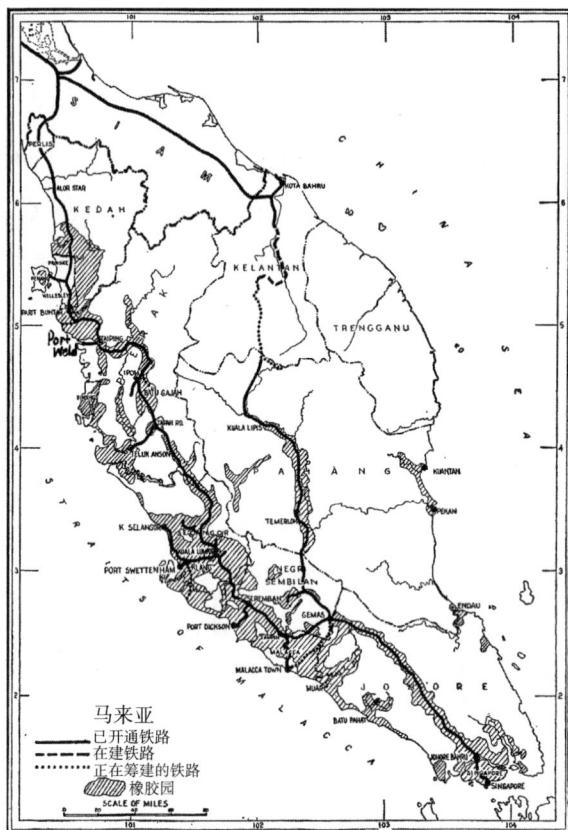

**图 7-1　1924 年马来亚铁路路线与橡胶园分布**

资料来源：J. J. Blandin, *Crude Rubber Survey* (Washington: The Bureau of Foreign and Domestic Commerce, 1924), p. 210。

除了槟城港口，马来半岛西海岸的所有港口（砠威、安顺、瓜拉雪兰莪、瑞天咸港、波德申和马六甲）都有铁路连接，以方便货物输入和输出内陆的商品产区。通过铁路，商品如橡胶可直接从内陆运到港口，而从外地进口的粮食和劳工也可在短时间内从港口直接运进内陆。比起其他交通模式，铁路无疑大大提高了货物运载量，同时节省大量的成本和时间（见表 7-3）。

表 7 – 3　马来亚铁路/陆路/海路的货运量和成本

| 运输工具 | 货运量 | 货运成本 |
|---|---|---|
| 牛车 | 平均 15 英担（762 公斤）<br>（最高可达 1.5 吨或 1524 公斤） | 每可央（2419 公斤）0.90 元 |
| 大象 | 平均 800 磅（370 公斤） | — |
| 船 | — | 每可央 25.00 元 |
| 背夫（苦力） | 平均 100 磅（46 公斤）<br>（最高可达 150 磅） | 每斤（0.6 公斤）0.05 元<br>（一天不超过 15 英里）<br>每斤 0.06 ~ 0.07 元<br>（一天超过 15 英里） |
| 火车 | 12 吨（12192 公斤） | 每吨（1016 公斤）3.36 元 |

资料来源：Amarjit Kaur, *Bridge and Barrier：Transport and Communications in Colonial Malaya 1870 – 1957*（Singapore：Oxford University Press，1985），pp. 151 – 152。

　　类似的铁路网络也将苏门答腊东岸港口与商品产区连接起来。到 1924 年，将各大种植园与两大港口——亚齐的哥打拉惹和日里的勿拉湾——连接起来的铁路和电车轨道总长达 950 公里。[①] 这个与海岸平行并贯穿各种植园的铁路系统的建立，将内陆产区与西岸港口之间的交通规律化，并且更好地协调陆路与海路运输模式。最重要的是，铁路系统与港口相连接，让西方种植业者不再需要依赖成本较高且经常因为潮水和天气因素而无限期延宕的河流运输。[②] 虽然以河运搭配传统陆路运输（大象、牛车、背夫）是已通行数百年的主要运输模式，但是铁路凭着其较强大的竞争力，在 20 世纪初崛起成为最重要和最有效的陆路运输模式。铁路不仅前所未有地改变了港口和内陆之间的交通，而且带来了非常不一样的商业景观。

---

[①]　*Handbook of the Netherlands East Indies, 1924*, p. 288. 另参见 J. J. Blandin, *Crude Rubber Survey*（Washington：The Bureau of Foreign and Domestic Commerce, 1924），p. 205。

[②]　Amarjit Kaur, *Bridge and Barrier：Transport and Communitions in Colonial Malaya 1870 – 1957*（Singapore：Oxford University Press，1985），p. 151.

随着铁路的发展，西方企业在内陆地区取得更多的土地，特别是铁路沿线的地段，以发展及扩大其大规模的种植事业，因为铁路能够确保橡胶、劳工和消费物资在种植园与港口之间快速而方便地移动。在铁路网络不断扩张的情况下，五大姓所控制的河运系统也像他们的橡胶种植事业那样，面临严重的衰退。他们不仅难以在内陆地区开辟更多橡胶种植园，而且在橡胶的运输上也遭遇困境，因为他们的种植园坐落在远离铁路的地段。反之，西方企业借助铁路，得以让它们生产的橡胶更快进入市场，运输量也更大，因而成功为区域内的商业性橡胶种植带来革命性的改变。橡胶业在全球资本主义经济中扮演重要的角色，橡胶的种植、收割、加工和运输也都以不同于以往经济作物生产的方式进行。而五大姓虽然是橡胶业的先锋，他们在橡胶业的投资不仅在规模上输给西方企业，而且很快就被那些在跨国范围内运作的西方企业所压倒。

# 五大姓饷码承包业的终结与官方垄断的兴起

　　众所周知，槟城区域的政治秩序在 19 世纪末和 20 世纪初也发生了重大的变化。[①] 当时正值殖民高峰期，英、荷殖民地和暹罗当局为了强化主权，逐渐落实西方式的政府行政架构，通过限制性法律，实行由中央政府控制并由官僚机构集中管理的财政制度。这项改变所产生的两大经济后果，对五大姓及其亲密盟友的商业前景带来了特别重大的影响：其一是废除鸦片饷码制，改由官方垄断鸦片的加工制作与分销；其二是在马来联邦实行官地政策（Crown Land Policy），在此政策下政府对其领土范围内的所有土地拥有最终控制权。下面我们从鸦片饷码制开始，逐一探讨这两大冲击。

　　19 世纪末、20 世纪初是东南亚区域鸦片饷码制的一大分水岭。荷兰、英国和暹罗政府先后废除其领地的鸦片饷码制，转而直接控制鸦片的加工制作、贸易与销售。[②] 暹罗在 1907 年废除鸦片饷码；

①　Carl A. Trocki, "Political Structures in the Nineteenth and Early Twentieth Centuries," in Nicholas Tarling, ed., *The Cambridge History of Southeast Asia*, vol. Ⅱ (Cambridge: Cambridge University Press, 1992), pp. 75 – 126; Robert E. Elson, "International Commerce, the State and Society: Economic and Social Change," in Nicholas Tarling, ed., *The Cambridge History of Southeast Asia*, vol. Ⅱ (Cambridge: Cambridge University Press, 1992), pp. 127 – 158; Eric Tagliacozzo, *Secret Trades, Porous Borders: Smuggling and States along a Southeast Asian Frontier, 1865 – 1915* (New Haven: Yale University Press, 2005), pp. 9 – 15.

②　John Butcher, "Revenue Farming and the Changing State in Southeast Asia," in John Butcher and Howard Dick, eds., *The Rise and Fall of Revenue Farming: Business Elite and the Emergence of the Modern States in Southeast Asia* (New York: St. Martin Press, 1993), pp. 35 – 36.

在海峡殖民地和马来联邦，大部分的鸦片饷码到 1910 年都已被废除；而在荷属东印度群岛，废除鸦片饷码的进程始于 19 世纪 80 年代，完全废除则是在 1925 年。各地政府收回鸦片饷码生意的主要原因无疑是 1904～1909 年，由于经济严重衰退，从华人饷码承包商手中取得的收益甚少。在经济衰退期间，区域内大部分商品的价格大幅度下滑。[①] 大宗商品如锡、胡椒、糖、甘蜜和烟草尤其受到严重的冲击。这些商品的市场价值大跌，导致许多贸易与船运公司及锡矿场纷纷倒闭。1906～1910 年，槟城有 56 家华人公司宣告破产，其中至少一半与五大姓有关联。1907 年，马来联邦 60％ 的锡矿场蒙受亏损，而甘蔗种植园的面积也骤跌，从 1905 年的 1 万 1233 英亩减少到 1909 年的 4594 英亩。[②]

大量华裔苦力因此被解雇，华人移民也受到限制，这两项因素导致海峡殖民地的鸦片进口量大跌，熟鸦片的消费量也大减。在经济衰退之前，鸦片进口量已经逐年下跌，从 1903 年的 1 万 6699 箱减少到 1906 年的 1 万 2658 箱，[③]而 1904～1906 年，新加坡和槟城的熟鸦片消费量分别减少 4 万 3732 公斤和 2 万 8596 公斤。[④] 如此意料之外的跌势让五大姓陷入了极大的困境。他们不再能够从鸦片垄断中获利，以致支付高昂的鸦片饷码租金的能力也被削弱。再者，殖民地政府解散会党（建德堂）和废除实物工资制（五大姓经营鸦片饷码的基础），其影响更具毁灭性。

19世纪槟城华商五大姓的崛起与没落

---

① Carl A. Trocki, *Opium and Empire：Chinese Society in Colonial Singapore*, *1800 – 1910* (Ithaca：Cornell University Press, 1990), pp. 187 – 189; Chiang Hai Ding, *A History of Straits Settlements Foreign Trade 1870 – 1915* (Singapore：National Museum, 1978), pp. 115 – 118.

② *Penang Chamber of Commerce Report for the year 1910*, p. 77.

③ Robert L. Jarman, ed., *Annual Reports of Straits Settlements 1855 – 1941* (Slough, Berkshire：Archive Editions, 1998), p. 391, p. 506, p. 650. 一箱含约 135 磅鸦片。

④ "Correspondence regarding the Report of the Commission appointed to enquire into matters relating to the use of Opium in the Straits Settlements and the Federated Malay States," *Straits Settlements Legislative Council Proceedings 1909*, p. C44. 这份文件原来使用的熟鸦片重量单位是两（tahil，1 两相当于 38 克）。

最晚从 19 世纪中期开始，会党和实物工资制已成为鸦片饷码制度中不可或缺的两项建制。它们在确保鸦片饷码有利可图方面扮演了关键的角色。如第四章所述，五大姓的会党有多个分会广泛散布各地，这一广阔的会党网络正是五大姓保障他们对各地鸦片饷码垄断的有效管道。五大姓通过会党招募"壮丁团"（Chingteng，鸦片饷码警察），用以缉查走私和推销鸦片。① 此外，会党也是五大姓的苦力贸易网络中一个重要的建制，因为会党控制并监督苦力及其流动。这些苦力当然是区域内最大的中国移民群体。至于实物工资制，那是矿场主以较市价高 200% ~ 300% 的价格供应物资（米、鸦片、酒、烟、食油）给苦力的一种制度。② 这项制度在 19 世纪广为实行于锡矿场和种植园，其目的在于使那些必须依赖矿场或种植园雇主才能取得消费品（特别是鸦片）的苦力永远欠债于他们的雇主，从而被迫永久留在矿场或种植园里。会党和实物工资制联合造就了大批实质上受禁锢的劳动力人口，而这批庞大的人口同时也是鸦片的固定消费者。

到了世纪之交，这两项建制都被政府立法废除。1890 年 1 月 1 日，1889 年《社团法令》正式生效，所有会党必须在 6 个月内解散，并将财产和资金处理掉。③ 3 月初，五大姓按照社团法令的要求，解散建德堂。④ 当局也推出 1895 年《劳工法》（*Labour Code*

---

① Yen Ching-hwang, *A Social History of the Chinese in Singapore and Malaya 1800 – 1911* (Singapore: Oxford University Press, 1986), p. 122; Carl A. Trocki, *Opium and Empire: Chinese Society in Colonial Singapore*, *1800 – 1910* (Ithaca: Cornell University Press, 1990), p. 126; Wilfred L. Blythe, *The Impact of Chinese Secret Societies in Malaya: A Historical Study* (London: Oxford University Press, 1969), p. 250.

② John H. Drabble, *An Economic History of Malaysia*, *1800 – 1990: The transition to modern economic growth* (New York, Canberra: St. Martin's Press in Association with the Australian National University, 2000), p. 55; Wong Lin Ken, *The Malayan Tin Industry to 1914* (Tucson: The University of Arizona Press, 1965), p. 75.

③ Wilfred L. Blythe, *The Impact of Chinese Secret Societies in Malaya: A Historical Study* (London: Oxford University Press, 1969), p. 236.

④ Wilfred L. Blythe, *The Impact of Chinese Secret Societies in Malaya: A Historical Study* (London: Oxford University Press, 1969), pp. 239 – 240.

1895）让每 1 名中国苦力成为自由独立的人之后，一直到 1911 年废除实物工资制为止，陆续实施了一系列解放劳工的法规。首先，1899 年《劳工薪资优先法》（*Labourers' Wages Priority Enactment*）规定，在脱售锡矿场和种植园时，苦力薪资的处理应优先于其他未偿还的债务。① 其次，1909 年《实物工资法》（*Truck Enactment*）禁止雇主以鸦片和酒的形式付给劳工薪资。② 除了落实这些法规，负责制定劳工政策和法律的联邦议会也先后通过了 1910 年《种植园劳工（健康保护）法》［*Estate Labourers（Protection of Health）Enactment*］、1910 年《中国移民法》（*Chinese Immigrants Enactment*）和 1911 年《劳工法》（*Labour Enactment*）。③ 这一系列立法程序旨在阻止对中国苦力的剥削和提升他们的福利，一旦落实，它们也同时大幅度削弱了五大姓对中国苦力的控制，而这些苦力正是五大姓的鸦片饷码赖以生存的命脉。

五大姓不能再利用会党和实物工资制来控制苦力，其鸦片生意也就不再有市场保障。当经济衰退来临，五大姓已然脆弱的鸦片饷码生意更是雪上加霜。他们没有能力支付饷码租金，遂让殖民地政府抓住机会，收回自 18 世纪末即已外包的鸦片饷码垄断权。20 世纪初正值当局在政治上致力于强化中央集权的时期，殖民地政府在这个时候废除鸦片饷码，也有其财政上的诱因。1900～1905 年，政府支出增长了 40%，显示官僚体制扩张和基础建设发展正在加速。在持续扩张的财政预算中，公共工程、人事成本和军事开销占了至

---

① Chai Hon-Chan, *The Development of British Malaya 1896 - 1909* （London: Oxford University Press, 1964）, p. 123.

② J. Norman Parmer, *Colonial Labor Policy and Administration: A History of Labor in the Rubber Plantation Industry in Malaya, c. 1910 - 1941* （New York: J. J. Augustin Incorporated Publisher, 1960）, p. 116.

③ "Shorthand Report-Minutes of 1 and 3 November 1910," in *Proceedings of the Federal Council of the Federated Malay States for the year 1910*, pp. 92 - 95, pp. 120 - 25. 另参见 J. Norman Parmer, *Colonial Labor Policy and Administration: A History of Labor in the Rubber Plantation Industry in Malaya, c. 1910 - 1941* （New York: J. J. Augustin Incorporated Publisher, 1960）, p. 117。

少 60% （见表 7 - 4）。

**表 7 - 4  1900～1905 年海峡殖民地政府的支出**

单位：元

| 年　　份 | 支　　出 |
|---|---|
| 1900 | 6030740 |
| 1901 | 7315001 |
| 1902 | 7601354 |
| 1903 | 8185952 |
| 1904 | 10848988 |
| 1905 | 10976525 |

　　注：表中内容整理自 Robert L. Jarman, ed., *Annual Reports of Straits Settlements 1901 - 1907*（Slough, U. K.：Archive Editions, 1998），p. 66, p. 166, p. 250, p. 356, p. 642。

　　在荷属东印度群岛，荷兰人也靠饷码税收来支持其权力的扩张和殖民地的发展。在 1905 年的殖民地财政预算中，战争经费和行政开销占了 40%。[1] 由于必须承担庞大的预算开销，殖民地政府不能容许鸦片饷码持续在亏损的情况下经营，因为鸦片饷码向来是殖民地政府主要的税收来源。[2]

　　殖民地政府直接控制鸦片税收，宣告了五大姓鸦片事业的终结。英殖民地、荷殖民地和暹罗政府全都是通过立法来确立新的政府垄断制，并设置高成本的行政机关来营运。在马来亚，1909 年《鸦片饷码法令》（*Chandu Revenue Ordinance* 1909）废除政府将垄断权发包给承包商的制度，代之以政府直接垄断制。从此以后，无

---

[1]　J. Thomas Lindbald, "The Late Colonial State and Economic Expansion, 1900 - 1930s," in Howard Dick, et al., eds., *The Emergence of a National Economy: An Economic History of Indonesia, 1800 - 2000* (N. S. W. and Honolulu: Asian Studies Association of Australia in Association with Allen & Unwin and University of Hawaii Press, 2002), p. 118.

[2]　1875～1905 年，单单鸦片税便占了海峡殖民地总税收的 45%～55%。参见 Cheng U Wen, "Opium in the Straits Settlements, 1867 - 1910," *Journal of Southeast Asian History* 1 (1961): 52。

论是生鸦片和熟鸦片的进口或出口，或是熟鸦片的加工制作与批发分销，都完全由海峡殖民地政府亲自处理。[①] 当局也设立了政府垄断局（Government Monopolies Department），配置多名税务官和数台摩托艇，供缉查走私活动或执行鸦片垄断相关法规之用。[②]

两年之后的 1911 年，荷兰殖民地当局也成功在东苏门答腊设立官方鸦片专卖局（Opium Régie），以取代鸦片饷码制。[③] 新的制度让荷兰殖民地政府直接控制东苏门答腊的鸦片加工制作、批发与零售。为了保护这项垄断，荷兰殖民地政府动用陆军、海军、警察和相关法规，加强监督和严禁走私活动。在 20 世纪初，当局派遣越来越多的轮船和小船，到苏门答腊东部海岸与河流巡逻；[④] 另外还制定消费税、驱逐出境和引渡相关的法律，强化边境地区的执法行动。[⑤]

在暹罗，饷码承包商（五大姓与当地合伙人）之间日益扩大的分歧，以及他们无力按合约支付饷码租金的窘境，对饷码制度的崩溃有助长的作用。[⑥] 1907 年 1 月，暹罗政府决定废除鸦片饷码，收回全国各地的鸦片垄断权。以上所述表明，政府自行经营鸦片垄断权，不仅标志着五大姓鸦片商业帝国的终结，而且意味着政府开始在鸦片业的管理上扮演着积极而直接的角色。

① *Straits Settlements Government Gazette*, 15 October 1909, p. 3135. 另参见 Laurentia Magchili-na van Lottum-van Leeuwen, *From Source to Scourge*（Rotterdam：University Erasmus, 1992），p. 84。这项法令旨在赋予政府进出口鸦片及制造和售卖熟鸦片的垄断权。

② *Annual Departmental Reports of the Straits Settlements for the year 1910*, p. 88, p. 95. 另参见 Derek Mackay, *Eastern Customs：The Customs Service in British Malaya and the Opium Trade*（London：The Radcliffe Press, 2005），pp. 31 – 32。

③ F. W. Diehl, "Revenue Farming and Colonial Finances in the Netherlands East Indies, 1816 – 1925," in John Butcher and Howard Dick, eds., *The Rise and Fall of Revenue Farming*（New York：St. Martin's Press, 1993），p. 218。最早的官方鸦片专卖局成立于爪哇。

④ Eric Tagliacozzo, *Secret Trades, Porous Borders：Smuggling and States along a Southeast Asian Frontier, 1865 – 1915*（New Haven：Yale University Press, 2005），p. 61.

⑤ Eric Tagliacozzo, *Secret Trades, Porous Borders：Smuggling and States along a Southeast Asian Frontier, 1865 – 1915*（New Haven：Yale University Press, 2005），p. 68.

⑥ Ian Brown, "The End of the Opium Farm in Siam, 1905 – 7", in John Butcher and Howard Dick, eds., *The Rise and Fall of Revenue Farming*（New York：St. Martin's Press, 1993），pp. 233 – 241.

# 土地中央化政策

鸦片业在财政改革下所蒙受的商业性灾难，并非新兴政治局势给这个区域带来的唯一灾难，另一项灾难来自英国殖民地政府实行的土地所有权规范。这项措施对采锡和种植活动有深远的影响。在20世纪初，因为当局实行的一项彻底的土地改革政策赋予政府最终的土地控制权，马来亚领土范围内的土地在法律上经历了重大的变革。这项土地政策"将领土范围内所有土地的最终控制权交到作为国王陛下代理人的总督手中，以便解决及稳定整个土地情况，从而确保政府能有效控制领土范围内的所有土地，以及与土地租赁、所有权、割让或转手有关的所有变动"。① 换言之，政府被赋予了土地的最终控制权。一套限制性条例也随之制定，以管理殖民地土地的分配和利用。② 在采锡和橡胶种植用地的分配上，限制性条例更是严格。以霹雳为例，为了让欧洲公司以几乎免费的方式取得大面积的矿地，政府在1906年决定收回所有由华人和马来人持有但闲置或未充分利用的土地，并将其重新分配给其他人。③ 在处理供橡胶

---

① Lim Teck Ghee, *Origins of a Colonial Economy：Land and Agriculture in Perak 1874 – 1897* (Penang：Federal Publications, 1976), p. 43.

② *Straits Settlements Government Gazette*, 31 December 1885, pp. 1960 – 1964；14 May 1886, pp. 695 – 702.

③ Yip Yat Hoong, *The Development of the Tin Mining Industry of Malaya* (Kuala Lumpur：University of Malaya Press, 1969), p. 152.

种植之用的土地转让作业上，地点好或面向主要公路或铁路的地段几乎都会分配给欧洲种植业者。[①] 1913 年 11 月 25 日，联邦议会通过《马来保留地法令》(Malay Reservations Enactment)，进一步强化了土地限制。[②] 这项法令不仅让英国参政司有权宣布将任何土地列为马来保留地，而且规定马来保留地范围内的任何土地都不能出售、出租或以其他方式转让给非马来人。

遥罗也同样出现了加强中央控制的情况。遥罗国王哇栖拉兀(King Vajiravudh)为巩固中央集权，采取行动强化中央政权对各府行政的控制。结果，许氏家族和五大姓联盟的经济特权，特别是他们过去在西南各府可轻易取得的矿区开采权，受到严重的影响。1909 年，哇栖拉兀王将矿务局撤出内政部，借此制约内政部长及许氏家族庇护者丹隆亲王的权力。[③] 丹隆因此丧失了颁发矿区开采权的权力，而矿务局的新局长昭披耶旺沙努巴帕(Chaophraya Wong-sanupraphat)比较偏爱那些能够引进庞大资金和先进技术的西方采矿公司。[④]

从政治经济学的角度来看，区域新秩序显然不仅仅表现为引进西式行政管理和法律制度以实现政治集中化与合理化，这一新政治秩序也意在瓦解长久以来让五大姓得以在槟城区域建立其经济支配地位的区域政经结构，从而为西方的渗透奠定基础，并且给五大姓的事业与政治追求设置实质的障碍。许氏集团便是这一新政治秩序的一大受害者。

① Ian Brown, *Economic Change in Southeast Asia, c. 1830 – 1980* (New York: Oxford University Press, 1997), pp. 148 – 149.

② Lim Teck Ghee, *Peasants and Their Agricultural Economy in Colonial Malaya 1874 – 1941* (Kuala Lumpur: Oxford University Press, 1977), p. 112.

③ Ian Brown, *The Elite and the Economy in Siam c. 1890 – 1920* (New York: Oxford University Press, 1988), p. 107; Tej Bunnag, *The Provincial Administration of Siam 1892 – 1915: The Ministry of the Interior under Prince Damrong Rajanubhab* (Kuala Lumpur: Oxford University Press 1977), p. 226.

④ Ian Brown, *The Elite and the Economy in Siam c. 1890 – 1920* (New York: Oxford University Press, 1988), p. 108.

19世纪槟城华商五大姓的崛起与没落

# 许氏集团的瓦解与五大姓商业帝国的覆灭

许氏集团无疑是五大姓与许氏家族为回应 20 世纪初西方企业的严峻挑战而成立的令人刮目相看的大企业。它将多家采矿公司、熔锡公司、船运公司和金融保险公司整合起来，希望能够成为一个自立和具竞争力的企业集团。其中的鸦片饷码集团所控制的一连串利润丰厚的鸦片饷码，理想上应当成为许氏集团的"金牛"（Cash Cow），为大集团旗下其他公司提供稳定的资金。[1] 但实际上，鸦片饷码最终反而变成集团的祸根。如前所述，由于经济与政治秩序出乎意料的转向，鸦片饷码事业遭到致命性的打击。五大姓及其盟友因蒙受巨大的亏损，而欠下各地政府庞大的债务。举例来说，1908～1911 年，单单是在雪兰莪的鸦片饷码，黄务美、许如琢、林长辉（Lim Tang Hooi）等鸦片饷码承包商便欠下 68 万 8677 元。[2] 在饷码事业无法提供财政支持的情况下，许氏集团旗下其他企业就无法成长与扩张。1911 年东方熔锡公司的脱售便是一个很好的例子；同年，槟榔屿乾元保安公司也被迫清盘；东方船务公司持续营

---

① Carl Trocki, "Boundaries and Transgressions: Chinese Enterprise in Eighteenthand Nine-teenth-Century Southeast Asia," in Ong Aihwa and Donald M. Nonini, eds., *Ungrounded Empires: The Cultural Politics of Modern Chinese Transnationalism* (New York: Routledge, 1997), p. 79. 另参见 Jennifer Cushman, *Family and State: The Formation of a Sino-Thai Tin-Mining Dynasty 1797 – 1932* (Singapore: Oxford University Press, 1991), p. 80。

② Selangor Secretariat File 2164/1911.

运至第一次世界大战之后，最终于 1922 年卖给海峡轮船公司①；最后，许氏集团旗下硕果仅存的通扣埠铁船采锡公司也在 1934 年被英国人接管。

无论如何，鸦片饷码无法扮演资金创造者的角色，并非导致许氏集团崩溃的唯一因素，另一项因素是，集团旗下各个企业所处的政治与经济环境，对它们的运作并非有利。例如，东方船务公司在面对西方船运公司的激烈竞争之时，槟城作为区域转口贸易港的地位恰好也开始衰退。英国殖民地政府将马来半岛上的小港口发展成深水港口并建立直通西方的航线，给槟城港口带来了很大的冲击。以雪兰莪瑞天咸港为例，它在 1915 年从沿海港改建为远洋港之后，崛起成为马来半岛西海岸的首要海港，与缅甸、印度和欧洲建立了直通航线。② 苏门答腊东岸勿拉湾的深水码头建成之后，远洋轮船得以直接靠岸停泊，与邻邦（爪哇和缅甸）和西方（荷兰和英国）的直通船运航线也随之建立。③ 这些海港的崛起促进了大陆地区与邻邦和西方的直接贸易，因此削弱了槟城作为转口贸易港的重要性。随着船运与贸易运作模式的这项改变，总部设在槟城的东方船务公司失去了对沿海船运航线和转口贸易的控制。

无可否认的是，许氏集团在 1907 年创立时是冒着极大风险的，因为当时殖民地当局和西方商业精英所启动的一系列政经变革并不利于他们。这些改革影响了许氏集团旗下几乎所有的企业，从而削

① *Straits Echo*, 10 October 1922, p. 1257. 东方船务公司的卖价是 135 万 1000 元。谈成这笔交易的李振传（Lee Chin Tuan）获得的佣金是卖价的 7.5%，清盘师林振源（Lim Chin Guan）则获支付 1 万 2000 元的服务费。

② 使用瑞天咸港的多半是英印轮船公司（British India Steam Navigation Company）和半岛东方轮船公司旗下的轮船，主要出口品是锡和橡胶，进口品则是稻米、印度移民和西方制造品。参见 Mon Bin Jamaluddin, *A History of Port Swettenham* (Singapore: Malaya Publishing House Limited, 1963), p. 7; Marion W. Ward, "Port Swettenham and Its Hinterland," *Journal of Tropical Geography* 19 (1964): 72 – 73。

③ Christopher Airries, A Port System in a Developing Regional Economy: Evolution and Response in North Sumatra, Indonesia (Ph. D. diss., University of Kentucky, 1989), pp. 123 – 125.

19世纪槟城华商五大姓的崛起与没落

弱了集团的商业竞争力。同时，五大姓及其盟友内部也陷入一系列的法律纠纷中，以致彼此的共同价值观和信任受到侵蚀。外在形势的变迁和家族内部的纠纷逐渐拖垮许氏集团，最终摧毁了五大姓的商业帝国。

# 家族纠纷

在 20 世纪初，五大姓不仅面对经济与政治秩序的巨大变革，而且面对家族内部和家族之间发生利益冲突的问题。家族内部和家族之间的利益冲突当然不是到这个时候才突然出现的，这个问题从 19 世纪开始就已经纠缠着五大姓。例如，在 1886 年，辜上达和邱天德曾入禀法庭，控告郑景贵违约。① 辜邱二人要求郑景贵赔偿，但法庭宣判后者胜诉。② 1897 年，槟榔屿乾元保安公司中支持上一年被迫辞去秘书职位的谢增煜的部分董事，提议要求解散公司。③ 结果新任秘书谢德泰介入调解，解决了董事之间的分歧。

上述例子显示，早期发生的那些冲突并未恶化到足以损害家族关系和破坏商业伙伴关系的程度。反观那些发生在 20 世纪初的冲突，却让五大姓及其盟友陷入剧烈且旷日持久的法律纠纷中，涉及的金钱利益十分庞大，并且极具破坏性。由于缺乏冲突各方的私人记录或其他直接证据，我们无从分析这些冲突的内在原因。但是，所有的重大冲突都发生在五大姓失去苦力贸易、船运业、采锡业和饷码业的支配地位之后那不安的数十年里，显然别具意义。有别于

---

① *Cases Heard and Determined in Her Majesty's Supreme Court of the Straits Settlements*, vol. 4, 1885 - 1890, p. 137.

② 辜上达和邱天德与郑景贵合伙，投得 1889～1891 年的槟城鸦片饷码。

③ *Pinang Gazette and Straits Chronicle*, 17 November 1896, p. 3.

过去的争端，发生在 20 世纪的冲突似乎是五大姓没落的征兆，出现在机会减少、可能性有限的时期，而且远较过去激烈，因为机会和可能性往后还会变得更少。从这个方面来说，这些冲突也可以看作是西方的渗透彻底改变槟城区域的政治经济秩序而带来的后果之一。[①]

1919 年 1 月 6 日，在半岛东方轮船公司（Peninsular and Oriental Steam Navigation Company，又名铁行轮船公司）控告东方船务公司损毁其位于苏门答腊勿拉湾的码头的诉讼案中，东方船务公司通过第三方告诉程序，以公司董事总经理柯孟淇有过错为由，将其告上法庭。[②] 在诉讼中，半岛东方轮船公司要求东方船务公司赔偿 7 万 9860 元，后者则转而诉请柯孟淇做出赔偿。[③] 根据东方船务公司的指控，柯孟淇滥用权力，在未经公司授权的情况下，指控他为了本身利益而自行雇用的一艘轮船停泊于上述码头。[④] 因此，应当为码头的损毁负责的是柯孟淇本人，而不是公司。不过，法庭最终判定东方船务公司必须做出赔偿，并且无权要求柯孟淇承担赔偿责任，因为柯孟淇是在身为公司董事总经理的职权范围内行事。

因为这宗诉讼案，柯孟淇与构成东方船务公司核心董事及合伙

---

① 此洞见源自诺拉·库克（Nola Cooke），谨此致谢。

② *The Privy Council Cases：Malaysia, Singapore and Brunei, 1875 – 1954*（Kuala Lumpur：Professional Law Books, 1990），p. 205.

③ *The Privy Council Cases：Malaysia, Singapore and Brunei, 1875 – 1954*（Kuala Lumpur：Professional Law Books, 1990），p. 206. 另参见 *Straits Echo*, 9 May 1922, p. 547；22 August 1922, p. 1036.

④ *The Privy Council Cases：Malaysia, Singapore and Brunei, 1875 – 1954*（Kuala Lumpur：Professional Law Books, 1990），p. 203；*Straits Echo*, 9 May 1922, p. 55；*Straits Echo*, 22 August 1922, p. 1036. 柯孟淇也是山下汽船株式会社（Yamashita Kishen Kaisha Limited）在槟城的代理人。1908 年 5 月 22 日，山下汽船株式会社旗下的"久满加多丸号"（S. S. Kumakata Maru）被包租给柯孟淇，供他在仰光/毛淡棉和槟城/日里之间运输米。1918 年 7 月，柯孟淇与仰光的荷兰米较公司（Hollandia Rice Milling Company）达成协议，以这艘轮船托运米给棉兰的梵涅公司（Van Nie & Co.）。"久满加多丸号"于 1918 年 7 月 10 日抵达勿拉湾港后，将数量庞大的袋装米卸在码头上。11 日晚上，部分码头因此坍塌。

人的五大姓和许氏家族之间的关系肯定受到了伤害。此外，柯孟淇在公司政策上也曾与五大姓和许氏家族有过一次交手。在第一次世界大战接近尾声之际，英国政府要求征用东方船务公司的 9 艘轮船。[1] 公司董事因为不同意英方开出的费率和赔偿，都拒绝签署同意书和交出轮船，除了柯孟淇。由于不满公司的大多数决定，柯孟淇与财政杨升章（Yeoh Seng Chang）一起递交辞呈。在殖民地大臣不断施压之下，五大姓和许氏家族最终被迫将公司轮船的管理权移交给受英国政府委任为管理人的柯孟淇。[2] 柯孟淇凭着这项权力，在与东方船务公司董事交涉时变得更加强硬。例如，东方船务公司要求当局在轮船将煤炭和储存品运送到英国人手中时即刻付款，结果被柯孟淇拒绝，在轮船于 1919 年交回之后，柯孟淇并未重新加入东方船务公司。这件事显示，日益加剧的纷争最终导致区域内其中一名经验最丰富及最著名的船运业者退出合伙关系。

对利润丰厚的饷码承包合约的追求可以将五大姓及其盟友团结起来，却也有可能将他们的关系撕裂。这样的危机最早起于 1909 年 10 月一宗针对鸦片饷码的法律纠纷，当时暹罗鸦片饷码的总理谢自友及其他合伙人，被另一名合伙人杨维岳（Yeoh Ooi Gark）以欺诈之名起诉。1905 年 2 月，谢、杨及其他槟城富商合组的集团投得暹罗鸦片饷码，承包期为 1905 年 4 月 1 日至 1908 年 5 月 31 日。[3] 然而到了 1905 年 8 月，这个来自槟城的利益集团因为面对财务问题，决定放弃这项承包权，并获得暹罗政府全额退还 75 万 2800 泰

---

[1] CO 273/469, Requisitioning of local shipping, 7 August 1918, pp. 465 – 467. 另参见 Jennifer Cushman, *Family and State: The Formation of a Sino-Thai Tin-Mining Dynasty 1797 – 1932* (Singapore: Oxford University Press, 1991), p. 110。

[2] Jennifer Cushman, *Family and State: The Formation of a Sino-Thai Tin-Mining Dynasty 1797 – 1932* (Singapore: Oxford University Press, 1991), pp. 110 – 111.

[3] *Straits Echo*, 24 February 1905, p. 147. 另参见 Ian Brown, "The End of the Opium Farm in Siam, 1905 – 7," in John Butcher and Howard Dick, eds., *The Rise and Fall of Revenue Farming: Business Elites and the Emergence of the Modern State in Southeast Asia* (New York: St. Martin Press, 1993), pp. 234 – 236。

铢（45万1680元）的承包金。<sup>①</sup> 杨维岳在集团中投资10万元，其中实缴资本为6万1000元，但在鸦片饷码承包合约终止之后，他只被退还3万8798元。<sup>②</sup> 杨维岳发现他的合伙人有失信和串谋欺骗之嫌，便诉诸法律行动。

1911年1月16日，邱汉阳也采取法律行动，针对1907~1909年控制新加坡鸦片及其他相关饷码的许如初和另外13名合伙人，控告他们擅自挪用公司款项。<sup>③</sup> 邱汉阳是该鸦片饷码集团的担保人，他发现在该集团的渣打银行账户中，有一笔约6万1000元的款项在未作任何记录的情况下被许如初等人提出。<sup>④</sup> 这宗案件缠讼多年，直到邱汉阳在1917年访问棉兰期间死于一场车祸，才终于被撤销。<sup>⑤</sup> 1914年，鸦片饷码承包商之间再度发生法律纠纷。1908~1909年雪兰莪鸦片、赌博和酒饷码承包集团万美公司（Ban Bee）的合伙人许如琢起诉公司经理黄务美，指控他未履行合伙人的责任。许如琢检查黄务美保管的公司账簿之后发现，后者在其他合伙人不知情或未经其他合伙人同意的情况下，擅自使用公司资产从事交易活动，并且未向其他合伙人交代清楚从中所得的利益。<sup>⑥</sup> 更有甚者，黄务美在某些事务上欺骗了其他合伙人。其中之一是他在未征求其他合伙人同意的情况下，代表公司为尤却娘（Eow Keok Neo）的抵押债务做担保。<sup>⑦</sup> 尤却娘是黄务美的妻子，她因为炒作

---

① Ian Brown, "The End of the Opium Farm in Siam, 1905 – 7", in John Butcher and Howard Dick, eds., *The Rise and Fall of Revenue Farming: Business Elites and the Emergence of the Modern State in Southeast Asia* (New York: St. Martin Press, 1993), p. 239.

② *Straits Echo*, 22 October 1909, p. 1176.

③ *Malayan Cases*, vol. I (Singapore: Malayan Law Journal Pte. Ltd., 1939), p. 16.

④ *Malayan Cases*, vol. I (Singapore: Malayan Law Journal Pte. Ltd., 1939), p. 16.

⑤ Dirk A. Buiskool, The Chinese Commercial Elite of Medan, 1890 – 1942 (Paper Represented at the Shared Histories Conference, Penang, 2003), p. 4; Queeny Chang, *Memories of a Nyonya* (Petaling Jaya: Eastern Universities Press Sdn. Bhd., 1981), pp. 148 – 149.

⑥ *Straits Echo*, 19 November 1914, p. 1586.

⑦ *Straits Settlements Law Reports*, vol. 15 (Singapore: Pub. for the Committee of the Singapore Bar, 1922), p. 186.

房地产失败而债台高筑。为了帮妻子摆脱财务困境，黄务美打算将她的债务（24 万 2357 元）记入公司的账户借方。①

除了与其他家族之间的法律纠纷，五大姓各家族内部也出现成员互相起诉的情况。1913 年 3 月，杨碧达入禀法庭，控告杨公司的主席和信理会滥用权力及管理公司资产不当。从 1901 年开始，杨碧达针对杨公司的账目进行调查，发现有大笔款项被汇到中国，怀疑此中有滥用之嫌。② 1885 ~ 1893 年，有 6 万元被汇到中国；1904 ~ 1912 年，另有 3 万 3224 元被汇出③，账目并未详细记录这些汇款的用途为何。此外，杨公司的部分资金也在不收利息或没有抵押的情况下借给公司成员。这场官司前后打了三年，最高法院最终判杨碧达胜诉。随着这项判决，杨碧达的亲密商业伙伴约翰·米契尔（John Mitchell）受委托接管杨公司的账簿和账户。④ 1917 年 7 月，在最高法院核准新的杨公司行政管理方案之后，杨碧达及其支持者组成了新的理事会，取代那些涉及丑闻的旧理事。

林氏是另一个陷入内部纠纷的五大姓家族。林文虎和林成辉分别是林公司的主席和副主席，两人在一宗官司中成为对手。1931 年，林成辉采取法律行动，要求林文虎偿还一笔贷款。⑤ 1932 年 6 月，这宗案子获得解决，林文虎同意就他位于吉打的部分土地，付给林成辉两笔各 1 万 6000 元的款项。然而到 1934 年，林文虎突然去世，留下未还清的债务。林成辉立即对林文虎的儿子们采取法律行动，要求他们付清林文虎的贷款。与此同时，林成辉本身也面对林公司公共事务联系人的两项诉讼，分别要求他偿还 13 万 5000 元和 1 万 7102 元。这场官司后来以法庭核准的方案得到解决。1931 年，

---

① *Straits Settlements Law Reports*, p. 184.

② *Straits Echo*, 5 March 1913, p. 209；11 April 1913, p. 357.

③ *Straits Echo*, 11 April 1913, pp. 357 - 358.

④ *Straits Echo*, 5 September 1917, p. 1327.

⑤ Wu Xiao An, *Chinese Business in the Making of a Malay State, 1882 - 1941* (London: Routledge Curzon, 2003), p. 154.

林公司信理员林耀椿也被姐夫谢达仁及其兄长谢达道（Cheah Tat To）控告，要求他偿还一笔债务。① 根据法院的判决，林耀椿必须支付谢氏兄弟 12 万 5720 元，另加利息。② 结果林耀椿被迫卖掉家族的种植园来还债，而买家就是谢氏兄弟。

综合以上所述，可见每当五大姓的主要成员及其盟友发生利益冲突并诉诸法律行动时，就会造成彼此关系紧张和分裂的局面。法律诉讼除了导致家族成员及生意伙伴之间的关系变坏，还会造成彼此的不信任和不屑。私人关系的破裂不仅让生意伙伴分道扬镳，而且导致原本强大的经济联盟分崩离析。虽然五大姓部分成员在 20 世纪 30 年代到战后初期仍活跃于商界，但比起过去那些英籍民或新移民中的华人商业精英，他们的经济活动相对是地方性的，以往在区域和国际经济领域所扮演的重要角色就渐渐被遗忘了。

---

① 谢达仁于 1906 年娶林耀椿的姐姐林桂元（Lim Kui Guan）为妻。

② Civil Case of High Court II Alor Star No. 227/49, 1931。另参见 Wu Xiao An, *Chinese Business in the Making of a Malay State, 1882 – 1941* (London：Routledge Curzon, 2003), p. 153。

# 结　语


西方的商业扩张在 19 世纪晚期是逐步和渐进的过程，但到了世纪之交便快速而全面地展开，这种现象在锡矿业和橡胶种植业尤其明显。五大姓有机会借助新的技术和管理模式继续与西方企业竞争，而且他们也确实这么做了。他们尝试与一些澳大利亚人合伙，采用铁船技术和上市公司管理模式来提升其采锡事业。然而，营私牟利的心态和不当的行为不仅破坏了五大姓与澳大利亚人的关系，而且连带摧毁了双方的合伙关系。此外，英国采锡企业资金雄厚且组织完善，五大姓显然无法与之匹敌。在橡胶业蓬勃发展之初，五大姓很快就将资金转投到橡胶种植。然而，五大姓的橡胶种植事业主要是采取家族生意和小型合资公司的模式，而不是采用上市公司和代理商行的组织结构方式来经营。结果，五大姓的资金来源受限，在事业的扩张上只能依赖"公司"、银行和齐智放贷者的融资。反之，西方代理商行凭着政治和金融关系，通过让橡胶公司上市的方式善用西方庞大的资本资源，而崛起成为最重要的橡胶种植业者。除此之外，代理商行也发展出组织完善的印度和爪哇劳工供应网络与交通运输系统，最终确立了西方人对橡胶业的控制。

同一时期，随着殖民地政府致力塑造有利于其权力运作的环境，五大姓发现形势对他们越来越不利。到了世纪之交，原本界限模糊而让五大姓的网络得以几乎无所拘束地扩张的区域随着局势不変，被分割成截然分明的几个政治与行政单位。在马来亚，英国人的势力从海峡殖民地渗透到半岛各地，将诸马来邦属纳入其殖民控制之下；在东印度群岛，荷兰人扩大其以爪哇为基地的政治机器，将外围岛屿纳入势力范围，组成"荷属东印度群岛"；在暹罗，曼谷的中央政权效仿西方的"自强"策略，加强对边疆领土的控制。所有这些政治动作必然且势不可挡地为各个政权划清并巩固其界限。各政权也逐步实行限制性法律与条规，以巩固中央集权，并解散五大姓向来依赖的各种准政治和社会经济机构。这一切最终使五大姓从根本上失去了他们在过去数十年里所享有的经济特权（鸦片饷码垄断权和矿地开采权）。换言之，强大的殖民政权和本土政权已经崛起，并且控制了各方面的事务。在这新的环境中，五大姓发现不仅他们以往所扮演的中间人或中介管道的角色不再有市场，而且他们的经济活动也受到了无情的限制。

铁船和印度或爪哇劳工取代中国苦力，股份公司和政府官僚机器取代古老的"公司"，铁路和公路也取代了河流运输。面对新的经济与政治秩序，以往支撑五大姓所建体系的一切力量都不再重要，甚至失去了意义。在面对新秩序的同时，五大姓也面对家族成员之间和家族与合伙人之间日益加剧的利益冲突。当这些冲突被带上法庭，彼此就会变得势不两立。既受内部矛盾困扰，又面对不利于他们的新政经条件，五大姓的经济联盟终于因为无法适应这种种新的要求而分崩离析，并渐渐被人遗忘。在西方现代企业模式和殖民政治大权的冲击下，五大姓在槟城区域所享有的长达一个世纪的经济支配地位终于到了尽头。

第 八 章

# 结 论

19世纪的槟城福建五大姓商业家族控制了当时区域经济的最重要元素，包括劳动力、资本、组织和商业网络。他们在槟城及其周边地区所建立的家族联盟与权力关系，对区域内的发展产生了重要且深刻的影响。因此，想要揭示当时活络的地方与区域社会经济及政治生活，脉络化商业精英、基层群众、殖民地当局和本土权贵之间的微妙互动，以及重建地方和区域的历史，五大姓是很好的切入点。本书除了弥补有关福建商业家族及其商业网络之文献的不足，也展示了如何以福建商业家族作为一项分析工具，来研究19世纪东南亚经济史。这一取径有别于以往许多相关研究所采取的欧洲中心主义取径。后者让我们相信西方企业在19世纪东南亚经济发展中扮演主导者的角色，而本书关于五大姓的研究则尝试解构这些传统论述，复原长期以来备受忽略的本土能动性，从而描绘出一幅更为细致的19世纪东南亚社群、社会和历史图景，并突显福建商业精英家族在其中所扮演的核心角色。

本书也揭示了槟城华商和他们的商业网络在经济上的重要性。他们不仅将槟城转变为贸易港，而且使槟城演变为金融与商业中心，成为许多公司开展及控制其商业活动的基地。在殖民地经济迅速扩张的时期，这样的演变有助于福建精英家族巩固他们在商业上的领导地位。通过对五大姓的商业运作、家族关系、与敌对会党的冲突、彼此间的合作与竞争做详细的分析，我们看到，在19世纪，五大姓所建立的覆盖范围极广、复杂且流动的区域商业网络不仅给他们带来经济上的优势，而且将槟城及其周边地区（缅甸南部、暹罗西南部、半岛西海岸马来邦属、苏门答腊北岸和东岸）打造成一个单一的经济单位。

尽管新加坡崛起，作为五大姓海上贸易大本营的槟城却始终维持区域转口贸易港的地位。五大姓经营的庞大船队航行于槟城周边的海域，在槟城与邻邦之间运输海峡土产、印度和中国的货物及欧洲商品，其航线有时候甚至远达中国和印度。五大姓运输和交易的货物都是需求迫切的商品，可以在区域及国际市场上赚取很高的利润。他们在船运与贸易上所涵盖的势力范围在某种程度上使槟城既独立于新加坡，又在某些方面与新加坡形成环环相扣的利益关系。五大姓也涉足农业和矿业生产。他们在槟城、威省和吉打拥有大面积的椰园和甘蔗园。在胡椒和稻米贸易上，他们与缅甸南部和苏门答腊东岸的供应来源有直接的联系。在锡矿生产上，从暹罗西南海岸到马来半岛西海岸邦属的锡矿场多半为他们所有，或由他们提供融资。在种植园和锡矿场工作的苦力也是由他们供应。这些移民劳工群体既是生产的主力，也构成了有利可图的庞大消费市场。

为了控制手下的劳动大军并确保巨大的利润，五大姓及其盟友集资取得各地的鸦片饷码，成为需求极高的鸦片的供应者。事实上，鸦片饷码是五大姓最重要的生意。鸦片饷码不仅是生鸦片的进口中心，而且是熟鸦片的制造与分销中心，所制成的熟鸦片再分销到锡矿场和种植园供大量染上鸦片瘾的苦力消费。通过鸦片饷码，五大姓得以控制商品（农作物和锡）的生产，从而强化对贸易的控制。认识到鸦片饷码、贸易、劳动力和商品生产之间的重要关系，五大姓除了极力控制槟城及邻邦的鸦片饷码，也力图控制马六甲、雪兰莪、柔佛、婆罗洲、曼谷、新加坡和香港的鸦片饷码。

五大姓通过控制这些十分多样化的生意（船运、转口贸易、商品生产、苦力贸易、饷码），不仅将槟城及其邻邦联结起来，而且使这些相互关联的经济部门（生产、运输、贸易与消费）交织成一张网络。这张结合了各个经济部门的综合网络清楚地揭示，由福建商业精英的经济活动所促成的资本、劳动力、商品和市场的结构与

19世纪槟城华商五大姓的崛起与没落

功能，构成了以槟城为中心的区域市场经济与资本主义。

为了在这些多样化且庞大的生意中取得成功，五大姓发展并控制了一个包含家族关系、会党组织和商业伙伴关系的区域商业网络。五大姓的家族关系网络除了包含福建大家族，也包含客家、马来和暹罗家族，并且延伸到槟城以外的地区。在这一亲属关系网络之下，五大姓可依赖及利用家族的成员，以他们为可靠的生意伙伴或助手。如此一来，五大姓不仅得以善用生意伙伴的财力优势，而且有重要的社经与政治关系可资利用。这样的好处显然可见于五大姓所组织成立的商业公司和鸦片饷码集团。会党建德堂则是五大姓手中的一项重要工具，这项工具不仅独立为他们服务，而且与其他会党形成联盟，并通过此联盟动员数量庞大的苦力来与对手竞争，以实现他们的经济目标。

在寻求支配最有利可图的两种生意——鸦片饷码承包和采锡的过程中，五大姓面对几股势力的强大挑战，其中包括广东人主导的敌对会党义兴公司、新加坡福建商业精英、暹罗地方首长和英殖民地官员。为了取得或捍卫其经济利益，五大姓在建德堂之下集结，并与其他会党缔结联盟，例如，福建人、马来人、印度人和土生爪夷人组成的和胜公司，客家人主导的海山公司，以及马来人的红旗会。通过会党之间的联盟关系，五大姓能够有效且方便地动员苦力大军来支援其商业竞争。这种支援往往涉及暴力和流血事件，如1867年的槟城暴乱、1878年的甲米暴乱、1879年的太平苦力暴乱、1884年的日里种植园苦力造反、1876年的普吉岛苦力暴乱，以及1861年、1862年和1872年的三次拉律战争。在某些情况下，五大姓甚至会与原来的竞争对手合作。通过这两种策略，五大姓成功击败商业对手，在鸦片饷码业和锡矿业取得支配性的地位。五大姓的商业网络除了是他们积累财富的管道，也在他们崛起成为区域经济势力的过程中扮演关键的角色，在整个19世纪深深影响了槟城及其周边地区的经济组织与整合方式。

到了 19 世纪晚期，规模庞大且资金雄厚的西方贸易与船运企业，如英国人的海峡轮船公司和海峡贸易公司，以及荷兰人的皇家邮轮公司，在以槟城为中心的区域积极扩张。英国人和荷兰人的这些大企业经营庞大的船队，同时与保险业结合，在槟城及其邻邦从事大规模的船运与贸易活动。这对五大姓所控制的区域船运与贸易构成了严重的威胁。五大姓为了加强竞争力，在 1885 年创办第一家华人保险公司——槟榔屿乾元保安公司，又在 1907 年将主要的华人船运公司合并，组成东方船务公司。这两个企业后来与另四家企业（东方贸易公司、通扣埠铁船采锡公司、东方熔锡公司和槟城鸦片饷码集团）联合组成了一个大集团，即许氏集团。许氏集团不仅是为了迎接西方的强势竞争而展开的一项雄心勃勃的投资计划，而且是五大姓为了重整及激活其商业策略与运作模式而做出的一项突破性尝试。五大姓有意通过这个具有原型意义的集团，建立一个在财政、技术和管理上高度整合且可永续经营的超级商业机构。不幸的是，面对槟城区域新一波以西方为导向的经济与政治变革，许氏集团最终分崩离析。

20 世纪早期，新的经济与政治秩序兴起，所形成的形势对五大姓大为不利。西方企业除了涉足船运与贸易，还进一步将其利益触角延伸到商品生产领域，即锡矿业和种植业。凭着庞大的资金储备和先进的技术，以及横向及纵向地结合金融、贸易、船运和锡矿开采与熔炼业而形成的整合型跨国网络，英国东方矿务机构成功从五大姓手中夺走对锡矿业的控制权。在橡胶种植领域，五大姓是最早的商业性橡胶种植投资者。然而，西方代理商行能够借用来自伦敦的庞大资金供应和来自印度及爪哇的劳工供应，以及紧密的陆路和海路运输网络，很快就使五大姓黯然失色。

20 世纪早期不仅见证规模庞大、资本密集的西方企业崛起并立足于船运、贸易与商品生产领域，而且见证殖民政权通过集中化巩固其政治权力。英殖民地、荷殖民地和暹罗当局实行了一系列的限制性法律，并设置不断扩大的官僚机器，逐步加强对所有事务的控制。统治势力巩固其政治权威的做法，对五大姓的商业利益产生了毁灭性的打击，对鸦片饷码和土地所有权的冲击尤其严重。殖民地当局颁布的1889年《社团法令》，以及1895～1911年一系列与劳工有关的法令，消灭了五大姓的鸦片饷码所赖以有效运作及获利的会党和实物工资制。1904～1907年，经济衰退进一步削弱他们的生存能力。结果，鸦片饷码生意被压垮，五大姓及其盟友拖欠政府庞大的租金，最终宣告破产。鸦片饷码制最后被取消，改由政府直接垄断。殖民地和暹罗政府也通过土地中央化政策，成功使五大姓不再能够轻易取得土地来进行经济剥削。恰恰在这困难时期，五大姓家族内部以及五大姓与其他生意伙伴之间也发生利益冲突。这些冲突涉及商业控制权和庞大的金钱利益，并且诉诸法律，结果破坏了五大姓的经济凝聚力，致使各方分道扬镳。

受西方启发而出现的商业、金融、技术与行政改革，推动了20世纪早期槟城区域的变迁，并改变了游戏规则。西方企业凭着充裕的资金、良好的企业组织结构和先进的技术，加上殖民地官僚的行政偏袒，成功在与五大姓的竞争中脱颖而出，从而在经济主流中取得优势。更重要的是，西方企业掌握了新的经济与政治元素，成功建立了一个新的全球商业网络。这个全球商业网络取代了五大姓区域商业网络所构成的经济架构和商业机制，支撑起槟城区域的资本主义经济。

不过，五大姓的没落并不意味着区域华人经济势力的终结。相反，它标志着另一批重要的经济参与者——新客（中国新移民）的崛起。有别于峇峇或海峡华人（在马来亚或印度尼西亚土生土长并受本地文化同化的华人），新客是在19世纪晚期或20世纪早期来到东南亚地区的新移民。这批中国新移民有数十万人之多，其中一小部分在商业追求上卓然有成而崛起成为大资本家和大商人。在成功的新客商业精英中，福建籍的叶祖意（Yap Chor Ee）和潮州籍的林连登（Lim Lean Teng）是最好的例子。他们与历史悠久的五大姓家族可能有一些关系，也可能完全没有关系。他们迅速崛起成为槟城商界的佼佼者，并非出于偶然。在五大姓遭遇失败的新经济、社会与政治秩序中，这批新客商人成功发展出一些新的商业网络，从而在经济上取得杰出的表现。新客商人的商业运作模式仍旧呈现出旧模式的许多特征，虽然奠定他们事业基础的是橡胶业和金融业。他们也像旧家族那样，精明且策略性地缔结和利用跨国合作、跨方言结盟和家族联姻来实现经济目的。这些新客商人的崛起为槟城历史掀开了引人入胜的新章，但其中的细节还有待进一步的研究。

本书不仅让我们看到槟城区域领先群伦的一股强大经济势力的兴衰，而且使我们对 19 世纪东南亚华人有更全面的认识。从中我们可以看到，所谓"华人"事实上并非铁板一块，而是分为好几个不同的方言群体和阶级。华人当中有福建人、客家人、潮州人和广东人；在阶级上，他们分为苦力、商人、贸易商、种植业者、锡矿业者，以及支配地方经济的资本家。但并非所有人都是具有影响力的经济参与者。能够展现经济影响力的只是一小撮商业精英家族。这些家族掌握了庞大的商业网络，并且在经济与社会政治领域扮演主导的角色。商业精英家族的商业网络并不局限于单一方言群体或单一族群，也不局限于一国一地，而是一个跨越族群、方言和国界的机制，并且横向地整合了其他家族、"公司"、会党和企业，同时纵向地与基层结合。为了满足另一套非常不同的需求，这些华人商业家族借助多面向且覆盖范围极广的商业网络，成功调整过去卓然有成的家族生意的性能，转型成为国际性的责任有限公司。五大姓的例子很明显地反映了这样的转型。五大姓致力于使旗下控制的帆船运输与贸易公司及劳力密集的种植与采锡公司，转型成为采用蒸汽轮船和铁船技术及保险机制的企业，以显示他们在资金构成与再生及企业追求上所具备的活力与创新能力。他们的表现与吉原久仁夫对东南亚华裔企业家的描述——寻租者或"仿制的资本家"（Ersatz Capitalists），只会依靠特许权、许可证和垄断权在商业上取得成功——形成了尖锐的对比。更重要的是，本书借由对五大姓的探讨表明，在关于东南亚华人历史叙述的架构和书写上，网络、多面向、流动性和可渗透性是关键的概念。

东南亚华人商业家族的重要性和影响全今尚未获得充分的认识和鉴定，因此是时候对此进行更深入的研究了。在过去几个世纪里，华人商业家族及其网络作为一股基本且强大的力量，在东南亚各地的经济生活、社会形塑和政治演变过程中发挥了主导的作用。即使到了今天，东南亚的所有华人大企业本质上仍是家族企业。尽管当今华人商业家族的商业网络已经应新的需求与形势而有所改变和调整，但部分特征（策略性联姻和亲属关系）仍保留下来并持续保有生命力。以郭氏家族的郭鹤年（Robert Kuok Hock Nien）为例，身为马来西亚首富，他那多元化的商业帝国涵盖酒店业、媒体业、矿业、船运业、种植业和制造业，业务从东南亚延伸到中国和印度，甚至远达欧洲和北美洲，但他仍是以子女和亲属为商业上的得力助手，并且与马来西亚和中国香港的华人和非华人家族缔结联姻关系。

# 附　　录

## 附表 1　1843~1896 年出入槟城与新加坡的本地船与横帆大船数量比较

单位：艘

| 年份<br>来源地 | 1843 – 44 | 1844 – 45 | 1843 – 44 | 1844 – 45 |
|---|---|---|---|---|
| | 在槟城进港的本地船数量 | | 在新加坡进港的本地船数量 | |
| 亚齐 | 330 | 209 | — | — |
| 日里 | 160 | 194 | — | — |
| 毛淡棉 | 41 | 45 | — | — |
| 攀牙 | 73 | 159 | — | — |
| 吉打 | 170 | 284 | — | — |
| 苏门答腊 | — | — | 510 | 573 |
| 马来半岛西海岸 | — | — | 44 | 28 |
| 暹罗 | — | — | 22 | 18 |
| 总数 | 774 | 891 | 576 | 619 |
| | 从槟城出港的本地船数量 | | 从新加坡出港的本地船数量 | |
| 亚齐 | 312 | 216 | — | — |
| 日里 | 181 | 224 | — | — |
| 毛淡棉 | 45 | 55 | — | — |
| 攀牙 | 155 | 183 | — | — |
| 吉打 | 301 | 423 | — | — |
| 苏门答腊 | — | — | 506 | 468 |
| 马来半岛西海岸 | — | — | 92 | 47 |
| 暹罗 | — | — | 21 | 21 |
| 总数 | 994 | 1101 | 619 | 536 |
| | 在槟城进港的横帆大船数量 | | 在新加坡进港的横帆大船数量 | |
| 亚齐 | 29 | 24 | — | — |
| 日里 | 6 | 9 | — | — |
| 毛淡棉 | 22 | 14 | 1 | 17 |
| 攀牙 | 3 | 0 | — | — |
| 吉打 | 0 | 1 | — | — |

| 年份<br>来源地 | 1843 – 44 | 1844 – 45 | 1843 – 44 | 1844 – 45 |
|---|---|---|---|---|
| | 在槟城进港的横帆大船数量 | | 在新加坡进港的横帆大船数量 | |
| 苏门答腊 | — | — | 28 | 25 |
| 仰光 | — | — | 5 | 0 |
| 暹罗 | — | — | 13 | 13 |
| 总数 | 60 | 48 | 47 | 55 |
| | 从槟城出港的横帆大船数量 | | 从新加坡出港的横帆大船数量 | |
| 亚齐 | 24 | 27 | — | — |
| 日里 | 5 | 9 | — | — |
| 毛淡棉 | 27 | 27 | 5 | 19 |
| 攀牙 | 5 | 0 | — | — |
| 吉打 | 0 | 1 | — | — |
| 苏门答腊 | — | — | 27 | 32 |
| 仰光 | — | — | 3 | 3 |
| 暹罗 | — | — | 12 | 9 |
| 总数 | 61 | 64 | 47 | 63 |
| 年份<br>来源地 | 1846 – 47 | 1847 – 48 | 1846 – 47 | 1847 – 48 |
| | 在槟城进港的本地船数量 | | 在新加坡进港的本地船数量 | |
| 苏门答腊 | 551 | 536 | 507 | 445 |
| 毛淡棉 | 88 | 91 | 7 | 3 |
| 攀牙 | 162 | 161 | — | — |
| 马来半岛西海岸 | 645 | 721 | 30 | 57 |
| 暹罗 | — | — | 17 | 20 |
| 总数 | 1446 | 1509 | 561 | 525 |
| | 从槟城出港的本地船数量 | | 从新加坡出港的本地船数量 | |
| 苏门答腊 | 582 | 559 | 490 | 504 |
| 毛淡棉 | 80 | 105 | 3 | 5 |
| 攀牙 | 232 | 142 | — | — |

19世纪槟城华商五大姓的崛起与没落

| 年份 来源地 | 1846 – 47 | 1847 – 48 | 1846 – 47 | 1847 – 48 |
|---|---|---|---|---|
| | 从槟城出港的本地船数量 | | 从新加坡出港的本地船数量 | |
| 马来半岛西海岸 | 818 | 1071 | 75 | 132 |
| 暹罗 | — | — | 21 | 32 |
| 总数 | 1712 | 1877 | 589 | 673 |
| | 在槟城进港的横帆大船数量 | | 在新加坡进港的横帆大船数量 | |
| 苏门答腊 | 26 | 32 | 30 | 22 |
| 仰光和毛淡棉 | 22 | 22 | 4 | 7 |
| 攀牙 | 1 | 2 | — | — |
| 马来半岛西海岸 | 6 | 7 | — | — |
| 暹罗 | — | — | 16 | 21 |
| 总数 | 55 | 63 | 50 | 50 |
| | 从槟城出港的横帆大船数量 | | 从新加坡出港的横帆大船数量 | |
| 苏门答腊 | 33 | 34 | 23 | 24 |
| 仰光和毛淡棉 | 23 | 30 | 10 | 8 |
| 攀牙 | 1 | 0 | — | — |
| 马来半岛西海岸 | 4 | 7 | — | — |
| 暹罗 | — | — | 14 | 19 |
| 总数 | 61 | 71 | 47 | 51 |
| 年份 来源地 | 1848 – 49 | 1849 – 50 | 1848 – 49 | 1849 – 50 |
| | 在槟城进港的本地船数量 | | 在新加坡进港的本地船数量 | |
| 苏门答腊 | 607 | 576 | 616 | 538 |
| 毛淡棉 | 76 | 76 | 2 | 1 |
| 攀牙 | 195 | 144 | — | — |
| 马来半岛西海岸 | 574 | 508 | 22 | 36 |
| 暹罗 | — | — | 29 | 42 |
| 总数 | 1452 | 1304 | 669 | 617 |

| 年份<br>来源地 | 1848－49 | 1849－50 | 1848－49 | 1849－50 |
|---|---|---|---|---|
| | 从槟城出港的本地船数量 | | 从新加坡出港的本地船数量 | |
| 苏门答腊 | 624 | 634 | 711 | 577 |
| 毛淡棉 | 69 | 73 | 3 | 2 |
| 攀牙 | 224 | 186 | — | — |
| 马来半岛西海岸 | 1035 | 884 | 54 | 39 |
| 暹罗 | — | — | 50 | 38 |
| 总数 | 1952 | 1777 | 818 | 656 |
| | 在槟城进港的横帆大船数量 | | 在新加坡进港的横帆大船数量 | |
| 苏门答腊 | 30 | 36 | 21 | 20 |
| 仰光和毛淡棉 | 25 | 24 | 11 | 5 |
| 攀牙 | 1 | 1 | — | — |
| 马来半岛西海岸 | 6 | 4 | — | — |
| 暹罗 | — | — | 14 | 20 |
| 总数 | 62 | 65 | 46 | 45 |
| | 从槟城出港的横帆大船数量 | | 从新加坡出港的横帆大船数量 | |
| 苏门答腊 | 27 | 42 | 13 | 18 |
| 仰光和毛淡棉 | 31 | 22 | 4 | 10 |
| 攀牙 | 0 | 1 | — | — |
| 马来半岛西海岸 | 6 | 5 | — | — |
| 暹罗 | — | — | 14 | 20 |
| 总数 | 64 | 70 | 31 | 48 |
| 年份<br>来源地 | 1851－52 | 1852－53 | 1851－52 | 1852－53 |
| | 在槟城进港的本地船数量 | | 在新加坡进港的本地船数量 | |
| 苏门答腊 | 625 | 584 | 488 | 466 |
| 毛淡棉 | 43 | 38 | 8 | 1 |
| 攀牙 | 110 | 113 | — | — |
| 马来半岛西海岸 | 530 | 565 | 32 | 55 |

19世纪槟城华商五大姓的崛起与没落

| 年份<br>来源地 | 1851－52 | 1852－53 | 1851－52 | 1852－53 |
|---|---|---|---|---|
| | 在槟城进港的本地船数量 | | 在新加坡进港的本地船数量 | |
| 暹罗 | — | — | 47 | 67 |
| 总数 | 1308 | 1300 | 575 | 589 |
| | 从槟城出港的本地船数量 | | 从新加坡出港的本地船数量 | |
| 苏门答腊 | 653 | 654 | 498 | 421 |
| 毛淡棉 | 54 | 49 | 5 | 1 |
| 攀牙 | 196 | 130 | — | — |
| 马来半岛西海岸 | 1014 | 1037 | 26 | 81 |
| 暹罗 | — | — | 47 | 93 |
| 总数 | 1917 | 1870 | 576 | 596 |
| | 在槟城进港的横帆大船数量 | | 在新加坡进港的横帆大船数量 | |
| 苏门答腊 | 44 | 48 | 20 | 20 |
| 仰光和毛淡棉 | 14 | 15 | 8 | 2 |
| 攀牙 | 1 | 1 | — | — |
| 马来半岛西海岸 | 6 | 9 | — | — |
| 暹罗 | — | — | 29 | 31 |
| 总数 | 65 | 73 | 57 | 53 |
| | 从槟城出港的横帆大船数量 | | 从新加坡出港的横帆大船数量 | |
| 苏门答腊 | 56 | 59 | 16 | 18 |
| 仰光和毛淡棉 | 23 | 13 | 19 | 3 |
| 攀牙 | 1 | 2 | — | — |
| 马来半岛西海岸 | 6 | 8 | — | — |
| 暹罗 | — | — | 31 | 27 |
| 总数 | 86 | 82 | 66 | 48 |

| 年份<br>来源地 | 1868 | | 1868 | |
|---|---|---|---|---|
| | 在槟城进港及清关的本地船数量 | | 在新加坡进港及清关的本地船数量 | |
| | 进港 | 清关 | 进港 | 清关 |
| 苏门答腊 | 541 | 838 | 397 | 394 |

| 来源地 年份 | 1868 在槟城进港及清关的本地船数量 | | 1868 在新加坡进港及清关的本地船数量 | |
|---|---|---|---|---|
| | 进港 | 清关 | 进港 | 清关 |
| 毛淡棉 | 41 | 37 | 0 | 0 |
| 暹罗 | 125 | 217 | 14 | 18 |
| 马来半岛西海岸 | 289 | 678 | 58 | 62 |
| 总数 | 996 | 1770 | 469 | 474 |

| 来源地 年份 | 1890 在槟城进港及清关的本地船数量 | | 1890 在新加坡进港及清关的本地船数量 | |
|---|---|---|---|---|
| | 进港 | 清关 | 进港 | 清关 |
| 苏门答腊 | 628 | 657 | 873 | 762 |
| 英属缅甸 | 17 | 15 | — | — |
| 暹罗西海岸 | 2454 | 2300 | 61 | 74 |
| 马来半岛 | 2500 | 2618 | 0 | 0 |
| 吉打 | 0 | 0 | 0 | 0 |
| 霹雳 | 0 | 0 | 7 | 9 |
| 总数 | 5599 | 5590 | 941 | 845 |

| 来源地 年份 | 1892 在槟城进港及清关的本地船数量 | | 1892 在新加坡进港及清关的本地船数量 | |
|---|---|---|---|---|
| | 进港 | 清关 | 进港 | 清关 |
| 苏门答腊 | 388 | 436 | 1756 | 1825 |
| 英属缅甸 | 15 | 12 | 0 | 0 |
| 暹罗西海岸 | 1000 | 1014 | 18 | 27 |
| 吉打 | 1342 | 1310 | 0 | 0 |
| 霹雳 | 1514 | 1517 | 17 | 4 |
| 雪兰莪 | 44 | 53 | 96 | 15 |
| 总数 | 4303 | 4342 | 1887 | 1871 |

| 年份<br>来源地 | 1896 | | 1896 | |
|---|---|---|---|---|
| | 在槟城进港及清关的本地船数量 | | 在新加坡进港及清关的本地船数量 | |
| | 进港 | 清关 | 进港 | 清关 |
| 苏门答腊 | 410 | 433 | 1926 | 2004 |
| 英属缅甸 | 37 | 30 | 0 | 7 |
| 暹罗西海岸 | 1173 | 1072 | 62 | 53 |
| 吉打 | 1308 | 1344 | 1 | 0 |
| 霹雳 | 1697 | 1687 | 11 | 8 |
| 雪兰莪 | 68 | 94 | 158 | 125 |
| 总数 | 4693 | 4660 | 2158 | 2197 |

注：表中内容整理自 *Tabular Statement of the Commerce and Shipping of Prince of Wales Island, Singapore and Malacca for the official year of 1843 – 1853* 和 *Straits Settlements Blue Books* 1868，1890，1892 and 1896。

| 家　族 | 成　员 | 配　偶 | 备　注 |
|---|---|---|---|
| KHOO 邱 | Khoo Beng San 邱明山 （1787～1843 年） | 1. Xu Yu Nian 许玉娘 | 中国元配 |
| | | 2. Zhou Han Nian 周汉娘 | 槟城妻子 |
| | | 3. Cheah Yin Neo 谢荫娘 | 槟城妻子 |
| | Khoo Sim Bee 邱心美 （？～1895 年） | Tan Li Neo 陈理娘 | |
| | Khoo Thean Teik 邱天德 （1818～1890 年） | 1. Chew Fong Neo 周凤娘 | |
| | | 2. Ooi Kiaw Neo 黄乔娘 | |
| | | 3. Boey Kwee Lan 梅桂兰（春姐） | |
| | Khoo Thean Poh 邱天保 （1833～1919 年） | Toh Mee Neo 杜媚娘 | 他们的一个女儿嫁给亚齐阿拉伯裔商人赛·莫哈默·阿拉达斯 |
| | Khoo Thean Choe 邱天佐 | Tan Kwee Neo 陈贵娘 | |
| | Khoo Cheng Lim 邱清临 （1808～1853 年） | 1. Lim Seh 林氏 | 中国元配 |
| | | 2. Koh Keng Yean 辜轻烟 | 辜礼欢之子辜雨水（Koh Kee Jin）的女儿 |
| | Khoo Cheow Teong 邱昭忠 （1840～1916 年） | Lim Siam Neoh 林氏 | 马六甲米商林石（Lim Cheoh）的长女 |
| | Khoo Sian Ewe 邱善佑 （1886～1964 年） | Lee Yoke（Gaik）Thye 李玉娣 | 邱忠波（Khoo Tiong Poh）的孙女、Lee Bian Leong 的独生女 |

| 家　族 | 成　员 | 配　偶 | 备　注 |
|---|---|---|---|
| KHOO<br>邱 | Khoo Sek Chuan<br>邱石泉<br>（？～1871 年） | 1. Cheah Seh<br>谢氏 | 中国元配 |
| | | 2. Yap Kuang Bee<br>叶匡美 | 槟城妻子，饷码承包商兼锡矿场融资者叶合吉（Yap Hap Keat）之妹 |
| | Khoo Guet Cheng<br>邱月清<br>（1862～1922 年） | 1. Koh Chin Poh | |
| | | 2. Cheah Kooi Yoong<br>或 Cheah Choo Neo<br>谢朱娘 | Cheah Hin Chien 之女 |
| | Khoo Hun Yeang<br>邱汉阳<br>（1860～1917 年） | Ong Gaik Thay<br>王玉钗 | |
| | Khoo Siew Ghee<br>邱守义 | Gan Seh<br>颜氏 | 邱汉阳次子，娶颜五美次女 |
| | Khoo Thay Jin<br>邱体仁<br>（1884～？ 年） | Lim Kim Hong | Lim Chian Ek 长女 |
| | Khoo Sian Tan<br>邱仙丹<br>（1869～1948 年） | Yeoh Seh<br>杨氏 | |
| | Khoo Ban Seng<br>邱万成 | Yeoh Cheam Neo | |
| | Khoo Being Hock<br>邱明福 | Khaw Swee Ee<br>许瑞意 | Khoo Guet Cheng 之子，娶拉廊总督许心广之女 |
| | Khoo Hong Tat | Khaw Phaik Chin | 许如琢次女 |
| | Khoo Keng Tong | Gan Cheow Eng<br>颜昭容 | 颜五美之女 |
| | Khoo Heng Chuan | Khaw Swee Suat | 许心美三女 |
| LIM<br>林 | Lim Mah Chye<br>林妈栽<br>（1857～1927 年） | Cheah Geok Kee | Cheah Geok 之女 |

| 家 族 | 成 员 | 配 偶 | 备 注 |
|---|---|---|---|
| LIM 林 | Lim Chin Guan 林振源 (1881~1963年) | Yeoh Saw Heang | 杨章才（Yeoh Cheang Chye）之女 |
| | Lim Eu Toh 林有道 (1871~？年) | 1. Khoo Soon Neoh 邱顺娘 | 邱天保次女 |
| | | 2. Khoo Khuat Siew 邱氏 | 仰光商人之女 |
| | Lim Cheow Kam | Yeoh Gim See | 杨元绩长女 |
| | Lim Ang Kee 林红柿 (1853~1901年) | Cheah Geok Kin | 他们的一个女儿 Lim Meh Beow 嫁给普吉岛总督威集颂堪之子 |
| | Lim Hwa Chiam 林花镨 (1837~1912年) | 1. Wang（Ooi）Shu Shen 黄淑慎 | |
| | | 2. Khoo Shu Qin 邱淑勤 | |
| | Lim Seng Tek 林成德 | Ong Chooi Bee | Ong Kean Sean 之女、林克全之妻姨 |
| | Lim Saing | Cheah Geok Keat | 两人是林克全的父母 |
| | Lim Kek Chuan 林克全 (1858~1907年) | 1. Oh（Foo）Kee Neo | 胡泰兴三女 |
| | | 2. Oh（Foo）Jim Neo | 胡泰兴四女 |
| | | 3. Ong Cheow Bee | |
| | Lim Soo Chee 林士志 (1880~？年) | Chuah Hooi Ngoh (1882~1964年) | 许心泉的一个孙女于1901年嫁给林士志 |
| | Lim Cheng Cheang 林正昌 | Cheah Shu Shen 谢淑慎 | |
| | Lim Leng Cheak 林宁绰 | 1. Tan Say Seang 陈西祥 | |
| | | 2. Leow Thye Hai | |
| | Lim Eow Thoon 林耀椿 (1886~1976年) | Goh Saw Chooi | 槟城 Goh Ewe Keong 次女 |

| 家　族 | 成　员 | 配　偶 | 备　注 |
|---|---|---|---|
| LIM<br>林 | Lim Seong Wah | Yeoh Cheng Ee | 林耀椿之子娶 Yeoh Seng Hoe 之女 |
| | Lim Kong Wah<br>林光华 | Oh Yeo Neo | |
| | Lim Cheng Keat<br>林清傑 | Khoo Sew Jeong<br>邱绣绒 | 邱石泉长女 |
| YEOH<br>杨 | Yeoh Kok Boon<br>杨国文 | 1. Lu／Loh Seh<br>卢氏 | 两人的一个儿子娶林氏女为妻，一个女儿嫁入邱氏家族 |
| | | 2. Yap Har Neo<br>叶霞娘 | 两人的三个女儿嫁入邱氏家族，一个女儿嫁入林氏家族 |
| | | 3. Keng Seh<br>龚氏 | |
| | Yeoh Cheng Teik<br>杨清德<br>（？～1894 年） | 1. Khoo Siew Jin<br>邱绣巾 | 长女嫁入李氏家族，次女嫁入邱氏家族 |
| | | 2. Tang Ce Shi<br>唐侧室 | |
| | | 3. Khoo Siew Soon<br>邱绣顺 | |
| | Yeoh Seng Lim<br>杨升霖 | Khoo Seh<br>邱　氏 | 邱碧侯（Khoo Pek Haw）长女 |
| | Yeoh Shuan Tow<br>杨双滔 | Kang Bee Geok<br>江美玉 | 长女嫁入邱氏家族，次女嫁入李氏家族 |
| | Yeoh Chin Long<br>杨真龙 | Lim Seh<br>林氏 | |
| | Yeoh Paik Keat<br>杨碧吉 | Khoo Seh<br>邱氏 | 邱天保四女 |
| | Yeoh Paik Tatt<br>杨碧达<br>（1872～1925 年） | Cheah Seh<br>谢氏 | |
| | Yeoh Cheang Seng<br>杨章成 | Khoo Seh<br>邱氏 | |

| 家 族 | 成 员 | 配 偶 | 备 注 |
|---|---|---|---|
| YEOH 杨 | Yeoh Heng Keat 杨允吉 | Lim Hock Neoh | |
| | Yeoh Cheng Kung | Cheah Seh 谢氏 | 谢德顺的姐姐 |
| | Yeoh Boon Tean | Foo Seh 胡氏 | 胡子春次女 |
| | Yeoh Wee Yang | Lim Suan Paik | Yeoh Boon Wan 次子，娶林振源次女 |
| | Yeoh Guan Seok 杨元绩 （1883～1926） | Khoo Chooi Lian 邱规奋 | 邱昭忠次女 |
| CHEAH 谢 | Cheah Chow Pan 谢昭盼 | Khoo Rong Ying 邱蓉荧 | |
| | Cheah Tek Thye 谢德泰 （1860～？年） | Koh Seh 辜氏 | 辜国彩长子辜登春的女儿 |
| | Cheah Toon Jin 谢敦仁 | Khoo Cheng Sooi | Khoo Swee Bok 之女、杨维岳（Yeoh Wee Gark）之孙女 |
| | Cheah Toon Loke 谢敦禄 | Yeoh She 杨氏 | |
| | Cheah Ewe Ghee 谢有义 （？～1892年） | Ong Chi Neo 王织娘 | |
| | Cheah Chen Eok 谢增煜 （1852～1922年） | Foo It Nyong Neoh | 胡泰兴之女 |
| | Cheah Tat Jin 谢达仁 （1885～1967年） | Lim Kwee Guan 林桂元 | 林宁绰之女 |
| | Cheah Tat Tee | Lim Kwee Kim | Lim Ewe Sian 之女 |
| | Cheah Tat Thye | Foo Seh | 胡子春三女 |

| 家　族 | 成　员 | 配　偶 | 备　注 |
|---|---|---|---|
| CHEAH 谢 | Cheah Wat Hye 谢日海 | Low Leong Chow | Low Leong Huat 独生女、吉隆坡刘金（Low Boon Kim 或 Low Kim）之孙女 |
| | Cheah Wat Lum 谢日南 | Lim Bin Ai | Lim Kar Chang 长女 |
| | Cheah Oon Yeap 谢允协 | Lim Choon Geck | |
| | Cheah Choo Yew/Eu 谢自友 | 1. Lim Chye Geam | |
| | | 2. Lim Saw Yew | |
| | | 3. Lim Hoon Neo 林云娘 | |
| | Cheah Seng Khim 谢成金 | Lim Swee Bee 林瑞美 | |
| | Cheah Boon Hean 谢文贤 | Foo Kang Nyong 胡氏 | 胡子春姑母 |
| | Cheah Cheang Lim 谢昌霖 （1875~1948 年） | Khoo Pek Hua 邱百花 | 第一任妻子，1930 年去世 |
| | | Khoo Chin Choo | 第二任妻子 |
| | Cheah Cheang Hooi 谢昌辉 | Yeap Paik Kim | |
| | Cheah Ghim Leng 谢锦铃 （1902~? 年） | Seet Suat Hay | 1926 年结婚，数年后离婚 |
| | | Tan Lian Eng 陈氏 | |
| TAN 陈 | Tan Sim Hoe 陈心和 （? ~1901 年） | 1. Khoo Soo Guet 邱素月 | |
| | | 2. Yeoh Cheng Guet 杨清月 | |
| | | 3. Chan Gan Neoh 曾然娘 | |
| | | 4. Yau Sut Neo 姚述娘 | |

| 家　族 | 成　员 | 配　偶 | 备　注 |
|---|---|---|---|
| TAN<br>陈 | Tan Hup Swee<br>陈合水 | Kam Kian Neo<br>甘捷娘 | 甘四教（Kam Su Kau）次女 |
| | Tan Swee Keat<br>陈瑞吉 | 1. Teh Guet Kee<br>郑玉枝 | |
| | | 2. Neo Suet Neo<br>梁雪娘 | |
| | Tan Lean Kee<br>陈莲枝 | Cheah Voon Sean | 两个女儿分别嫁给郑景贵的两个儿子，数个孙女和一个曾孙女也嫁入郑家 |
| | Tan Chor Kay | 1. Soh Meh Rai | 来自暹罗南部望族那提他笼家族（Na Thip Thalang） |
| | | 2. Ng Gaik Phoay | |
| | Tan Chor Sin | Ang Tan Soo | 许泗章孙女 |
| | Tan Kheam Hock<br>陈谦福 | Foo Bing Neo<br>胡丙娘 | 胡泰兴六女 |

资料来源：Lee Kam Hing and Chow Mun Seong, *Biographical Dictionary of the Chinese in Malaysia* (Malaysia: Pelanduk Publications Sdn Bhd. , 1997)；张少宽《槟榔屿福建公冢暨家冢碑铭集》，新加坡：新加坡亚洲研究学会，1997；Wong Choon San, *A Gallery of Chinese Kapitans* (Singapore：Ministry of Culture, 1963)；《颖川堂陈公司：神主簿》，1969；《南洋名人集传》（第1集第2卷）；《新江邱曾氏族谱》；*The Penang Argus and Merchantile Advertisers*；*Pinang Gazette and Straits Chronicle*；《世界谢氏宗亲第五届恳亲大会纪念特刊》，槟城：北马谢氏宗祠和槟城谢氏福侯公公司，1989；《槟州华人大会堂庆祝成立一百周年新厦落成开幕纪念特刊》，槟城：滨州华人大会堂，1983；Arnold Wright and H. A. Cartwright, eds. , *Twentieth Century Impressions of British Malaya：Its History，People，Commerce，Industries，and Resources* (London：Lloyd's Greater Britain Publishing Company, Ltd. , 1908)；G. A. C. Beattie, "A Forgotten Tan Family of Penang and Phuket," (Paper Presented at the Shared Histories Conference, Penang, 2003)；柯木林《新华历史人物列传》，新加坡：教育出版私营有限公司，1995；*Straits Echo* 1904，1905，1906，1909，1911，1915，1919，1921，1924。

| 家　族 | 成　　　员 | 配　　　偶 | 备　　　注 |
|---|---|---|---|
| KOH 辜（福建） | Koh Kok Chye 辜国彩 （？～1849 年） | Cheah Thoe Neoh 谢桃娘 | |
| | Koh Leong Tee 辜龙池 | Goh Kooi Neoh | |
| | Koh Teng Choon 辜登春 （？～1874 年） | Khoo Sim Neoh 邱心娘 | |
| | Koh Seang Tat 辜上达 （1833～1910 年） | Oon Geok Teah 温玉锭 | 日里华人甲必丹温颜泰（Oon Gan Thay）之妹 |
| | Koh Cheng Sian 辜祯善 （1863～1928 年） | Cheah Keow Moh | 槟城 Cheah Siang 之女；两人的一个女儿 Koh Chooi Pheng 嫁给郑景贵的八儿子郑大详 |
| | Koh Leok Hup 辜六合 | Ooi Phek Eong | 辜祯善独生子，娶 Lee Phee Chuan 之孙女 |
| | Koh Leap Teng 辜立亭 （1875～1956 年） | Cheah Liu Qing | 谢德泰长女 |
| | Koh Sin Hock 辜承福 （1898～1986 年） | Cheah Yue Yin | |
| KHAW 许（福建） | Khaw Sim Kong 许心广 （1840～1912 年） | 1. Cheah Lean Kee 谢莲枝 | 谢昭盼之女；两人的数个女儿分别嫁入吴氏、李氏和陈氏家族 |
| | | 2. Phan | |
| | Khaw Sim Khim 许心钦 （1845～1903 年） | Lim Kim Teen | |
| | Khaw Sim Tek 许心德 （1820～1920 年） | Cheah Lean Looi 谢莲蕊 | 谢昭盼之女 |

| 家　族 | 成　员 | 配　偶 | 备　注 |
|---|---|---|---|
| KHAW 许（福建） | Khaw Sim Chua 许心泉（1846~1875 年） | Yeoh Siew Chee 杨秀市 | |
| | Khaw Sim Bee 许心美（1856~1913 年） | 1. Lim Seng Kim | |
| | | 2. Lim Seng Wan | |
| | | 3. Nuan Na Nakhon | 来自那那空家族 |
| | | 4. Klao | |
| | Khaw Joo Ghee 许如义（？~1932 年） | 1. Lim Shai Hong | |
| | | 2. Lim Phatpoe | |
| | | 3. Prem Na Nakhon | 来自那那空家族 |
| | | 4. Leu Yoo | |
| | | 5. Fuang | |
| | Khaw Joo Choe 许如初（1868~1925 年） | Lee Cheng Chuan 李精专 | 李丕峻长女 |
| | Khaw Joo Tok 许如琢（1897~1972 年） | Lim Chooi Hoon | 两人的数个女儿分别嫁入王氏、邱氏、谢氏和林氏家族 |
| | Khaw Joo Ley 许如利 | Klub Bunnag | 来自汶那家族；两人的 1 个女儿嫁给颂莫亲王（Prince Sommot）之子蒙·昭·维汶·萨瓦翁（Mom Chao Vibul Sawatwong） |
| | Khaw Joo Jeang 许如让 | Oh Chooi Har 胡翠霞 | Oh Paik Hock 之女，1908 年结婚 |
| | Khaw Bian Chee（1896~1971 年） | Lee Soo Poey | |
| | Khaw Bian Tatt（？~1959 年） | 1. Cheah Saw See | |
| | | 2. Tan Kiat Neo | |
| | Khaw Bian Hoe（1897~1972 年） | Gan Keng Wah | 颜五美之女 |

| 家　族 | 成　员 | 配　偶 | 备　注 |
|---|---|---|---|
| **KHAW**<br>许<br>（福建） | Khaw Bian Wan<br>（1850～1920 年） | Chew Gaik Tuan | |
| | Khaw Bian Teong<br>（？～1972 年） | Goh Kooi Looi | |
| | Khaw Bian Howe<br>（？～1985 年） | Yeoh Saw Kooi | 杨维岳之孙女 |
| | Khaw Bian Ang<br>（1902～？ 年） | Tan Suat Chit | |
| | Khaw Bian Soon<br>（1903～？ 年） | Tan Suat See | |
| | Khaw Bian Kee | Tan Lam Heang | |
| **Ong**<br>王<br>（福建） | Ong Guan Cheng<br>王元清<br>（1835～1889 年） | Yeap Geok Eee<br>叶玉意 | 叶合吉之妹；两人的数个<br>女儿分别嫁入谢氏、王氏<br>和陈氏家族 |
| | Ong Hun Teng<br>王汉鼎<br>（？～1903 年） | Cheah Joo Se<br>谢如丝 | |
| | Ong Hun Chong<br>王汉宗<br>（1865～1922 年） | Lim Paik Mow<br>林碧貌 | 苏门答腊甲必丹林淑振<br>（Lim Seok Chin）的次女 |
| | Ong Hun Siew<br>王汉寿<br>（1866～1920 年） | Khoo Kwai Kee<br>邱桂枝 | |
| | Ong Hun Chi<br>王汉墀 | Tan Seh<br>陈氏 | |
| | Ong Huck Shi<br>王学诗 | Lim Seh<br>林氏 | |
| | Ong Huck Chuan<br>王学铨 | Khaw Phaik Yong | 许如琢长女 |
| | Ong Huck Leng<br>王学宁 | Cheah Gay Hoon | 谢其意（Cheah Kee Ee）之<br>五女 |

| 家　族 | 成　员 | 配　偶 | 备　注 |
|---|---|---|---|
| Ong 王 （福建） | Ong Oh Leng | Lim Saw Khim | 林清德（Lim Cheng Teik）之姐/妹 |
| | Ong Boon Swee | Lim Quee Giak | 林宁绰幼女 |
| GAN 颜 （福建） | Gan Guan Teat 颜元哲 | Tan Suk Cheng 陈淑贞 | |
| | Gan Hong Kee 颜宏基 （？~1895 年） | Lee Seok Kim | Lee Choe Guan 之女 |
| | Gan Kim Swee 颜金水 | 1. Lee See Neoh 李时娘 | |
| | | 2. Cheah Yooi Hooi 谢柔蕙 | |
| | Gan Ngoh Bee 颜五美 （1850~1922 年） | 1. Khoo Kuat Keong | 槟城 Khoo Cheng 次女；两人的长女嫁给 Cheah Teong Ho，次女嫁给砂拉越鸦片饷码经理 Khoo Siew Bee |
| | | 2. Lim Aik Kheng | |
| | Gan Teong Tat 颜仲达 | Kam Chooi Lean | 槟城甘明赞（Kam Beng Chan）四女；两人的女儿 Gan Keng Kooi 嫁给仰光 Khoo Jin Tuo 次子 Khoo Soon Keong |
| | Gan Teong Teng 颜仲澄 | Khoo Joo Choo （？~1958 年） | |
| | Gan Teong Kum 颜仲锦 | Thio Chon Nhong | 张弼士之女 |
| | Gan Tong Eang 颜东阳 （1875~1917 年） | Cheah Paik Suat 谢白雪 （1875~1936 年） | 谢增煜长女 |
| | Gan Keng Eang 颜庆阳 | Cheah Kim Suat 谢琴雪 | 谢增煜次女 |
| | Gan Lay Cheang 颜丽章 | Tan Kheng Lin 陈瓊连 | 陈氏的父母来自仰光 |

19 世纪槟城华商五大姓的崛起与没落

| 家　族 | 成　员 | 配　偶 | 备　注 |
|---|---|---|---|
| LEE<br>李<br>（福建） | Lee Sim Geang<br>李心研 | Goh Cheng Khoon<br>吴贞坤 | |
| | Lee Phee Tat<br>李丕达 | Goh Su Chin<br>吴素锦 | |
| | Lee Phee Yeow<br>李丕耀 | Cheah Chun Bi<br>谢纯璧 | |
| | Lee Phee Choon<br>李丕峻 | Quah Say Keow<br>柯西娇 | 柯孟淇长女，两人的一个<br>女儿嫁入许氏家族 |
| | Lee Toon Tock<br>李纯笃 | Khoo Seh<br>邱氏 | 邱秋荣（Khoo Chew Eng）<br>之女 |
| | Lee Hai Thye<br>李遐泰 | Nee Khoo Gaik Hoe Neoh | |
| | Lee Cheng Ewe | Khoo Seh | 邱有用（Khoo Ewe Yong）<br>独生女 |
| | Lee Peng Tong | Ong Seh | 王汉宗长女 |
| | Lee Hong Kock<br>李鸿国 | Gan Chooi Gnoh | 颜宏基之女 |
| | Lee Chin Ho<br>李振和<br>（1863～1939 年） | 1. Cheah Chooi Kheng<br>谢水庆娘<br>（1869～1919 年） | |
| | | 2. Lim Poh Neoh<br>林施娘<br>（1889～1960 年） | |
| | | 3. Khaw Saw Lean<br>许绣莲<br>（1894～1969 年） | |
| FOO<br>胡<br>（客家） | Foo Tye Sin<br>胡泰兴<br>（1825～？ 年） | 1. Kam Lian Neoh<br>甘连娘 | 槟城商人 Kam Tan Keng 之女 |
| | | 2. Lim Cheok Bee<br>林石美 | |
| | Foo Boon Sean<br>胡文宣 | Lim Moey Moey<br>林妹妹 | |

| 家　族 | 成　员 | 配　偶 | 备　注 |
|---|---|---|---|
| FOO<br>胡<br>（客家） | Foo Joo Hoe<br>胡裕和 | Khoo Bee Lan<br>邱美兰 |  |
|  | Foo Choo Choon<br>胡子春<br>（1860～1921 年） | 1. Chung Siew Lian<br>郑绣莲 | 郑景胜（Chung Keng Seng）<br>之女、郑景贵之侄女 |
|  |  | 2. Eu Seh<br>余循娘 |  |
|  | Foo Meow Sang | Lim Seh | Lim Kheng Kee 长女 |
|  | Foo Meow Ching<br>胡茂菁<br>（1897～1953 年） | Choo Sim Kuen | 朱嘉炳（Choo Kia Peng）长女 |
| CHUNG<br>郑<br>（客家） | Chung Keng Kwee<br>郑景贵<br>（1821～1901 年） | 1. Lim Ah Chen<br>（？～1932 年） |  |
|  |  | 2. Foo Teng Nyong<br>（？～1883 年） |  |
|  |  | 3. Lee See Mui |  |
|  |  | 4. Tan Gaik Im Neoh<br>陈玉蔭娘 |  |
|  |  | 5. Tan Ah Loi |  |
|  | Chung Thye Phin<br>郑大平<br>（1879～1935 年） | 1. Khoo Joo Bee<br>邱如美 |  |
|  |  | 2. Lee Sau Yeng<br>李秀英 | 1924 年以 45 岁之龄逝世 |
|  |  | 3. Tan Sim Hiang |  |
|  |  | 4. Chan Kwai Chee |  |
|  |  | 5. Oh Jit Kwai |  |
|  |  | 6. Wong Yoon Hoe |  |
|  |  | 7. Ho Foon Kaee |  |
|  | Chung Thye Seong<br>郑大详 | Koh Chooi Pheng | 辜祯善长女、辜上达孙女 |
|  | Chung Ah Ming | Tan Wan Saik | 陈莲枝四女儿 |

19世纪槟城华商五大姓的崛起与没落

| 家　族 | 成　员 | 配　偶 | 备　注 |
|---|---|---|---|
| CHUNG<br>郑<br>（客家） | Chung Kok Ming | Lim Seh | 郑大养长子娶 Lim Teow Siang 之女 |
| | Chung Yoke Sang | Tan Sok Yeow | Tan Chor Kay 之女、陈莲枝之孙女 |

资料来源：Wong Choon San, *A Gallery of Chinese Kapitans*（Singapore：Ministry of Culture, 1963）；J. W. Cushman, *Family and State: The Formation of Sino-Thai Tin-Mining Dynasty 1797 – 1932*（Singapore：Oxford University Press, 1991）；张少宽《槟榔屿福建公冢暨冢冢碑铭集》，新加坡：新加玻亚洲研究学会，1997；Lee Kam Hing and Chow Min Seong, *Biographical Dictionary of The Chinese in Malaysia*（Petaling Jaya：Pelanduk Publications Sdn Bhd., 1997）；陈耀威《慎之家塾：室内可移动文物普查》，槟城陈耀威文史建筑研究室，2004；*Pinang Gazette and Straits Chronicle*；《南洋名人集传》（第 1 集第 2 卷）；*The Singapore & Straits Directory 1904*, p. 218；*Straits Echo*, 1904, 1905, 1908, 1910, 1911, 1919, 1920, 1922, 1924；*Malay Daily Chronicle* 1913；*Times of Malaya and Commercial Advertiser* 1904；Jeffrey Seow, "Chung Thye Phin," in Loh Wei Leng et al., eds., *Biographical Dictionary of Mercantile Personalities of Penang*（Penang & Kuala Lumpur, Think City and MBRAS, 2013）, p. 130；李振和家族博客（http://cozyland123. blogspot. my/）；颜金水后裔 Daniel Gunn 提供的家族史料。

# 参考文献

## 中文参考文献

《槟城龙山堂邱公司：历史与建筑》，槟城：槟城龙山堂邱公司出版小组，2003。

《槟州华人大会堂庆祝成立一百周年新厦落成开幕纪念特刊》，槟城：槟州华人大会堂，1983。

《林氏敦本堂暨勉述堂：壹百周年纪念刊》。

《泉州谱牒华侨史料与研究》（上册），北京：中国华侨出版社，1998。

《石塘谢氏世德堂福侯公公司章程》，新加坡：Times Academic Press，1995。

《世界谢氏宗亲第五届恳亲大会纪念特刊》，槟城：北马谢氏宗祠和槟城谢氏福侯公公司，1989。

《新江邱曾氏族谱》

《颍川堂陈公司：神主簿》，1969。

陈达：《浪迹十年》，上海：商务印书馆，1946。

陈剑虹：《走近义兴公司》，槟城：陈剑虹，2015。

陈耀威：《慎之家塾：室内可移动文物普查》，槟城：陈耀威文史建筑研究室，2004。

陈耀威：《殖民城市的血缘聚落：槟城五大姓公司》，东南亚福建学研讨会论文，2005。

方雄普：《朱波散记——缅甸华人社会掠影》，香港：南岛出版社，2000。

冯邦彦：《香港金融业百年》，香港：三联书店有限公司，2002。

柯木林：《新华历史人物列传》，新加坡：教育出版私营有限公司，1995。

李永球：《移国：太平华裔历史人物集》，槟城：南洋民间文化，2003。

林博爱主编《南洋名人集传》（第1集第2卷），1924～1929。

林孝胜：《新加坡华社与华商》，新加坡：新加坡亚洲研究学会，1995。

刘朝晖：《超越乡土社会：一个桥乡村落的历史文化与社会结构》，中山：民族出版社，2004。

苏继庼：《岛夷志略校释》，北京：中华书局，1981。

王重阳：《泰国普吉省华人拓荒史》，《南洋文摘》第6卷第5期，1965。

张少宽：《槟榔屿华人史话续编》，槟城：南洋田野研究室，2003。

张少宽：《槟榔屿华人史话》，吉隆坡：燧人氏事业有限公司，2002。

张少宽编著《槟榔屿福建公冢暨家冢碑铭集》，新加坡：新加坡亚洲研究学会，1997。

## 英文参考文献

### 档案资料

Annual Report of the Penang Chamber of Commerce and Agriculture 1887 – 1915.

CO273 Straits Settlements ( original correspondence ).

CO275 Extracts from Legislative Council papers relating to native states 1873 – 1896.

Federated Malay States Annual Departmental Reports 1904 – 1911.

Foreign Office Series Files ( FO 422 ).

Proceedings of the Federal Council of the Federated Malay States for the year 1909 – 1911.

*Straits Settlements Blue Books.*

*Straits Settlements Government Gazettes.*

*Straits Settlements Legislative Council Proceedings.*

Straits Settlements Miscellaneous papers and original correspondence.

*Tabular Statement of the Commerce and Shipping of Prince of Wales' Island*, *Singapore and Malacca* for the official year of 1844 – 1855 ( Calcutta: Military Orphan Press ).

The Burma Gazette.

## 报刊与年鉴

*Pinang Gazette and Straits Chronicle ( PGSC )*

*Prince of Wales Island Gazette*

*Straits Echo*

*Straits Times Overland Journal*

*The Maulmain Chronicle*

*The Penang Almanack and Directory for 1876*

*The Penang Argus and Mercantile Advertiser ( PAMA )*

*The Penang Directory for the year 1874*

*The Penang Herald*

*The Penang Times*

*The Singapore & Straits Directory 1888 – 1915*

*The Singapore Free Press and Mercantile Advertiser*

## 未出版作品

Cheng U. Wen Lena, "British Opium Policy in the Straits Settlements 1867 – 1910," Acedemic Exercise, University of Malaya, Singapore, 1960.

Chin Kong James, Merchants and Other Sojourners: The Hokkiens Overseas, 1570 – 1760 (Ph. D. diss. , University of Hong Kong, 1998).

Christopher Airries, A Port System in a Developing Regional Economy: Evolution and Response in North Sumatra, Indonesia (Ph. D. diss. , University of Kentucky, 1989).

Chuleeporn Pongsupath, The Mercantile Community of Penang and the Changing Pattern of Trade, 1890 – 1940 (Ph. D. diss. , University of London, 1990).

Mark Allan Beeman, The Migrant Labor System: The Case of Malaysian Rubber Workers (Ph. D. diss. , University of Illinois, 1985).

Michael Montesano, The Commerce of Trang, 1930s – 1990s: Thailand's National Integration in Social-Historical Perspective (Ph. D. diss. , Cornell University, 1998).

Phillip King, From Periphery to Centre: Shaping the History of the Central Peninsula (Ph. D. diss. , University of Wollongong, 2006).

Phuwadol Songprasert, The Development of Chinese Capital in Southern Siam, 1868 – 1932 (Ph. D. diss. , Monash University, 1986).

Santhiram R. Raman, The Economic Basis for the Founding of Penang and the Development of Commerce, 1786 – 1930 (Long Essay, University of Malaya, 1969/70).

Seksan Prasertkul, The Transformation of the Thai State and Economic Change, 1855 – 1945 (Ph. D. diss. , Cornell University, 1989).

William Patrick Cummings, Cultural Interaction in a Sumatra State: Deli, 1814 – 1872 (Master thesis, University of Hawaii, 1994).

W. E. Everitt, "A History of Mining in Perak," Johore Bahru, 1952.

参
考
文
献

期刊

Carl A. Trocki, "Opium and the Beginnings of the Chinese Capitalism in Southeast Asia," *Journal of Southeast Asian Studies* 33 (2002).

Carl Smith, "A Sense of History: Part 1," *Journal of the Hong Kong Branch of the Royal Asiatic Society* 26 (1986).

Charles A. Myers, "The International Tin Control Scheme," *The Journal of Business of the University of Chicago* 10 (1937).

Elizabeth Sinn, "Preparing Opium for America: Hong Kong and Cultural Consumption in the Chinese Diaspora," *Journal of Chinese Overseas* 1 (2005).

Jennifer Cushman, "Revenue Farms and Secret Society Uprisings in Nineteenth Century Siam and the Malay States," *Review of Indonesian and Malaysian Affairs* 23 (1989).

John Hillman, "Australian Capital and South-East Asian Tin Mining, 1906 – 40," *Australian Economic History Review* 45 (2005).

John Hillman, "Malaya and the International Tin Cartel," *Modern Asian Studies* 22 (1988).

J. H. Drabble, and P. J. Drake, "The British Agency Houses in Malaysia: Survival in a Changing World," *Journal of Southeast Asian Studies* vol. Xll (1981).

J. M. , Gullick, "Captain Speedy of Larut," *The Malayan Branch of the Royal Asiatic Society* 26 (1953).

Khoo Kay Kim, "J. W. W. Birch: A Victorian Moralist in Perak's Augean Stable," *Journal of the Historical Society* 4 (1955/56).

K. G. Tregonning, "Straits Tin: A Brief Account of the First Seventy-Five years of the Straits Trading Company Limited," *Journal Malayan Branch Royal Asiatic Society* 36 (1963).

Laurence D. Stifel, "The Growth of the Rubber Economy of Southern

Thailand," *Journal of Southeast Asian Studies* vol. Ⅳ (1973).

Leonard Blusse, "Chinese Century: The Eighteenth Century in the China Sea Region," *Archipel* vol. Ⅲ (1999).

Mahani Musa, "Malays and the Red and White Flag Societies in Penang, 1830 – 1920s," *Journal of the Malaysian Branch of the Royal Asiatic Society* 72 (1999).

Marion W. Ward, "Port Swettenham and its Hinterland," *Journal of Tropical Geography* 19 (1964).

Mark Ravinder Frost, "Emporium in Imperio: Nanyang Networks and the Straits Chinese in Singapore, 1819 – 1914," *Journal of Southeast Asian Studies* 36 (2005).

Neil Khor Jin Keong, "Economic Change and the Emergence of the Straits Chinese in Nineteenth-century Penang," *Journal of the Malaysian Branch of the Royal Asiatic Society* 79 (2006).

Nordin Hussin, "A Tale of Two Colonial Port-Towns in the Straits of Melaka: Dutch Melaka and English Penang," *Journal of the Malaysian Branch of the Royal Asiatic Society* 75 (2002).

Paul Battersby, "An Uneasy Peace: Britain, the United States and Australia's Pursuit of War Reparations from Thailand, 1945 – 1952," *Australian Journal of International Affairs* 54 (2000).

Philip Loh, "Social Policy in Perak," *Peninjau Sejarah* 1 (1966).

Wong Lin Ken, "The Revenue Farms of Prince of Wales Island 1805 – 1830," *Journal of the South Seas Society* 19 (1964/65).

## 会议论文

Anoma Pieris, Doubtful Associations: Reviewing Penang through the 1867 Riots (Paper Represented at the Penang Story International Conference 2002).

Chen Kuo-Wei and Huang Lan Shiang, Meaning in Architectural

and Urban Space of the Penang Kongsi Enclave (Paper Represented at the Penang Story International Conference 2002).

Dirk A. Buiskool, The Chinese Commercial Elite of Medan, 1890 – 1942 (Paper Represented at the Shared Histories Conference, Penang, 2003).

G. A. C. Beattie, A Forgotten Tan Family of Penang and Phuket (Paper Represented at the Shared Histories Conference, Penang, 2003).

## 书籍

Amarjit Kaur, *Bridge and Barrier: Transport and Communications in Colonial Malaya 1870 – 1957* (Singapore: Oxford University Press, 1985).

Ann Laura Stoler, *Capitalism and Confrontation in Sumatra's Plantation Belt, 1870 – 1979* (Ann Arbor: University of Michigan Press, 1995).

Anthony Reid, *An Indonesian Frontier: Acehnese & Other Histories of Sumatra* (Singapore: Singapore University Press, 2005).

Anthony Reid, ed. , *Sojourners and Settlers* (Australia: Allen & Unwin Pty Ltd. , 1996).

Anthony Reid, ed. , *The Last Stand of Asian Autonomies: Responses to Modernity in the Diverse States of Southeast Asia and Korea, 1750 – 1900* (London and New York: MacMillan Press, 1997).

Anthony Reid, *The Contest for North Sumatra: Atjeh, the Netherlands and Britain 1858 – 1898* (London: Oxford University Press, 1969).

Anthony Webster, *Gentlemen Capitalists: British Imperialism in South East Asia 1770 – 1890* (London and New York: Tauris Academic Studies, 1998).

Arnold Wright and H. A. Cartwright, eds. , *Twentieth Century Impressions of British Malaya: Its History, People, Commerce, Industries, and Resources* (London: Lloyd's Greater Britain Publishing Company, Ltd. , 1908).

19世纪槟城华商五大姓的崛起与没落

Arnold Wright and Oliver T. Breakspear, eds. , *Twentieth Century Impressions of Netherlands India: Its History, People, Commerce, Industries, and Resources* (London: Lloyd's Greater Britain Publishing Company Ltd. , 1909).

Arnold Wright, H. A. Cartwright and Oliver T. Breakspear, eds. , *Twentieth Century Impressions of Burma: Its History, People, Commerce, Industries, and Resources* (London: Lloyd's Greater Britain Pub. Co. , 1910).

*Australian Dictionary of Biography*, vol. 10 (Melbourne: Melbourne University Press, 1986).

Broughton Richmond, ed. , *Directory of Malaya 1927* (Directory of Malaya, Singapore, 1927).

Captain J. Butler, *Gazetter of the Mergui District, Tenasserim Division, British Burma* (Rangoon: The Government Press, 1884).

Carl A. Trocki, *Opium and Empire: Chinese Society in Colonial Singapore, 1800 – 1910* (Ithaca: Cornell University Press, 1990).

Carl A. Trocki, *Singapore: Wealth, Power, and the Culture of Control* (New York: Routledge, 2006).

Carl A. Trocki, *The Prince of Pirates: The Temenggongs and the Development of Johor and Singapore 1784 – 1885* (Singapore: Singapore University Press, 1979).

Carl T. Smith, *Chinese Christians: Elites, Middlemen, and the Church in Hong Kong* (Hong Kong: Hong Kong University Press, 2005).

*Cases Heard and Determined in Her Majesty's Supreme Court of the Straits Settlements* (Somerset: Legal Library Publishing Services, 1808 – 1890).

Chai Hon-Chan, *The Development of British Malaya 1896 – 1909* (London: Oxford University Press, 1964).

Chiang Hai Ding, *A History of Straits Settlements Foreign Trade 1870 –*

*1915* (Singapore: National Museum, 1978).

Claudia Cragg, *The New Taipans: A Vital Source Book on the People and Business of the Pacific Rim* (London: Century Business, 1995).

C. D. Cowan, *Early Penang & the Rise of Singapore 1805 – 1832: Documents from the Manuscript Records of the East India Company* (Singapore: Malaya Publishing House Limited, 1950).

C. D. Cowan, ed. , *The Economic Development of Southeast Asia* (Frederick A. Praeger, U. S. A. , 1964).

C. D. Cowan, *Nineteenth-Century Malaya: The Origins of British Political Control* (London: Oxford University Press, 1981).

C. M. Turnbull, *The Straits Settlements* 1826 – 67: *Indian Presidency to Crown Colony* (London: The Athlone Press, 1972).

David K. Wyatt, *Studies in Thai History* (Chiang Mai: Silkworm Books, 1994).

David Ownby and Mary Somers Heidhues, eds. , *"Secret Societies" Reconsidered: Perspectives on the Social History of Early Modern South and Southeast Asia* (New York: M. E. Sharpe, 1993).

Derek Mackay, *Eastern Customs: The Customs Service in British Malaya and the Opium Trade* (London: The Radcliffe Press, 2005).

Dianne Lewis, *Jan Compagnie in the Straits of Malacca, 1641 – 1795* (Athens: Ohio University Center for International Studies, 1995).

Donald B. Freeman, *The Straits of Malacca: Gateway or Gauntlet* (Montreal: Mcgill-Queen's University Press, 2003).

Donald M. Nonini and Ong Aihwa, eds. , *Ungrounded Empires: The Cultural Politics of Modern Chinese Transnationalism* (New York: Routledge, 1997).

D. J. M. Tate, *The RGA History of the Plantation Industry in the Malay Peninsula* (New York: Oxford University Press, 1996).

19世纪槟城华商五大姓的崛起与没落

*280*

Emil Helfferich, *Behn Meyer & Co. and Arnold Meyer: A Company History*, vol. II (Hamburg: Hans Christians, 1981).

Emily Sadka, *The Protected Malay States 1874 – 1895* (Kuala Lumpur: University of Malaya Press, 1968).

Eric Tagliacozzo, *Secret Trades, Porous Borders: Smuggling and States along a Southeast Asian Frontier, 1865 – 1915* (New Haven: Yale University Press, 2005).

Francis Edwin Hyde, *Blue Funnel: A History of Alfred Holt and Company of Liverpool from 1865 to 1914* (England: Liverpool University Press, 1957).

Frank Broeze, ed. , *Gateways of Asia: Port Cities of Asia in the 13$^{th}$ – 20$^{th}$ Centuries* (England: Kegan Paul International, 1997).

Franke Wolfgang and Chen Tie Fan, *Chinese Epigraphic Materials in Malaysia*, vol. 2 (Kuala Lumpur: University of Malaya Press, 1985).

Freek Colombijn, et al. , eds. , *Kota Lama, Kota Baru di Indonesia Sebelum dan Setelah Kemerdekaan* [ *Old City, New City: The History of the Indonesian City Before and After Independence* ] (Yogyakarta: Ombak & NIOD, 2005).

Gareth Austin, and Kaoru Sugiharn, eds. , *Local Suppliers of Credit in the Third World, 1750 – 1960* (New York: St. Martin's Press, 1993).

G. C. Allen and Audrey G. Donnithorne, *Western Enterprise in Indonesia and Malaya* (London: Allen & Unwin, 1957).

G. E. Gerini, *Old Phuket: Historical Retrospect of Junkceylon Island* (Bangkok: The Siam Society, 1986).

G. S. Redding, *The Spirit of Chinese Capitalism* (Berlin: Walter de Gruyter and Co. , 1990).

*Handbook of the Netherlands East Indies*, 1924.

Helen Fujimoto, *The South Indian Muslim Community and the Evo-*

*lution of the Jawi Peranakan in Penang up to 1948* (Tokyo: Institute for the Study of Languages and Cultures of Asia and Africa, 1988).

Howard Dick, et al. , *The Emergence of A National Economy: An Economic History of Indonesia, 1800 – 2000* (N. S. W and Honolulu: Asian Studies Association of Australia in Association with Allen & Unwin and University of Hawaii Press, 2002).

H. S. Barlow, *Swettenham* (Kuala Lumpur: Southdene Sdn. Bhd. , 1995).

Ian Brown, *A Colonial Economy in Crisis: Burma's Rice Cultivators and the World Depression of the 1930s* (Oxon: RoutledgeCurzon, 2005).

Ian Brown, *Economic Change in Southeast Asia, c. 1830 – 1980* (New York: Oxford University Press, 1997).

Ian Brown, *The Elite and the Economy in Siam c. 1890 – 1920* (New York: Oxford University Press, 1988).

James C. Jackson, *Planters and Speculators: Chinese and European Agricultural Enterprise in Malaya, 1786 – 1921* (Kuala Lumpur: University of Malaya Press, 1968).

James D. Tracy, ed. , *The Rise of Merchant Empires: Long-Distance Trade in the Early Modern World, 1350 – 1750* (New York: Cambridge University Press, 1990).

James Low, *The British Settlement of Penang* (Singapore: Oxford University Press, 1972).

James R. Rush, *Opium to Java: Revenue Farming and Chinese Enterprise in Colonial Indonesia, 1860 – 1910* (Ithaca: Cornell University Press, 1990).

Jean Debernardi, *Rite of Belonging: Memory, Modernity, and Identity in a Malaysian Chinese Community* (California: Stanford University Press, 2004).

Jennifer Cushman, *Family and State: The Formation of a Sino-Thai* 283
*Tin-Mining Dynasty 1797 – 1932* (Singapore: Oxford University Press, 1991).

Jeroen Touwen, *Extremes in the Archipelago: Trade and Economic De-velopment in the Outer Islands of Indonesia 1900 – 1942* (Leiden: KITLV Press, 2001).

Joel Kotkin, *Tribes: How Race, Religion, and Identity Determine Success in the New Global Economy* (New York: Random House, 1993).

John Anderson, *Acheen and the Ports on the North and East Coasts of Sumatra* (London: Oxford University Press, 1971).

John Anderson, *Mission to the East Coast of Sumatra in 1823* (London: Oxford University Press, 1971).

John Butcher, and Howard Dick, eds. , *The Rise and Fall of Reve-nue Farming* (New York: St. Martuin's Press, 1993).

John H. Drabble, *An Economic History of Malaysia, 1800 – 1990: The Transition to Modern Economic Growth* (New York, Canberra: St. Martin's Press in Association with the Australian National University, 2000).

John T. Thoburn, *Commodities in the International Economy* (Edin-burgh: Edinburgh University Press Ltd. , 1994).

Joseph Norbert Frans Marie Campo, *Engines Power: Steamshipping and State Formation in Colonial Indonesia* (Netherlands: Verloren, Hil-versum, 2002).

J. J. Blandin, *Crude Rubber Survey* (Washington: The Bureau of Foreign and Domestic Commerce, 1924).

J. J. Puthucheary, *Ownership and Control in the Malayan Economy: A Study of the Structure of Ownership and Its Effects on the Development of Secondary Industries and Economic Growth in Malaya and Singapore* (Kuala Lumpur: University of Malaya Cooperative Bookshop, 1979).

J. Norman Parmer, *Colonial Labor Policy and Administration: A His-*

*tory of Labor in the Rubber Plantation Industry in Malaya*, c. 1910 – 1941 (New York: J. J. Augustin Incorporated Publisher, 1960).

Khoo Kay Kim, *Malay Society: Transformation & Democratisation* (Petaling Jaya: Pelanduk Publications Sdn Bhd, 1991).

Khoo Kay Kim, *The Western Malay States 1850 – 1873: The Effects of Commercial Development on Malay Politics* (Kuala Lumpur: Oxford University Press, 1972).

Khoo Su Nin, *Streets of George Town Penang: An Illustration Guide to Penang's City Streets & Historic Attractions* (Penang: Janus Print & Resources, 1993).

K. G. Tregonning, *Home Port Singapore: A History of Straits Steamship Company Limited, 1890 – 1965* (Singapore: Oxford University Press, 1967).

K. G. Tregonning, *The British in Malaya: The First Forty Years, 1786 – 1826* (Tucson: The University of Arizona Press, 1965).

Laurentia Magchilina van Lottum-van Leeuwen, *From Source to Scourge* (Rotterdam: University Erasmus, 1992).

Lee Kam Hing & Chow Mun Seong, *Biographical Dictionary of the Chinese in Malaysia* (Kuala Lumpur: Pelanduk Publications, 1997).

Lee Kam Hing, *The Sultanate of Aceh: Relations with the British 1760 – 1824* (New York: Oxford University Press, 1995).

Lieuwe Pronk, *KPM 1888 – 1967: A Most Remarkable Shipping Company* (North Turramurra, N. S. W. : L. Pronk, 1998).

Lim Chong Yah, *Economic Development of Modern Malaya* (Kuala Lumpur: Oxford University Press, 1967).

Lim Teck Ghee, *Origins of a Colonial Economy: Land and Agriculture in Perak 1874 – 1897* (Penang: Federal Publications, 1976).

Lim Teck Ghee, *Peasants and Their Agricultural Economy in Colonial Malaya 1874 – 1941* (Kuala Lumpur: Oxford University Press, 1977).

19世纪槟城华商五大姓的崛起与没落

Loh Wei Leng, et al. , eds. , *Biographical Dictionary of Mercantile*
*Personalities of Penang* ( Penang & Kuala Lumpur: Think City and
MBRAS, 2013 ).

Lucas Lindeboom, *Oude K. P. M. —schepen van "tempo doeloe"* =
*Old K. P. M-Ships from the Past*, vol. 1 ( Bilthoven, Netherlands: Mari-
time Stichting, 1988 ).

L. A. Mills, *British Malaya 1824 – 1867* ( Singapore: Methodist Pub-
lishing House, 1925 ).

Mahani Musa, *Kongsi Gelap Melayu di Negeri – negeri Pantai Barat
Semenanjung Tanah Melayu, 1821 hingga 1940* [ *Malay Secret Societies
in the Northern Malay States, 1821 – 1940's* ] ( Kuala Lumpur: Malaysian
Branch of the Royal Asiatic Society, 2003 ).

Mak Lau Fong, *The Sociology of Secret Societies: A Study of Chinese
Secret Societies in Singapore and Peninsular Malaysia* ( Kuala Lumpur:
Oxford University Press, 1981 ).

*Malayan Cases*, vol. I ( Singapore: Malayan Law Journal Pte. Ltd. ,
1939 ).

Mervyn Llwellyn Wynne, *Triad and Tabut: A Survey of the Origins
and Diffusion of Chinese and Mohammedan Secret Societies in the Malay
Peninsular 1800 – 1935* ( Singapore: Government Printing Office, 1941 ).

Michael Backman, *Overseas Chinese Business Networks in Asia* ( Aus-
tralia: East Asia Analytical Unit, Department of Foreign Affairs and
Trade, 1995 ).

Mon Bin Jamaluddin, *A History of Port Swettenham* ( Singapore: Ma-
laya Publishing House Limited, 1963 ).

M. Hayes and S. Smith, eds. , *Thai-Australian Relations in the
Twentieth Century* ( Bangkok: Kasetsart University, 2000 ).

Nadia H. Wright, *Respected Citizens: The History of Armenians in*

*Singapore and Malaysia* ( Middle Park, Vic. : Amassia Pub. , 2003).

Ng Chin Keong, *Trade and Society: The Amoy Network on the China Coast 1683 – 1735* ( Singapore: Singapore University Press, 1983).

Nicholas Tarling, ed. , *The Cambridge History of Southeast Asia*, vol. II ( Cambridge: Cambridge University Press, 1992).

Nola Cooke, and Li Tana, eds. , *Water Frontier: Commerce and the Chinese in the Lower Mekong Region*, *1750 – 1880* ( Lanham: Rowman & Littlefield, 2004).

Nordin Hussin, *Trade and Society in the Straits of Melaka and English Penang*, *1780 – 1830* ( Copenhagen: NIAS, 2007).

Northcote C. Parkinson, *British Intervention in Malaya 1867 – 1877* ( Singapore: University of Malaya Press, 1960).

Ooi Jin Bee, *Land, People and Economy in Malaya* ( London: Longmans, 1963).

P. L. Burns, *The Journals of J. W. W. Birch: First British Resident to Perak 1874 – 1875* ( Kuala Lumpur: Oxford University Press, 1976).

P. P. Courtenay, *A Geography of Trade and Development in Malaya* ( London: G. Bell & Sons Ltd. , 1972).

Queeny Chang, *Memories of a Nyonya* ( Petaling Jaya: Eastern Universities Press Sdn. Bhd. , 1981).

Ragayah Eusoff, *The Merican Clan: A Story of Courage and Destiny* ( Singapore: Times Books International, 1997).

Rajeswary Ampalavanor Brown, *Capital and Entrepreneurship in South-East Asia* ( New York: St. Martin Press, 1994).

Robert Blake, *Jardine Matheson: Traders of the Far East* ( London: Weidenfeld & Nicolson, 1999).

Robert L. Jarman, ed. , *Annual Reports of Straits Settlements 1855 – 1941* ( Slough: Archive Editions, 1998).

19
世
纪
槟
城
华
商
五
大
姓
的
崛
起
与
没
落

Ronald Hyam, *Britain's Imperial Century, 1815 – 1914: A Study of Empire and Expansion* (New York: Palgrave Macmillan, 2002).

R. O. Winstedt, and R. J. Wilkinson, *A History of Perak* (Kuala Lumpur: The Malaysian Branch of the Royal Asiatic Society, 1974).

*Selected Correspondence of Letters Issued From and Received in the Office of the Commissioner Tenasserim Division for the Years 1825 – 26 to 1842 – 43* (Burma, Rangoon: Superintendent, Govt, Printing and Stationary, 1928).

Sivachandralingam Sundara Raja, *Perdagangan dan Pelabuhan Bebas: Sejarah dan Perkembangannya* [*Free Trade and Free Ports: History and Development*] (Shah Alam: Penerbit Fajar Bakti, 1997).

Song Ong Siang, *One Hundred Years' History of the Chinese in Singapore* (Singapore: University Malaya Press, 1967).

*Straits Settlements Law Reports*, vol. 15 (Singapore: Published for the Committee of the Singapore Bar, 1922).

Suehiro Akira, *Capital Accumulation in Thailand 1855 – 1985* (Tokyo: Centre for East Asian Cultural Studies, 1989).

Tan Kim Hong and Ooi Bok Kim, *The Story of Hokkien Kongsi, Penang* (Penang: Hokkien Kongsi, 2014).

Tan Lye Ho, ed. , *Bestowing Luck & Prosperity on All: Hock Teik Cheng Sin Temple* (Penang: Hock Teik Cheng Sin Temple, 2007).

Tej Bunnag, *The Provincial Administration of Siam 1892 – 1915: The Ministry of the Interior under Prince Damrong Rajanubhab* (Kuala Lumpur: Oxford University Press, 1977).

Teruko Saito and Lee Kin Kiong, *Statistics on the Burmese Economy: The 19$^{th}$ and 20$^{th}$ Centuries* (Singapore: Institute of Southeast Asian Studies, 1999).

*The Chronicle and Directory for China, Japan, & the Philippines*

(Hong Kong: Hong Kong Daily Press Office, 1884).

*The Hong Kong Directory and Hong List for the Far East for 1891* (Hong Kong: Robert Fraser-Smith, 1891)

*The Privy Council Cases: Malaysia, Singapore and Brunei, 1875 – 1954* (Kuala Lumpur: Professional Law Books, 1990).

Thee Kian Wie, *Plantation Agriculture and Export Growth: An Economic History of East Sumatra, 1863 – 1942* (Jakarta: LIPI, 1977).

Twang Peck Yang, *The Chinese Business Elite in Indonesia and the Transition to Independence 1940 – 1950* (New York: Oxford University Press, 1998).

T. A. Miles, *Diamond Jubilee of Tin Dredging: The Story of the Creation, Building and Commissioning of the First Tin Dredge* (London: Tin Publications, 1967).

T. H. Silcock, *The Economic Development of Thai Agriculture* (Canberra: Australian National University Press, 1970).

T. J. Newbold, *Political and Statistical Account of the British Settlements in the Straits of Malacca* (Singapore: Oxford University Press, 1971).

Victor Purcell, *The Chinese in Malaya* (London: Oxford University, 1948).

Voon Phin Keong, *Western Rubber Planting Enterprise in Southeast Asia 1876 – 1921* (Kuala Lumpur: Penerbit University Malaya, 1976).

Walter Feldwick, *Present Day Impressions of the Far East and Prominent & Progressive Chinese at Home and Abroad: The history, People, Commerce, Industries and Resources of China, Hong Kong, Indo-China, Malaya and Netherlands India* (London: Globe Encyclopedia, 1917).

Walter Hamilton, *The East India Gazetteer: Containing Particular Descriptions of Hindostan, and the Adjacent Countries, India beyond the Ganges, and the Eastern Archipelago, together with Sketches of Their Vari-*

Wang Tai Peng, *The Origins of Chinese Kongsi* ( Kuala Lumpur: Pelanduk Publications, 1994 ).

Wilfred L. Blythe, *The Impact of Chinese Secret Societies in Malaya: A Historical Study* ( London: Oxford University Press, 1969 ).

Wong Choon San, *A Gallery of Chinese Kapitans* ( Singapore: Ministry of Culture, 1963 ).

Wong Lin Ken, *The Malayan Tin Industry to 1914* ( Tucson: The University of Arizona Press, 1965 ).

Wong Lin Ken, *The Trade of Singapore, 1819 – 1869* ( Singapore: Malaysian Branch of the Royal Asiatic Society, 1961 ).

Wu Xiao An, *Chinese Business in the Making of a Malay State, 1882 – 1941* ( London: Routledge Curzon, 2003 ).

W. A. Laxon and R. K. Tyers, *The Straits Steamship Fleet 1890 – 1975* ( Singapore: Straits Steamship Co. , 1976 ).

Yeap Joo Kim, *The Patriarch* ( Singapore, 1976 ).

Yen Ching-hwang, *A Social History of the Chinese in Singapore and Malaya 1800 – 1911* ( Singapore: Oxford University Press, 1986 ).

Yen Ching-hwang, *Community and Politics: The Chinese in Colonial Singapore* ( Singapore: Time Academic Press, 1995 ).

Yen Ching-hwang, *The Ethnic Chinese in East Asia and Southeast Asia* ( Singapore: Times Academic Press, 2002 ).

Yeoh Seng Guan, et al. , eds. , *Penang and Its Region: The Story of an Asian Entrepot* ( Singapore: NUS Press, 2009 ).

Yip Yat Hoong, *The Development of the Tin Mining Industry of Malaya* ( Kuala Lumpur: University of Malaya Press, 1969 ).

Yoshihara Kunio, *The Rise of Ersatz Capitalism in Southeast Asia* ( Singapore: Oxford University Press, 1988 ).

参
考
文
献

# 索 引

**人名索引**

爱德华·托马斯·迈尔斯 192，199，202

安德鲁·克拉克 132~133

安东尼·瑞德 3

毕治 111，133~134，136~139

查·唐·考恩 25

陈碧吉 144

陈大川 60，94~95

陈恭锡 158

陈金钟 9，125，132~133，135~136，139

陈锦灶 83，142，144

陈雷 97

陈谦福 83，192

陈清淡/玉淡 32，41，75~76，97，144

陈若锦 158，160

陈威仪 60，76，108，142~144

陈亚炎 92~94

大卫·布朗 155

丹隆亲王 32，226

法兰西斯·莱特 2，91

辜鸿德 190

辜礼欢 32，81，190

辜尚达/上达 12，42，50，61，81，127~128

辜祯善 61，86，190

郭鹤年 247

国王哇栖拉兀 226

何义寿 92~93，130

胡泰兴 50，82，128，181~182

胡维期/围棋 92~93，127

胡子春 83，176，178，192

黄麟根 26

黄务美 192，227，233~234

吉原久仁夫 7，246

卡尔·特罗基 12，14

柯孟淇 177，231~232

肯·戈·特岗宁 25

拉惹阿都拉　132

李鼎峙　175～176

李乃喜　94

李丕耀　82，175，182

李清池　133，135～137，139

李清渊　158

林成辉　75，177，209，234

林德水　119

林福成　201

林克全　59，75，81，176

林连登　246

林妈栽　75，79

林宁绰　47，59，75，176～177

林清溪　119

林文虎　209，212，234

林耀煌　75，175～177

林耀椿　75，235

林乙金　32

林有道　80

林振宗　76

陆秋杰　192

陆秋泰　192

玛哈尼·慕沙　102

米尔斯　2～3

浦瓦东·颂帕瑟　10

邱汉阳　61，73，209，233

邱衡赤　184，186

邱家金　25

邱启赞　55，60

邱清临　32，81

邱天保　55，73，80，83，95，102

邱天德　35，42，49，51，60，64

邱仙丹　259

邱心菊　35

邱绣巾　79，261

邱绣顺　79，261

邱有用　184，269

邱月照　51，73

邱忠波　43，64～65，74

赛·莫哈默·阿拉达　55，83，102

苏亚昌　92，129

王文庆　60，106，128

王文营　60，142

威集颂堪　43，60，86，141

韦恩　99

汶那　85～86，142，144

吴小安　8～9，11～12

吴振强　71

谢伯夷　60，102，108～110

谢昌霖　74

谢德顺　85，182

谢德泰　85，186，209，230

谢金锭　74

谢文贤　74，83

谢掩　32，51

谢增煜　43，49，82，176，182～
183，186

谢昭盼　35

许如利　85

许如琢　86，175，192，201～202，

227，233

许泗章　32～33，175

许武安　66，92～94

许心美　85，175，182，186，192，
199～201

颜五美　61

杨安然　144

杨碧达　75，234

杨维岳　232～233

叶祖意　245

詹姆斯·丹尼尔·罗根　183

张弼士　170，172，192

张鸿南　61，209

张煜南　61

赵亚爵　94～95

珍妮弗·库什曼　9

郑大平　83，192

郑景贵　42，59，83，86，114，116

钟宝贤　12

朱公活　121

朱丽蓬·维仑娜　12

庄清建　176，192

### 地名索引

巴达维亚　31，157，169

槟城　2～5，8～16，18，21～27，
29～62，64～67

勃固　27，29，51，96，170

丹佬　19，23，94，96，145～148，
163

丹那沙林　23，50，145，204

东南亚　3，7～9，12，14～15，19，
23

菲律宾　163，187

关丹　163

广东新宁　92，94～95，127，129

吉打　4，8～9，11～12，23，28，
30～32

加尔各答　38，43，56，82，84，86

甲米　42，60，85，89，96，98

拉廊　9，77，81，86，147，200

拉律　19，42，63，74，86，113

麻力温　94，145～147

马来联邦　17，200，212，219～220

马来亚　11～12，198，204～207，
213～214，216～217，223

马六甲　4，23，26～27，31～33，
35，38

马尼拉　31

毛淡棉　27～30，35～36，46，50～
51，56，75

毛里求斯　186

美国　43，45，100，135，148，153

棉兰　61，77，118，209，231，233

缅甸　4，18，21，23，27，30

欧洲　15～16，23，35，38～39，
55，114

霹雳　2，11，19，23，30，38

普吉　19，23，32，38，41～43，47

日里　28～29，38，47，53～56，

61，65

双溪乌绒　161

苏门答腊　4～5，12，18，23，
　26～28，30

土瓦　42，46，96，145，204

威省　50～51，63，65～66，73，
　75，84

西贡　12，31，82

厦门　33，45，64～65，74，76

暹罗　4，10～13，15，18，23，27

香港　12，45，52，61，64，66

新加坡　8～9，12，14，18～19，
　22～23，25～27

雪兰莪　4，23，71，75，83，129

亚齐　23，27～29，35～36，38，
　53～56，74

仰光　23，38，46～48，53，60，
　76～77

伊迪　170

印度　13，15，19，23，25，33

中国　9，12，14，25～27，32，
　34～36

竹古巴　36，85，200～201

爪哇　4，14，103，169，208，
　214～215

**商号、机构索引**

安泰保险公司　181～182，184

半岛东方轮船公司　228，231

贝美公司　176～179

崇茂号　37，47，156

东方船务公司　19，75，151，
　172，174～175，178～179

东方熔锡公司　191～192，197～
　198，205，207，227，244

凡士通　208

福昌公司　37，174～176

高源号　37，174～175，199

固特异　208

广福公司　174

海峡轮船公司　19，151，157～
　158，160～163，168，174

海峡贸易公司　19，151，158，
　160～162，194，197～198

海洋轮船公司　160，162～163，181

合兴号　41，144

荷兰皇家邮船公司　151，157，
　168～174，179，194

开恒美油较　50

联合熔锡集团　205

伦敦股票交易所　211

孟兄弟公司　37，174，177

宁绰公司　37，174～175，177

乾元保安公司　19，180，182～
　183，185～187，190～191，194

清池集团　137，139

荣茂辉泰记　209

苏门答腊东岸橡胶种植者协会
　215

他笼铁船采锡公司　203

泰米尔移民基金会 213

通扣埠铁船采锡公司 191，199～
200，203，228，244

万成号 54

万裕兴 170～171

西方代理商行 210～211，213，
215，236，244

暹罗锡矿集团有限公司 203

许氏集团 19，191～192，194～
195，197～198，226～229，244

印度移民委员会 213

英国东方矿务机构 203～207，244

英国海峡轮船公司 194

余仁生 12

振盛号 144

爪哇移民局 215


#### 社会组织索引

大伯公 83，92，95

福德正神庙 106，122

福建公司 9

海山 19，42，86，97，120，123

和胜 19，83，97，118～119，
123，141～142

建德堂 18，80，83，89，91～
92，95～97

兰芳公司 71

邱公司 14，51，70～71，73，80～
81，104～106

柔佛义兴公司 71

五大姓 1，7，9，12～14，16～
19，21～22

谢公司 51，60，71，106，109

义兴 19，42，71，89～95，97，99

义兴—和合社联盟（义兴–和合社
联盟） 129


#### 法令、条约索引

1824年《英荷条约》 33

1866年《印度公司法》 180

1889年《社团法令》 121，221，
245

1895年《劳工法》 221

1909年《实物工资法》 222

1909年《鸦片饷码法令》 223

1910年《中国移民法》 222

1911年《劳工法》 222

邦咯条约 132，137～138

鲍林条约 109

官地政策 219

马来保留地法令 226

实物工资制 114，220～222，245

移民限制法令 213


#### 商品索引

槟榔 19，27～29，32，35，50，76

茶叶 35，157，170

稻米 21，28，34～36，39，46～
49，75

胡椒 21，27～28，32，35，39，

53~55

毛瑟枪 36，104，130，136

锡 4，10~11，16，18~19，21，23

橡胶 19，74~75，176~177，195~196，207~216，218

鸦片 14~15，18~19，21~22，25，27，34

烟草 35，47，63，65，100，111

椰子 21，39，49~51，100，156~157，170

蔗糖 21，39，49，51~52，94，100

**无类别**

1867年槟城暴乱 89，99，103

1879年太平苦力暴乱 89，111

1884年日里种植园苦力造反 89，111

槟城鸦片饷码 57~62，87，101，106~107，209，230

槟城鸦片饷码集团 61，87，209，244

工业革命 126，153

惠州客 90，92，129

经济大萧条 203

拉律"战争" 125，129，133

联姻 9~13，69~70，77，79，81~83，86~87

马来亚铁路 216~217

霹雳战争 111，138，141

新加坡福建商人 148，158

印度劳工 155，213~214

永定客 82，178

增城客 82，127，129，148

爪哇劳工 214~215，236~237

图书在版编目（CIP）数据

19 世纪槟城华商五大姓的崛起与没落／（马）黄裕端
著；（马）陈耀宗译. -- 北京：社会科学文献出版社，
2016.12（2017.11 重印）

（海上丝绸之路与中国海洋强国战略丛书）

书名原文：Penang Chinese Commerce in the 19th
Century：The Rise and Fall of the Big Five

ISBN 978 - 7 -5201 -0208 -7

Ⅰ.①1…　Ⅱ.①黄…　②陈…　Ⅲ.①华人 - 家族 - 马
来西亚 - 19 世纪　Ⅳ.①K833.380.9

中国版本图书馆 CIP 数据核字（2016）第 318095 号

海上丝绸之路与中国海洋强国战略丛书

## 19 世纪槟城华商五大姓的崛起与没落

著　　者／〔马〕黄裕端
译　　者／〔马〕陈耀宗

出 版 人／谢寿光
项目统筹／陈凤玲
责任编辑／陈凤玲　田　康　关少华

出　　版／社会科学文献出版社·经济与管理分社（010）59367226
　　　　　　地址：北京市北三环中路甲 29 号院华龙大厦　邮编：100029
　　　　　　网址：www.ssap.com.cn
发　　行／市场营销中心（010）59367081　59367018
印　　装／三河市尚艺印装有限公司

规　　格／开　本：787mm × 1092mm　1/16
　　　　　　印　张：20.5　字　数：264 千字
版　　次／2016 年 12 月第 1 版　2017 年 11 月第 2 次印刷
书　　号／ISBN 978 - 7 -5201 -0208 -7
著作权合同
　　　　　　／图字 01 - 2016 -6489 号
登 记 号
定　　价／88.00 元